广州城市智库丛书

全球城市评价与广州发展战略

伍庆 胡泓媛 等○著

中国社会科学出版社

图书在版编目（CIP）数据

全球城市评价与广州发展战略/伍庆等著 . —北京：中国社会科学出版社，2018.12

（广州城市智库丛书）

ISBN 978-7-5203-4064-9

Ⅰ.①全… Ⅱ.①伍… Ⅲ.①城市发展战略—研究—广州 Ⅳ.①F299.276.51

中国版本图书馆 CIP 数据核字（2019）第 027191 号

出 版 人	赵剑英
责任编辑	喻 苗
责任校对	胡新芳
责任印制	王 超

出　　版	中国社会科学出版社
社　　址	北京鼓楼西大街甲 158 号
邮　　编	100720
网　　址	http://www.csspw.cn
发 行 部	010-84083685
门 市 部	010-84029450
经　　销	新华书店及其他书店
印　　刷	北京明恒达印务有限公司
装　　订	廊坊市广阳区广增装订厂
版　　次	2018 年 12 月第 1 版
印　　次	2018 年 12 月第 1 次印刷
开　　本	710×1000　1/16
印　　张	18
字　　数	234 千字
定　　价	76.00 元

凡购买中国社会科学出版社图书，如有质量问题请与本社营销中心联系调换
电话：010-84083683
版权所有　侵权必究

《广州城市智库丛书》
编审委员会

主　任　张跃国
副主任　朱名宏　杨再高　尹　涛　许　鹏

委　员（按拼音排序）
　　　　白国强　杜家元　郭昂伟　郭艳华　何　江　黄石鼎
　　　　黄　玉　刘碧坚　欧江波　覃　剑　王美怡　伍　庆
　　　　肖东明　杨代友　叶志民　殷　俊　于　静　张　强
　　　　张赛飞　曾德雄　曾俊良

总　　序

何为智库？一般理解，智库是生产思想和传播智慧的专门机构。但是，生产思想产品的机构和行业还有不少，智库因何而存在，它的独特价值和主体功能体现在哪里？再深一层说，同为生产思想产品，每家智库的性质、定位、结构、功能各不相同，一家智库的生产方式、组织形式、产品内容和传播渠道又该如何界定？这些问题看似简单，实际上直接决定着一家智库的立身之本和发展之道，是必须首先回答清楚的根本问题。

从属性和功能上说，智库不能成为一般意义上的学术团体，也不是传统意义上的哲学社会科学研究机构，更不是所谓的"出点子""眉头一皱、计上心来"的术士俱乐部。概括起来，智库应具备三个基本要素：第一，要有明确目标，就是出思想、出成果，影响决策、服务决策，它是奔着决策去的；第二，要有主攻方向，就是某一领域、某个区域的重大理论和现实问题，它是直面重大问题的；第三，要有具体服务对象，就是某个层级、某个方面的决策者和政策制定者，它是择木而栖的。当然，智库的功能具有延展性、价值具有外溢性，但如果背离本质属性、偏离基本航向，智库必然惘然若失，甚至可有可无。因此，推动智库建设，既要遵循智库发展的一般规律，又要突出个体存在的特殊价值。也就是说，智库要区别于搞学科建设和教材体系的大学和一般学术研究机构，它重在综合运用理论和知识分析研判重大问题，这是对智库建设的一般要求；同时，具体到一家智库个体，又要依据自身独一无二的性质、类型和定位，塑造独特个性和鲜明风格，占据真正属于自己的空间和制高点，这是智库独立和自立的根本标志。当前，智库建设的理论和政策不一而足，实践探索也呈现八仙过海之势，这当然有利于形成智库界的时代标签和身份识别，但在热情高涨、高歌猛进的大时代，也容易盲目跟风、漫天飞舞，以致破坏本就脆弱的智库生态。所以，我们可能还要保持一点冷静，从战略上认真思考智库到底应该怎么建，社会科学院智库应该怎么建，城市社会科学院智库又应该怎么建。

广州市社会科学院建院时间不短，在改革发展上也曾历经曲折艰难探索，但对于如何建设一所拿得起、顶得上、叫得响的新型城市智库，仍是一个崭新的时代课题。近几年，我们全面分析研判新型智库发展方向、趋势和规律，认真学习借鉴国内外智库建设的有益经验，对标全球城市未来演变态势和广州重大战略需求，深刻检视自身发展阶段和先天禀赋、后天条件，确定了建成市委、市政府用得上、人民群众信得过、具有一定国际影响力和品牌知名度的新型城市智库的战略目标。围绕实现这个目标，边探索边思考、边实践边总结，初步形成了"1122335"的一套工作思路：明确一个立院之本，即坚持研究广州、服务决策的宗旨；明确一个主攻方向，即以决策研究咨询为主攻方向；坚持两个导向，即研究的目标导向和问题导向；提升两个能力，即综合研判能力和战略谋划能力；确立三个定位，即马克思主义重要理论阵地、党的意识形态工作重镇和新型城市智库；瞄准三大发展愿景，即创造战略性思想、构建枢纽型格局和打造国际化平台；发挥五大功能，即咨政建言、理论创新、舆论引导、公众服务、国际交往。很显然，面向未来，面对世界高度分化又高度整合的时代矛盾，我们跟不上、不适应的感觉将长期存在。由于世界变化的不确定性，没有耐力的人们常会感到身不由己、力不从心，唯有坚信事在人为、功在不舍的自觉自愿者，才会一直追逐梦想直至抵达理想彼岸。正如习近平总书记在哲学社会科学工作座谈会上的讲话中指出的："这是一个需要理论而且一定能够产生理论的时代，这是一个需要思想而且一定能够产生思想的时代。我们不能辜负了这个时代。"作为以生产思想和知识自期自许的智库，我们确实应该树立起具有标杆意义的目标，并且为之不懈努力。

智库风采千姿百态，但立足点还是在提高研究质量、推动内容创新上。有组织地开展重大课题研究，是我院提高研究质量、推动内容创新的尝试，也算是一个创举。总的考虑是，加强顶层设计、统筹协调和分类指导，突出优势和特色，形成系统化设计、专业化支撑、特色化配套、集成化创新的重大课题研究体系。这项工作由院统筹组织。在课题选项上，每个研究团队围绕广州城市发展战略需求和经济社会发展中重大理论与现实问题，结合各自业务专长和学术积累，每年初提出一个重大课题项目，经院内外专家三轮论证评析后，院里正式决定立项。在课题管理上，要求从基本逻辑与文字表达、基础理论与实践探索、实地调研与方法集成、综合研判与战略谋划等方面反复打磨锤炼，结项仍然要经过三轮评审，并集中举行重大课题成果发布会。在成果转化应用上，建设"研究专报＋刊物发表＋成果发布＋媒体宣传＋著作出版"组合式转化传播平台，形成延伸转化、彼此补充、互相支撑的系列成果。自 2016 年以来，我院已组织开展 40 多项重大课题研究，积累了一批具有一定学术价值和应用价值的研究成果，这些成果绝大部分都以专报方式呈送市委、市政府作为决策参考，对广州城市发展产生了积极影响，有些内容经媒体宣传报道，也形成了一定的社会影响。我们认为，遴选一些质量较高、符合出版要求的研究成果统一出版，既可以记录我们成长的足迹，也能为关注城市问题和广州实践的各界人士提供一个观察窗口，应该是很有意义的一件事情。因此，我们充满底气地策划出版这套智库丛书，并且希望将这项工作常态化、制度化，在智库建设实践中形成一条兼具地方特色和时代特点的景观带。

感谢同事们的辛勤劳作。他们的执着和奉献不单升华了自我，也点亮了一座城市通向未来的智慧之光。

广州市社会科学院党组书记、院长

张跃国

二〇一八年十二月三日

前　　言

全球城市是一个综合性、革新性、功能性的城市发展概念，从整合、互联、发展、包容的角度和指标考量城市在全球语境下的整体实力。一些国际机构对全球城市开展了有较强时效性和分析性的研究，将全球城市理论转化为实际的评估机制和分析框架，近年来广州在这些全球城市评价排名中进步显著，深入分析全球城市评价呈现的未来城市发展趋势、科学把握广州在全球城市体系的客观地位，对于广州建设引领型全球城市具有重要的参考价值。

广州市社会科学院国际问题研究所团队一直以来关注城市国际化和全球城市相关研究，尤其是围绕广州城市国际化取得了一系列的成果，2017年承担了广州市社会科学院重大课题《全球城市发展趋势与广州借鉴》的研究任务，以主要的全球城市评价指数为对象，分析全球城市发展趋势，总结广州在全球城市体系中的地位及未来发展借鉴。相关研究成果《普华永道〈机遇之城2017〉报告分析及广州借鉴》《广州首次进入〈全球金融中心指数〉正式排名——金融中心特征指标分析与广州行动建议》等先后获得省市主要领导批示。

在此基础上，课题组进一步深化研究，选取具有代表性的全球化和世界城市研究网络（GaWC）世界城市分级、科尔尼公司全球城市指数、日本森纪念财团全球实力城市指数、西班牙IESE商学院全球活力城市指数、普华永道《机遇之都（城）》、英国

Z/Yen 集团全球金融中心指数和澳大利亚 2thinknow 智库全球创新城市指数等全球城市评价排名指数进行深入研究，梳理全球城市的内涵和特征，系统总结各项评价指数所反映出的全球城市发展趋势，全方位地客观评估广州在全球城市体系中的地位，尤其是广州的优势和短板。课题组通过分析各项评价指数结果，提出广州已经具备全球城市的实力，未来在建设引领型全球城市的目标定位下，应树立"规划先行、创新引领、系统建设、国际品质"四大发展理念，以全球视野、世界眼光谋划建设引领型全球城市，采取建设全球开放的经济体系、提升全球辐射的配置能力、构筑全球畅达的枢纽网络、优化全球共赢的交往格局、营造全球对标的宜居环境、实施全球覆盖的传播策略的战略举措。

本书是集体智慧的结晶，国际问题研究所全体研究人员参与到课题研究中，所长伍庆总体设计研究框架和写作思路并指导研究人员撰写具体内容，胡泓媛撰写部分章节并协助统稿，姚宜、邓丹萱、鲍雨、李丰、肖礽、周顺子、赵晓宇、邓超文、李璇、朱浩智、林世华、吴京馥等参与课题研究并分别撰写了部分初稿。在课题研究的过程中，广州市社会科学院党组书记、院长张跃国，副院长尹涛以及多位领导、专家和同事在课题立项、评审、汇报过程中提供了许多宝贵的参考意见，在此一并致谢。

全球城市研究领域新理论新观点新实践层出不穷，我们既是研究者也是学习者，书中可能还有一些错漏之处，请读者不吝赐教。

广州市社会科学院国际问题研究所课题组

2018 年 11 月 30 日

目 录

第一章 全球城市的内涵特征与发展趋势 …………………… (1)
  一 全球城市的内涵 ………………………………………… (1)
  二 全球城市的特征 ………………………………………… (7)
  三 全球城市的发展趋势 …………………………………… (14)

第二章 全球城市评价与中国城市借鉴 …………………………… (21)
  一 全球城市评价及方法 …………………………………… (21)
  二 全球城市评价的发展 …………………………………… (27)
  三 全球城市评价的功能以及对中国城市的
    借鉴意义 ………………………………………………… (33)
  四 全球城市评价对广州建设引领型全球城市的
    指导意义 ………………………………………………… (37)

**第三章 全球化和世界城市研究网络的世界城市分级
与全球城市发展趋势** ……………………………………… (47)
  一 全球化和世界城市研究网络与世界
    城市分级及其研究方法 ………………………………… (47)
  二 世界城市分级反映的全球城市发展格局与趋势 …… (52)
  三 广州及中国城市在世界城市分级中的表现 ………… (60)

**第四章 科尔尼公司"全球城市"系列指数与全球
            城市发展趋势** …………………………………（70）
  一 科尔尼公司"全球城市"系列指数背景与
     研究方法 ……………………………………………（70）
  二 "全球城市"系列指数与全球城市发展趋势 ………（73）
  三 中国城市在"全球城市"系列指数中的变化分析……（79）
  四 广州在"全球城市"系列指数中的表现 ……………（87）

**第五章 日本森纪念财团"全球实力城市指数"与全球
            城市发展趋势** …………………………………（92）
  一 日本森纪念财团"全球实力城市指数"背景与
     研究方法 ……………………………………………（92）
  二 "全球实力城市指数"与全球城市发展趋势 ………（96）
  三 中国城市在"全球实力城市指数"中的表现 ………（102）
  四 "全球实力内城指数"与全球城市特征 ……………（106）
  五 "城市形象调查"与全球城市特征 …………………（109）

**第六章 西班牙 IESE 商学院"全球活力城市指数"与
            全球城市发展趋势** ……………………………（112）
  一 "全球活力城市指数"背景与研究方法 ……………（112）
  二 "全球活力城市指数"与全球城市发展状况 ………（117）
  三 中国城市在"全球活力城市指数"中的表现 ………（129）

**第七章 普华永道公司《机遇之都（城）》报告与全球
            城市发展趋势** …………………………………（135）
  一 《机遇之都（城）》报告背景与研究方法 …………（135）
  二 《机遇之都》与全球城市评价 ………………………（141）

三　《机遇之城》与中国城市评价 …………………………… (149)
　　四　《机遇之城2017》广州得分具体分析与城市
　　　　比较 …………………………………………………………… (155)

**第八章　英国Z/Yen集团"全球金融中心指数"与全球
　　　　　城市发展趋势** ……………………………………………… (174)
　　一　全球金融中心指数报告背景与研究方法 ………………… (174)
　　二　全球金融中心的发展趋势 ………………………………… (179)
　　三　中国城市在全球金融中心指数中的表现 ………………… (184)
　　四　广州全球金融中心地位的特征分析 ……………………… (190)

**第九章　澳大利亚2thinknow智库"全球创新城市指数"
　　　　　与全球城市发展趋势** ……………………………………… (197)
　　一　"全球创新城市指数"背景与研究方法 …………………… (197)
　　二　"全球创新城市指数"与全球城市发展状况 ……………… (201)
　　三　广州与中国城市在"全球创新城市指数"中的
　　　　表现 …………………………………………………………… (208)

第十章　广州建设引领型全球城市的实力与愿景 ………………… (213)
　　一　经济总量形成规模，全球城市基础奠定 ………………… (213)
　　二　竞争实力不断增强，全球城市动能集聚 ………………… (215)
　　三　软硬环境建设提速，全球城市支撑有力 ………………… (224)
　　四　各项排名持续跃升，全球城市地位巩固 ………………… (234)
　　五　广州建设引领型全球城市的发展愿景 …………………… (240)

第十一章　广州建设引领型全球城市的战略举措 ………………… (245)
　　一　建设全球开放的经济体系 ………………………………… (245)
　　二　提升全球辐射的配置能力 ………………………………… (247)
　　三　构筑全球畅达的枢纽网络 ………………………………… (250)

四　优化全球共赢的交往格局 ………………………（253）
　　五　营造全球对标的宜居环境 ………………………（258）
　　六　实施全球覆盖的传播策略 ………………………（260）

结　语 ……………………………………………………（264）

参考文献 …………………………………………………（265）

第一章　全球城市的内涵特征与发展趋势

一　全球城市的内涵

(一) 全球城市兴起的背景

当代人类社会生活正在突破国家与地区界限，在全球范围内展现全方位的沟通、联系和相互影响。资金、商品、信息、人口的全球流动把全球经济紧密地联系在一起，促进了发展中国家的工业化与城市化进程，使城市各个方面产生深刻的变化，世界各地城市发展相互联系越发紧密，并演变为全球城市体系。全球城市在人口规模、经济活力以及企业总部数量等关键发展资源上领跑全球，成为一国参与全球竞争合作的核心力量。

1. 城市化是现代全球城市形成的基础

城市的产生与发展源于经济社会的发展和进步，是社会经济发展到一定阶段的产物。城市自古以来就存在，但现代意义上的城市化则始自工业革命。以工业化为基础的经济活动需要劳动力及生产资料在特定区位的大量聚集，从而使资源的聚集点——城市得以迅速发展。随着工业化进程的推进和交通基础设施的改善，人口快速向城市聚集，催生了大型城市。1900年全世界只有30%的人口生活在城市，而一个世纪后的2000年世界平均城市化率达到将近50%。目前全球有76亿人口，其中城市人口为42亿。根据联合国发布的《世界城市化展望（2018）》

(*World Urbanization Prospects 2018*)，到 2050 年全球城市人口总量将增加 25 亿，届时全球 68% 的人口将在城市生活。人口的集聚又进一步促进城市完善功能，包括发展产业、提升公共服务、优化空间连接和扩张辐射人口等，吸引更多要素资源向城市集聚，从而形成了城市化与聚集经济的交互上升格局。随着世界城市化水平的高度发展，城市在经济、政治中的主导地位基本形成，使城市发展高级形态——全球城市的诞生成为可能。

2. 全球化是全球城市发展的主要动力

全球化是全球城市发展的主要驱动力量，经济全球化又是其中最关键的动力。跨国公司的全球化拓展牵引着资金、商品、信息、人口的全球流动，把全球经济紧密联系在一起，促进了工业化与城市化进程。城市以其优越的技术、人力资源和信息等基础设施配置的优势，为跨国公司提供会计、广告、金融、咨询以及法律服务等先进生产性服务（Taylor，1997）。跨国公司全球业务联络的增长，带动城市的国际化发展，加强城市国际合作及与国际资源要素的联结。从 1990 年起，随着全球化进程的加快，世界范围内大城市和特大城市的数量在快速增长，从 1995 年的 22 座大城市和 14 座特大城市增长到 2015 年的 44 座大城市和 29 座特大城市。更重要的是，这些（特）大城市正在全球经济上发挥着重要作用，截至 2015 年，世界上 55% 的人口居住在全球前 600 大城市中，并贡献了全球 60% 的 GDP；就中国而言，中国前 10 大城市贡献了全国 20% 的 GDP。正如联合国人居署发布的报告《2016 世界城市报告：城市化与发展——即将到来的未来》（*World Cities Report 2016: Urbanization and Development-Emerging Futures*）中所指出的：城市化进程对一个国家的经济发展至关重要，而全球化则是推动城市化进程的重要动力。前 20 大城市是全世界三分之一大型企业的总部所在地，这些企业的收入占全球大企业总收入的近一半。城市，尤其是特大城市将在助推世界经济发展方面做出巨大贡献。世界各地城市顺应全球化发展潮流，发展相互联系越发紧密，深入参与国际分工协作，加快城市国际化进程，不断增强在全球资源配置中的领导力和联通性，形成全球城市，并演变为全球城市体系。

3. 信息化推动全球城市加速发展

20世纪下半叶，信息技术革命使城市间联系效率呈几何式提高，成为世界城市化加速发展的重要推手，也为全球城市网络的形成提供了重要的技术手段。随着交通便利度和信息流通速度提高，人口外部流入增加，城市群通过分工协作提供要素聚集所需条件集合的能力更强。智能建筑、电信、光纤以及其他关键技术和设施的建设扩张，对一个城市未来的经济增长以及在全球城市体系中的地位的稳固起着重要作用，远程通信网络加速了社会经济要素的集聚性增长，从而促进了全球城市的形成和发展。

4. 全球城市积极参与世界事务反哺全球化进程

2008年金融危机之后，全球化进入新的阶段，全球治理的行为主体已经从国家扩散到超国家和次国家行为体，而全球城市是政治色彩较为淡化的次国家政府行为体，承载全球价值、提供全球公共物品的重要行为体，以及普通民众生活的重要载体。目前，全球最大、最重要的由75个主要城市组成的C40集团通过收集和交换数据，已经采取行动从多种途径对气候变化做出积极贡献。其他国家的城市更强调城市自身的外交政策和对外关系的建立和发展，从而服务其国家的外交战略。主要国家的首都城市，如伦敦、东京和巴黎等都是本国政府外交政策中不可或缺的一部分。但对于那些不是中央政府所在地的全球性城市来说，比如芝加哥，也通过形成自己的对外交往政策，通过协调其企业、顶尖学术中心、文化机构和民间团体的国际参与，让城市及其市民能整体受益。

总之，全球城市正日益推动经济、政治、社会和文化方面的全球事务。全球化的新阶段中，全球城市不再仅是居住地，而已经成为国际舞台上的主要角色，受到越来越多的关注。

（二）全球城市的概念与内涵

1. 全球城市概念的提出

全球城市（global city），又称世界城市（world city），指在社会、经济、政治、文化层面对全球事务做出影响的重要城市。"世界城市"一词最早由德国学者歌德（Goethe）在1889年使用，用以凸显当时的罗马和巴黎两个城市在文化上的优势。1915年，英国城市和区域规划大师帕特里克·格迪斯（Patrick Geddes）在其所著的《进化中的城市》一书中首次提出"世界城市"的概念，即"世界最重要的商务活动绝大部分都须在其中进行的那些城市"。但真正最早从事现代世界城市研究的是英国地理学家彼得·霍尔（Peter Hall，1966），他对世界城市做了经典解释，指出"已对全世界或大多数国家产生全球性经济、政治、文化影响且拥有巨大人口规模的国际第一流大都市"才是世界城市。霍尔在《世界大城市》一书中从政治、贸易、通信设施、金融、文化、技术和高等教育多个方面对世界城市应具备的特征进行了概括，将伦敦、巴黎、纽约、东京等7个城市定义为世界城市。

科恩（R. B. Cohen）认为全球城市是作为新的国际劳动分工的协调和控制中心而出现的，这表明全球城市与世界城市的内涵是一致的，这一点也得到了弗里德曼（Friedmann）的赞同。1986年，弗里德曼提出"世界城市假说"，认为世界城市是全球经济系统的中枢或组织节点，集中了控制和指挥世界经济的各种战略性功能，并从新的国际劳动分工角度，着重研究了世界城市的等级层次结构和布局，尝试构建了世界城市层级。"世界城市假说"将城市化过程与世界经济直接联系起来，为全球城市研究提供了一个基本理论框架。

2. 全球城市理论框架的发展

研究数据的不足是全球城市研究的一个重要制约，研究者对弗里德曼构建的世界城市理论的质疑集中在缺少数据性的证据基础，具有"临时经验主义"的缺陷，此后学者致力于从实证层面进一步描述全球城市层级或网络。

属性数据相对容易获取，成为实证研究首先考虑使用的数据类型，例如联合国等权威国际组织或机构发布的城市发展状况的国际数据、在全国普查中可以得到城市的数据等。萨森（Sassen，1991）运用属性数据对纽约、伦敦、东京的实证研究，进一步将全球城市定义为能为跨国公司全球经济运作和管理提供良好服务和设施的地点，是跨国公司总部的聚集地，高度集中化的世界经济控制中心、金融和特殊服务业的主要所在地，包括创新在内的主导产业的生产场所，以及产品和创新的市场等。但属性数据仅能显示三个大都市与其余城市的对比，对城市之间的关系亲疏类型无法提供证据（Taylor，1997）。

在这之后，利用城市之间的关系数据来描述和分析城市系统越来越受欢迎。随着信息化技术的广泛应用，关系数据的获取成为可能，以之为基础的全球城市研究定量分析开始涌现。米切尔森和惠勒（Mitchelson and Wheeler，1994）利用城市间信息流动的数据来揭示美国城市系统地理位置。比弗斯托克等人运用商业新闻内容中提到的城市频次描述一个城市对外关系，用外地从业者面试来反映城市间的迁移关系。比弗斯托克等人（Beaverstock et al.，2000）提出，城市作为一个节点的价值，在于它和其他节点之间的相关性。在城市网络之中，城市重要性取决于它和其他节点之间的关联程度，取决于"它们之间交流什么，而不是它们那里有什么"。卡斯特（Manuel Castells，2003）提出流空间（space of flow）概念，从城市联结的角度分析全球城市作用，认为全球城市是支撑起全球网络的节点。该理论拓展了人们对全球城市的理解，全球城市理论研究也因此逐渐从静态转向动态，从单个城市转向城市网络。

城市网络是由一个诸多节点内在连接而成的系统，拉夫堡大学全球化和世界城市研究网络通过生产者服务业企业办公室在各个城市的分布及其业务往来数据，建立连锁网络模型（Interlocking Network Model），通过描述企业网络中的总部—子公司等企业交往关系，为企业所在城市之间的"指挥"关系提供证据，并在此基础上发布了"世界城市分级"，成为当前全球城市体系研究范式最为完整和权威的成果之一。

3. 全球城市应用研究的完善

在经历了复杂的演变发展后，全球城市的理论内涵从一开始的经济、商业发展成为囊括社会民生、经济贸易、文化创新、产业发展、全球交往等多维度的综合概念，全球城市体系也从最初少数几个位于世界城市群顶端到形成自成一体的全球城市网络系统。随着全球城市理论的逐步深化，全球城市相关的成因、作用和研究范式也在不断革新，形成动态发展的全球城市学，与现实中的全球城市发展相互作用，并进一步为全球城市发展实践提供参考。

学界总结出全球城市发展的多种模式，为新加入全球城市体系的城市制定发展策略提供参考。弗里德曼归纳了城市发展的两种模式，分别是城市营销（基于外部的发展）和内生式发展（基于内部的发展）。前者是以核心城市（全球城市）为活动空间，基于外生动力的竞争模式；后者是以城市区域为活动空间的基于内生动力的合作模式，更具有可持续性。综观全球城市的发展模式可见，外生动力和内生动力是共同作用的，地方的内部力量作为全球城市成长的主导力量导引全球性参与，通过向外与其他城市区域联手追逐共同的目标，在合作与竞争中提升全球城市间网络（罗思东、陈惠云，2013），呈现内外相契合的发展模式。

一些学者也为全球城市发展寻找经济之外的动力源泉。以洛杉矶学派为代表的后现代主义全球城市研究认为，全球城市不仅是经济全球化的结果，更应该包括政治、文化、生态等多种因素综合作用的结果。有学者进一步提出，独特的历史和文化是城市参与全球竞争的重要资源（杨辰、周俭、兰德，2015）。在第三次科技革命的影响下，从信息技术方面对全球城市发展的研究开始出现。主张"科技进化论"的研究者认为，信息技术的发展越来越深刻地影响着城市之间的联系，城市通过信息网络被吸纳进世界城市体系之中，全球城市因而成为世界城市体系的重要节点，通过关键信息的生产、发布、流通在全球城市体系中占据支配地位。

二　全球城市的特征

（一）全球城市的产业特征

全球城市诞生于全球化进程，服务于全球化，并在全球化的支持下发展壮大。全球城市的形成和发展离不开现代产业的集聚影响。从早期的以航海贸易为主导到现在的高新科技、金融服务、基础产业并驾齐驱，全球产业的体系结构转变反映了全球经济的发展变化，同时影响着一代又一代全球城市的兴衰历程。

1. 当代全球城市以生产性服务业为产业根基多元化发展

经济全球化、投资国际化和金融证券化决定了全球城市的产生，全球城市的一个重要产业职能即为金融、贸易、商务等各类先进生产性服务业（advanced producer services）提供平台支撑。全球化和世界城市研究网络以银行、保险、法律、咨询管理、广告和会计等高端生产性服务在全球各大城市中的分布为指标，由此建立连锁网络模型并计算出特定城市融入全球城市网络的程度和该城市对全球资本、技术、人力、信息等生产要素的控制和配置能力。全球城市发展的传统路径强调基于全球化对自由市场、流量经济的依托，要素、商品和信息流量的指数级增长推动城市全球配置能力的升级。近年来新结构主义经济学兴起，提出城市的多元发展模式，创新驱动、绿色低碳、以人为本的新理念得到更多重视。随着全球城市发展的逐步深入，全球经济分工不断重构和整合，新兴全球城市职能也从原来的全球经济、金融中心的角色中逐步分化出来，以通信中心、配置中心、技术中心和创意中心等新形式迈进全球城市行列（石光宇，2014）。国际运输业也表现突出，航空航运成为全球城市的重要产业，从航班班次、运输人次、货物运载量等地域拓展和频次加密等信号，可以看到城市在全球城市网络中的地位（胡笑寒等，2016）。

2. 产业创新成为促进全球城市产业发展重要力量

以知识资本推动的科技变革蔓延到各个行业，形成共生融合的集群跨界创新，创造了新的基本价值导向、新的产业物质基础，促使世界城市体系和产业结构的核心组织纽带从"全球生产网络"向"全球创新网络"升级。创新创意被作为与经济流量枢纽同样重要的高端功能予以重视。全球城市通过产业创新保持国际引领、导向和控制地位。新的全球城市竞争力对比体系正基于创新能力在逐步孕育形成之中。在可预见的未来中，在全球创新网络中表现先进的城市将获得较大优势，改变现有的全球城市格局。

文化资源晋级为现代全球城市发展战略的核心资源之一。霍尔（1986）指出，全球城市发展经历了技术—生产创新、文化—智能创新、文化—技术创新三个阶段，在后两个阶段中，文化因素的效果将越发明显。文化创意是消费性服务企业吸引和维系顾客的重要筹码，因为文化产业能改变服务包（service package）的内容，从而重组企业价值创造的行为链条；在消费性服务转型升级的过程中，将文化产业和服务产业进一步整合，能够不断更新服务项目，提供能满足顾客价值期待的一整套产品，提升城市服务业竞争力的同时提升全球城市整体实力（顾乃华、陈丰哲，2011）。全球城市文化资源配置力内涵丰富，包括文化基础资源配置力、文化产业资源配置力、城市文化国际配置力、城市文化活力、城市文化吸引力、城市文化保障配置力六个构成要素（高维和、史珏琳，2015）。

3. 全球城市产业发展展现"均衡之美"

在传统的世界城市理论及网络特性中，服务业水平在过去相当长的时期是评判世界城市地位的核心标准。学界公认以金融、保险、商业地产等高端服务业为核心的城市具有相对较高的地位及控制力。经过全球性金融危机的检验，对服务业依赖性较大的世界城市受到巨大冲击，而产业结构较为均衡的"复合型"世界城市却呈现相对较强的外部经济风险抵御能力，在世界城市体系中的地位得到较大提升，为全球城市发展路径提出新的思考。新一轮产业变革、虚拟经济与实体经济的"再平衡"、全球先进制造业再布局，以及创新网络在全球经济支撑地位提升等因素，使产业均衡发展的城市保持强劲的发展动力，持续提升在世界城市体系中的地位。从全球城市网络的城市个体特性看，对于生产者服务业高度依赖的城市逐渐减少，而同时具备传统服务业、制造业，乃至都市型农业的复合型世界城市的数量逐步增多（苏宁，2015）。

总体来说，优化平衡城市产业布局，重点发展科技创新产业和第三产业，把握地缘和世界产业变化趋势，促进区域一体化发展，将有力带动城市及其周边区域形成具有全球竞争力的世界级城市群。

（二）全球城市的功能特征

全球城市经济实力雄厚，基础硬软设施建设较为完善，资本、商品、信息、人力等要素配置具有国际性，对外交往频繁，主导和控制经济、科技、人力、信息等资源的全球流向和跨国配置，其政治、经济、金融、商贸、科技、文化、创新等方面的辐射半径超越国界，在全球城市网络体系中有较强的竞争力和影响力，由此承担起世界经济、贸易、金融中心的重要职能。总体来说，全球城市的功能特征大致体现为以下几个方面。

1. 凸显全球性

全球城市之所以被称为全球城市，主要特征之一是其功能的全球性（globality）。蔡拓（2013）认为，全球性强调当代人类社会活动以人类为主题、以全球为舞台、以人类共同利益为依归的性质特征，超越现代性、民族性、国家性、区域性，具有整体性、共同性和公共性等特点。全球性作为全球化理论的核心概念，以立足全球、超越民族国家为根本，实现追求人类本位、全球价值、全球意识和全球伦理的新全球主义，正与全球城市在世界经济、政治、社会、文化等方面的卓越功能相呼应。阿库托（2011）认为，全球城市处在全球各方面联系的重要交汇点上，构成了在全球范围内形成的城市定居点网络体系的等级，聚集了全球经济、金融、文化和宗教进程的大部分命令与控制功能，成为全球化的战略节点。

2. 中心联动性

在城市网络结构中，不同层级的全球城市可以根据自身发展和地位成为区域中心、国际中心和全球中心，对小至区域发展大至全球运作的整体事务形成关键联动作用。在与网络节点之间的结构严密和联系紧密的互相作用中，城市获得更多的发展机遇。全球城市发展要转变"中心"发展理念，而是要把全球城市看作资本、商品、人力、信息等要素循环和积累的复杂网络的必要组成部分，与网络的壮大共同成长（周振华，2006）。吕康娟（2016）在分析上海作为全球网络枢纽节点功能时提出，衡量全球城市的节点功能有两个衡量维度：一是关联密度，即互相关联的层次越密集，节点所能完成的吸收、传递和处理的功能就越强，该城市也就显得越为重要。二是关联广度，即与其他节点城市的联系及相互作用越多，该节点城市在网络结构中就越处于中心位置。城市的全球辐射面越大，越能反映其在全球城市网络中的中心程度；而其中心程度也进一步反映在其全球资源配置力、国际事务决策力、网络体系影响力等全球性功能上，体现出全球城市功能的中心联动特征。

3. 配置有效性

集聚效应和多样性，是全球城市的灵魂所在。人口规模越大、密度越高的城市，对公共设施和能源消耗的规模经济性利用率越高，对节约能源和降低公共管理成本均大有裨益。伴随着通过与其他全球城市网络节点的相互促进和协调，诸多"城市病"如贫富差异过大、收入分配不公、城乡发展不协调、产业调整及优化不到位、结构不合理以及贸易失衡等，均能较为妥善地消解，最终有助于避免陷入"中等收入陷阱"的魔咒（陈杰，2014）。全球城市在发展形成的过程中不可避免地出现资源配置失衡、社会不平等、贫困、部分人群边缘化等社会功能失效的情况，但全球城市自身拥有强大的全球资源配置能力，能够在全球联动的配合下解决现有的城市问题。

4. 功能差异性

随着全球城市理论的演变发展，人们对全球城市的理解从以往的"无所不包"转变为现在的"各有专长"，从以经济贸易为主转变为全方位综合评判。作为网络节点的城市，既是一个流动空间，也是一个具有自身显著特点、发展的历史以及各不相同特质的实际场所（周振华，2006）。每个国家、地区和城市都有根植于本土的政治、经济和社会结构，它们通往全球化的道路并不是唯一的（杨辰、周俭、兰德，2015）。萨森（2014）也认为"在过去的 30 年间，全球网络在不断地扩展，不断有新的城市加入，而且每个城市都有一套特定的通路（circuits）组合"。吴灿然（2011）提出"功能性城市体系"概念，一个城市可以拥有政治、经济、金融、贸易、文化、宗教等多种不同功能网络，而该城市与不同功能网络的组合则决定了其与全球的外在联系，从而决定其在世界城市系统中的地位。全球城市的功能发展，植根于城市本土的历史文化，凭借突出的差异化功能，加强全球范围的主体和要素联动，承担全球供给的重要职责，并进一步地在全球治理、资源配置、社会文化乃至社会变革方面对国际社会起到引领作用。

（三）全球城市的空间格局特征

随着全球城市理论的发展，对于全球城市的空间理解也在不断改变和进步，全球城市空间呈现立体化、融合化的发展特征。

1. 全球城市体系

全球城市体系化发展的观点已经获得国际认可。国际上对全球城市体系较为主流的研究观点大致可分为"中心等级"和"网络关联"两种视角。弗里德曼在"世界城市假说"中提出将"核心—边缘"结构运用到全球城市研究上，奠定了全球城市等级体系划分的基调。萨森和卡斯特则倾向分析全球城市的网络性和联系度，通过城市对资源流动的控制程度判断其是否为"全球城市"。

21世纪以来，随着新兴全球城市与传统全球城市的差距逐渐缩小，学界研究逐渐向"网络关联"视角倾斜，强调全球城市体系的层次性和横向联结。泰勒（2005）认为城市网络存在三个层次：系统层次，城市嵌入的世界经济是网状的；节点层次，城市间互动创造出等级和结构；次节点层次，作为网络构造者城市内部的跨国企业通过分支机构为顾客提供全球无缝衔接的服务。汤伟（2012）将米歇尔·达文的网络四个维度概念引用到城市网络研究中，认为城市网络可通过结构、资源、规范和社会动态过程创造出新的政治空间，使全球体系呈现出不同面向。

2. 全球城市区域

弗里德曼在研究全球城市特点时发现，对国家甚至更大区域的中心性并不由单个城市承担，而是由中心城市和联系紧密的周边区域共同实现，其内部各种功能联系在空间上以"流"（如交通流、资本流、信息流等）的形式不断传递和扩展（仝德等，2014）。泰勒（2007）进一步从"城镇性"（townness）和"城市性"（cityness）两个概念的区别中，阐释了全球城市的内外关系："城镇性"强调的是城市腹地发展（hinterwork），"城市性"则强调全球网络发展（network）。城市规模变大和能级提升的过程中，将越发倾向跨腹地与其他城市发生连接，全球城市则作为一个内外转换的中枢。

有研究跨境城市的学者指出，随着人口、工业和资金的加快流通，边境已变成了具有高度渗透性的薄膜，部分国家甚至沿国境出现了新型的城市化地区，并逐步发展成为国际性边境（或跨国界）大都市（赫佐格，1992），如卡托维兹—斯特拉瓦、哥本哈根—马尔默、维也纳—布拉迪斯拉发以及美墨边境的拉雷多—新拉雷多、圣迭戈—蒂华纳等。

3. 全球城市发展的新范式："网络+等级"

随着研究重心转移至全球城市区域发展，开始有学者呼唤回归城市等级研究。霍尔和佩恩（2006）认为，即使全球城市区域是一种通过多元的节点和连接构成的网络，但在区域尺度上仍然存在着一种清晰可辨的城市等级。因此，目前大多数全球城市研究采用"网络+等级"的空间结构，分析城市在全球网络体系中的融入程度同时了解与周边腹地的职能分工和地位层次。在全球城市区域日益多中心化的功能结构中，这两种重要的经常以对立形式出现的概念，即"城市等级体系"和"城市网络"的概念，形成了新的结合（罗震东、张京祥，2009）。李峰清（2016）提出两对全球城市相关概念"中心度—联系度"和"全球性—地方性"，前者从功能上判断一个城市是

"控制中心"还是"网络节点",后者从地理区位上分析一个城市的跨区域影响力,并指出这两对概念相互交织,结合使用将有助于理解全球城市"网络+等级"的研究范式。

三 全球城市的发展趋势

在全球化进程逐步深化、国际政经格局深刻变化的背景下,全球城市体系的结构网络也将随之调整,全球城市的发展模式也日趋多样。面向未来,全球城市功能体系将日趋多样化综合化,枢纽和创新将成为全球城市脱颖而出的关键功能。

(一) 全球城市价值更加趋向多元

1. 全球城市的产业体系不断完善

城市在全球城市网络体系中的地位、位置,与它的经济规模、功能、辐射范围以及在世界经济体系中的地位密切相关。全球城市的产业体系和结构作为其在全球化进程中发挥经济影响力的基础,必然要适应全球发展的趋势,转型升级使之符合其资本、服务和信息掌控者的角色,对其全球生产、销售、服务和创新中心的作用起到支撑作用。对应当下全球化和信息化的浪潮,全球城市的产业体系应当是由资源配置体系、智能化互联生产服务体系和创新产业组织体系支撑(芮明杰等,2015)。转变经济增长方式,提高金融、贸易、商务等现代服务业以及高新技术产业在经济结构中的比重,是全球城市产业发展的必然走向(徐振强,2015)。同时,必须重视城市整体环境营造和产业融合、联动、复合、集成发展,积极发展"城市机能活用"型、"社会问题解决"型、"促进人的全面发展"型、"以人为本"型产业,注重产业发展与社会建设、城市建设、环境保护之间的良性互动、和谐发展,把人口、就业预测作为未来产业政策制定依据和目标(黄苏萍、朱咏,2011)。

2. 全球城市的价值取向趋向综合

全球城市不仅是经济全球化的结果,更包括政治、文化、生态等多种因素综合作用的结果。随着全球化从经济领域向文化等其他领域扩展,城市发展理念、发展范式已发生重大变化,即从以前的经济集中、资本控制为主向经济发展、社会包容和谐、环境优美、政治善治、文化吸引力等方面转变。全球城市发展的价值取向由高度聚焦经济价值转向综合价值方向,这一趋势从各大全球城市排名的研究范式中明显反映出来。

进入21世纪以来,各类城市排名模型越来越多地兼顾城市的创新、政治、文化、可持续发展等功能。虽然世界知名全球城市排名机构都以城市为研究主体,但其对城市的研究领域有所不同,呈现出多样化的特征。例如,在科尔尼的"全球城市指数(2008)"和"全球潜力城市指数(2015)"中加入了个人的政治参与和文化体验,成为其排名模型的亮点;普华永道的"机遇之城"更多重视智力创新、宜居和宜商环境等适合经济和商业发展的环境因素;IESE的"活力全球城市"指数更强调智慧城市治理对于全球城市发展的推动作用;Z/Yen的"全球金融中心指数(2007)"和2thinkhow的"创新城市指数(2007)"也都更重视营商环境、基础设施、市场网络等影响经济和商业发展的直接要素。

3. 全球城市的创新价值日益凸显

为了保持创新竞争力,越来越多的全球城市在营造适宜创新的城市环境上着力。纽约作为全球最富创新活力的全球城市之一,凭借自身的资源禀赋整合配置全球创新资源,在创新能力、风险投资、企业规模和数量等方面表现超群。以纽约为例,全球城市提高自身创新能力的路径包括:培育良好的投资环境和畅通的融资渠道、促进产业巨头和初创企业的共同发展、培育城市的活力和文化、打造顶尖大学聚集地以及培育健全完善的创新生态系统(乐嘉昂,2016)。上海提出建设卓越的全球城市目标，也强调流量枢纽功能的升级、创新策源功能的补充和辐射引领责任的担当，注重"创新"和"流动"两大城市功能的互动。深圳更为重视创新环境的营造，明确提出建设"创新引领型全球城市"的目标，以创新驱动发展战略作为全球城市建设的核心策略。未来，创新将成为全球城市发展竞争新的主战场。

4. 全球城市的文化内涵持续丰富

"全球化"是一个复数概念，每个国家、地区的城市根植于本土的政治、经济、社会和文化结构，走出通往全球化的不同道路。法国学界在长期对全球化概念进行批判研读中认为，全球化不能简化为金融、资本和技术等经济过程，它应该包含历史、文化、社会等更为宽广的人文领域。独特的历史和文化是城市参与全球竞争的重要资源。巴黎在建设全球城市过程中采取城市文化建设导向，制定了以增强全球竞争力为目标的巴黎文化政策，成功将巴黎打造成世界文化之都，并提升其在全球城市网络中的地位和作用（杨辰等，2015）。

社会文化发展是打造和谐、稳定、繁荣全球城市的重要基础，同时也是塑造全球城市魅力、活力和创新力的重要源泉，一个全球城市的社会文化发展为其软实力提升提供重要支撑；基于城市自身的社会文化架构和发展规律打造城市文化内涵，将有助于形成与城市功能地位相匹配的公共服务和社会事业，建立有序、高效并符合国际惯例的社会治理体制，打造充满活力、特色鲜明、引领全球的独特城市文化生态和文化品牌。

（二）全球城市功能更加强调枢纽

1. 全球城市发展从全球网络流量中不断汲取能量

多中心化的城市发展趋势意味着资源流向的多元化，因此，新的全球城市的形成与发展更多通过基于资源在全球网络中的流量（例如信息、知识、货币和文化等流动）来实现，而不是取决于自身的存量凝结（例如城市形态和规模等）。在由此形成的全球城市网络之中，城市重要性取决于它和其他节点之间的关联程度，取决于城市之间交流交换的内容和资源的重要程度。因此，着力降低全球资源在全球城市流转、配置的成本，努力打造全球资源配置中心是全球城市的发展重点。

2. 全球城市的资源集聚使其配置能力进一步提升

加强全球联系，提升全球资源的配置能力是全球城市发展的首选路径。全球城市为全球和地区信息和资源交汇提供场所，包含经济的、文化的和社会事业公共服务等机构，实现国家和地区资源与全球经济的对接，为国家和区域中心传递着全球化带来的动力（Knox，2002）。全球城市的形成与发展主要通过基于全球网络的流量如信息、知识、货币和文化等流动来实现（周振华，2007），尤其是在流动中强化对全球网络的配置影响。因此全球城市的发展方向，首要的、本质性的内容是扩展外部联系，构建与全球经济功能性联结的流动空间，融入全球网络，提升配置水平。

3. 全球城市的思想影响力持续扩大

全球城市依托经济全球化集聚了经济、交通、人文等大量资源，具备了强大的国际交往基础功能。国际组织、跨国公司等国际政治经济文化参与主体在全球城市的落户，也使得其获得众多的国际交往渠道平台，使之从世界经济体系的空间供给者角色中脱颖而出，影响国际交往格局的结构性变化成为可能。全球城市能够发挥其枢纽网络功能优势，举办世界性重大活动，发布重要思想，参加全球发展各领域的对话、交往、合作，深度参与全球治理事务。作为人类生活的最主要区域，全球城市推动的治理实践成果能够更好地惠及世界的大多数人群，反过来推动全球化向全球共建共治共享的平等共赢新阶段前进。

(三) 全球城市合作更加凸显共赢

全球城市的发展初期以个体为单位发展，主要凭借自身积累的优质发展资源吸引全球生产要素的聚集，形成一定的"中心"作用。当世界城市化发展到较高程度，城市群和都市圈的建设情况将成为衡量一个国家发达程度的重要标志。城市间的相互影响增强，更要重视研究城市间的联系和协调发展，以便有效地按地域系统组织生产和进行行政管理，获取最大经济效益和最佳社会效果。

1. 全球城市通过密切联系周边区域实现分工合作

全球城市的发展成熟是与其周边区域组成的城市区域密切联系的，其对于国家甚至更大区域的中心性作用并不由单个城市承担，而是由中心城市和联系紧密的周边区域共同实现，其内部各种功能联系在空间上以"流"（如交通流、资本流、信息流等）的形式不断传递和扩展，从而形成城市群和都市圈。大量新兴节点城市融入全球价值链体系，向上接受高等级的全球城市的要素溢出，水平频繁地与相同等级的世界城市进行经济、技术、社会、文化、政治互动，向下对区域内的其他城市产生辐射带动效应，使得周边城市也逐渐融入世界城市网络体系中。例如，纽约、华盛顿、波士顿、费城、巴尔的摩等一系列城市共同作用，共同成长为具有世界影响的国际城市群，形成了纽约湾区。世界知名的全球城市如纽约、东京、旧金山等均围绕城市形成了世界著名的湾区经济包括纽约湾区、东京湾区、旧金山湾区等。

近年来，由香港、澳门两个特别行政区和广东省的广州、深圳、珠海、佛山、中山、东莞、肇庆、江门、惠州九市组成的粤港澳大湾区也以迅猛的上升趋势，形成日益增强的发展合力，并上升为国家级发展战略。依托区域内城市的集群效应，各成员城市能获得更加丰富的资源和更加有利的发展机遇。因此，城市要进一步融入全球城市体系、提升等级，就要与体系中其他城市加强联系，明确一定的职能分工和地位层次，增强跨区域的影响力，形成区域合力参与国际分工。

2. 全球城市体系趋向钟形结构发展

全球城市体系组成要素和外界环境的变化，都会通过交互作用和反馈，使城市体系的形态、规模和结构发生变化；全球城市体系不是一个封闭的组织体系，而是一个频繁与外界进行物质、能量、信息交换的开放的系统。城市间的垂直—水平—深度的多向互动，不仅使全球城市的数量和实力不断提升，而且进一步催生了新的节点城市，成为世界城市网络规模不断扩大的重要动力，全球城市体系呈现出由原来的金字塔结构向扁平化的钟形结构演进的趋势。随着城市实力的不断增强以及非传统安全问题的扩散，城市间的相互连接和相互依存显得越发重要。城市间的网络化协作和互通有无不但可以相互间取长补短、共同发展，同时还可以明确城市间的相互分工，更好地实现城市群内的分工协作，发挥不同城市的自身优势，推动建设特长型城市。

3. 全球城市合作共赢在可持续发展上形成有益尝试

随着全球化进程的逐步加深，全球城市中人口猛增、生态环境急剧恶化等发展负效应相继出现，城市生态维护和可持续发展受到全球城市的一致重视。2011年悉尼都市区域战略规划提出以成为"绿色环保、全球化的、相互联系的"全球城市为2040年发展愿景；旧金山湾区2040年区域可持续发展战略规划中根据城市的交通项目、环境影响报告、社会公平性分析梳理出规划原则、现状分析和发展愿景，开辟出一条足以容纳未来人口大幅膨胀、保持发展势头、实现未来发展目标的30年发展道路；2013年9月，在联合国人居署、世界城地组织、世界大都市协会等多个世界组织机构的联合支持下，联合国可持续发展解决方案网络（Sustainable Development Solutions Network，简称 SDSN）发起"城市可持续发展目标"（Urban SDG）计划，旨在将全球的与城市相关的居民、管理者、策划者和参与者组织起来，共同参与全球城市的可持续发展建设。可持续发展成为未来全球城市的核心理念。

综上所述，全球城市是一个综合性、革新性、功能性的城市发展概念，从整合、互联、发展、包容等角度和指标考量城市在全球语境下的整体实力。作为城市发展的高端阶段和国际化高端形态，全球城市日益成为全球经济、科技、文化等各领域发展的制高点。随着全球城市的崛起与发展引起世界范围的广泛关注，全球城市研究也成为指导城市发展实践的重要理论。置身于全球城市体系当中，如何对标顶级全球城市，把握全球城市发展趋势，不断增强城市的吸引力、配置力、枢纽力、竞争力，顺势与世界全球化进程交互上升，力争进入一流全球城市行列，为全球可持续发展和人类命运共同体的建设做出更为突出的贡献，是值得深思的问题。

第二章 全球城市评价与中国城市借鉴

随着全球化以及全球城市相关理论研究的深入发展,全球城市评价近十年来在世界范围内迅速兴起,并成为评价城市在全球城市坐标体系中的地位以及国际竞争能力高低的重要参照系。据不完全统计,世界以城市为研究对象的评价和排名研究超过170个,通过研究城市评价指数来分析国家乃至某一区域的发展水平,可以总结不同人类聚居区的发展路径,为全球化提供更深入的思考和借鉴。

一 全球城市评价及方法

近年来随着城市在全球化过程中的作用日益显现,国际评价指数的焦点逐渐从国家转为城市。而全球城市的评价有不同的排序类型,为识别城市提供了多样的角度,同时,城市评价体系开始细化,对指标的设立也有更全面的标准。

(一) 从国家评价到城市评价

自20世纪90年代以来,西方国家的排名研究机构特别是欧美国家的跨国社会民调机构迅速发展,其中较为著名的有美国皮尤研究中心、盖洛普国际、马里兰大学世界民意调查中心、英国BBC全球民调中心、环球扫描、法国益普索集团和奥地利—澳大利亚世界价值调查协会等。这些机构定期进行数据收集与处理，发布以国家为研究单位的指数报告，借助媒体、研究机构等途径进入各国公众、政治和商业精英的视野，涉及包括经济、政治、环境、文化等多个领域。

以国家为主要评价对象的排名指数，是衡量一个国家发展水平和阶段的重要指向标。一方面，由于一个国家在各类排名中的位次同其国际形象有着极大的相关性，国家评价指数成为外部世界了解一个国家的重要途径之一。另一方面，国家在世界中的排名位次也是本国管理者了解内部社会发展状况的有效方式之一，有利于国家管理者们总结成功经验、发现短板、吸取教训。（见表2－1）

表2－1　　　　　　　　重要国家评价排名指数概览

指数名称	发布机构	议题	涵盖国家和地区（个）	数据来源	
				调查类	统计类
全球繁荣指数	列格坦研究所	综合	142		√
全球脆弱国家指数	《外交政策》、美国和平基金	综合	178		√
全球清廉指数	透明国际	政治	168	√	√
全球民主指数	经济学人	政治	167	√	√
人类发展指数	联合国开发计划署	经济	188		√
全球竞争力指数	世界经济论坛	经济	140		√
全球痛苦指数	卡托研究所	经济	90		√
经济自由度指数	美国传统基金会、《华尔街日报》	经济	186		√
全球生活费指数	全球数据库NUMBEO网	经济	115	√	
全球创新指数	世界知识产权组织	经济	141		√
全球恐怖主义指数	经济与和平研究所	安全	124		√
全球和平指数	经济学人	安全	162	√	√
全球奴役指数	人身自由基金	安全	167		√
全球老龄生活指数	国际助老会	民生	96		√
全球性别差异指数	世界经济论坛	民生	145	√	√

续表

指数名称	发布机构	议题	涵盖国家和地区（个）	数据来源	
				调查类	统计类
全球幸福指数	联合国可持续发展解决方案网络	民生	158	√	√
全球福祉指数	波士顿咨询公司	民生	149		√
世界慷慨指数	慈善援助基金会	民生	145	√	
全球饥饿指数	国际粮食政策研究所	民生	117		√

近年来城市在全球化过程中的作用不断凸显，尽管当前国际评价指数仍然以国家为主要研究对象，但越来越多的研究机构将研究重点聚焦于城市。虽然全球城市评价排名的指标体系中包含了部分从国家指标演变而来的指标，但总体来说，城市层面指标有更具体的指导意义，能够直接为城市的发展提供更多的路径参考和经验总结。

（二）城市评价的类型

全球城市评价的兴起不过十年左右，然而早在20世纪70年代就已经出现。1970年，瑞士银行瑞银集团（UBS）就发布首个全球72个城市居民购买力指数的排名，用来衡量全球城市的投资价值。经过多年的发展，城市排名开始吸引更广大的受众，包括政策制定者和居民。除了经济相关指标外，更多定量指标被用于衡量生活质量，通常包括安全、文化和环境等。全球城市排名研究和发布主体包括：国内外政府及其附属机构、学术研究机构、智库、咨询公司、市场调查公司、新闻媒体等。发布的全球城市排名指数通过不同的评价指标体系，或者对城市国际竞争力整体进行评估，或者从商业、金融、文化、人力资本、科技、创新、基础设施、环境、城市声誉等某个角度对城市发展水平进行排序比较，以此来跟踪当前全球城市自身发展特点、地区发展差异以及预测未来全球城市发展趋势与核心发展理念。

马亮（2013）将城市评价定义为"有关两个及以上的城市在某个发展维度上表现好坏的次序或等级信息"。仲量联行2015年报告将全球各种城市评价成果分为四大类：城市指数（city index）、城市标尺（city benchmark）、城市排名（city ranking）和城市评级（city rating）。不同类型的城市评价体系在识别和塑造城市特长方面提供了不同的观察角度和方式。

城市指数是基于时间轴衡量城市发展状况的评价体系，这类指标体系提供单个城市、某类城市或城市某个领域和功能的历史变化与表现，多为更新较为频繁的实时数据库，侧重于城市发展的某个维度。以澳大利亚著名智库2thinknow建立的创新城市指数为例，该评价指标体系侧重于观察全球各大城市近十年间在创新领域的发展状况，尽管排名报告每年仅发布一次，但其数据库每3个月更新一次，并向各大城市管理者、研究者出售单个城市在时间维度上的历史变化与表现数据。

城市标尺类的评价指标和城市指数类的指标较为接近，但仍有区别。部分城市指数可以被用作城市标尺类指标使用，但城市指数不一定是城市标尺类的指标。城市标尺指的是测量或评价城市、被作为标准的指标体系，用于衡量城市发展变化进程，使城市规划者们清楚地了解城市所处的发展阶段。典型的案例为毕马威（KPMG）的"竞争选择"（Competitive Alternatives），该评价体系以美国四大都市圈作为标尺，全球其他城市通过对标美国四大都市圈来识别自己城市的发展阶段与建设水平。

城市排名是最常见也是最直观的评价指标体系，即对选中的城市进行先后次序排名，可以针对某一维度或综合多个领域进行评价与识别。大部分城市排名类型的评价指标并不追求一种可以复制的研究方法，也不适合在时间维度上进行直接比较。典型的城市排名如普华永道发布的"机遇之都"系列，综合多个方面的指标对全球各大都市进行先后次序的排名，但由于《机遇之都》连续多年出版，在一定程度上具有延续性的参考价值。

城市评级类指标多为利用等级尺度评价城市的发展状况，对城市进行评级和定档，旨在粗略地划分档次或级别，同档次内的城市之间则不再进行进一步区分。城市评级在过去广泛用于评估城市的金融风险和财政状况，为全球投资者提供一定的参考，如今逐渐被更多的领域所应用。

每种类型的城市指标都有其特色与短板，但毋庸置疑的是，每种城市指标排名都能为城市管理者们提供一定的参考价值。

（三）城市评价指标的设计原则

城市评价和排名的核心在于指标的选择和设立。不同的指标选择和设立往往导致差别迥异的排序结果。基于最新的数据，进行深入的分析，从而预测城市的宏观发展方向，这是所有以调查为基础的城市评价与排名报告所遵循的基本研究逻辑，也是其能够捕捉未来城市发展趋势的基础所在。城市评价和排名的研究方法通常是结合数据分析与定性研究，这也是追踪和测量城市变化和竞争力最有效的方法之一。指标体系的设立通常具有系统性、导向性和可操作性的特征。

1. 系统性

系统性，或者全面性、综合性是城市评价指标的设立原则之一。系统性原则要求在设置指标时要充分考虑定性指标和定量指标相结合、静态指标与动态指标相结合，既考虑现实情况，也关注发展性指标，并且这些指标又有内在联系，构成有机的整体。定性信息有助于更充分地解读数据和充实评价体系，例如对排名中的城市做系统评论或者勾勒城市和区域层面的空间背景，使得评价体系更容易理解和便于使用。有效的评价指标应把有相关性的评价指标视为城市建设的整体大系统,从各个指标的相互协调视角来考核城市的建设状况。因此,指标的系统性与全面性是所有综合性城市排名或单项城市评价的必备要素,是一套评价体系能够准确衡量城市发展水平的基石与前提。

2. 导向性

导向性也是重要的指标选择原则之一,要求城市指标体系所基于的理论必须具有前瞻性和指导性,既要在宏观层面引领方向,又要在操作层面注意因地制宜和因势利导,还要注意各个要素之间的联系与协同。以建设创新型城市为例,由于各个城市地理位置、资源禀赋、经济基础及科技水平等方面存在较大差异,不同城市建设创新型城市所选的道路和发展战略必然存在区别。例如,创新型城市评价指标体系应发挥引导功能,即引导各级政府和有关部门在创新型城市建设中注意那些容易忽略的方面、构成瓶颈效应的方面以及具有优势的方面。在选取的指标中应较多关注对创新企业和产业、创新网络、创新成果转化、创新环境等方面的评价,对建设创新型城市发挥导向性作用。指标不仅要反映城市目前的状况,也要能够通过表述过去和现状经济、社会和自然要素之间的关系,反映生态城市发展演变的趋势。

3. 可操作性

在操作层面上,指标的设置应该能够有针对性地提出城市建设意见;指标具有代表性,便于分析、评价和监测,尽可能减少指标之间的相关程度,避免重复和交叉;指标数字化,定量指标保持真实可靠,定性指标尽量通过间接赋值或测算予以转化为定量数据。同时,数据收集应当注意连贯性和可比性,指标要有一系列清晰的概念作为指导。另外,指标体系需要保持科学性与数据可得性的平衡,既要保证指标的设立符合"全球城市"的概念内涵,全面客观地进行理论指标化,又要考虑数据的可得性与透明性,在理论与实践中进行平衡。全面性与代表性的平衡对于指标体系的设立具有重要意义,既要保证指标能够多方位、多层次反映城市特征,又要避免数据过于冗杂,在全面与精准中进行平衡。

二 全球城市评价的发展

据知名咨询公司仲量联行的不完全统计,21世纪以来各类国际机构相继发布的具有持续性的全球城市评价指数排名达170多种,针对个体城市全球化水平判断的评价排名体系也日益增多,全球城市评价研究的主体和范围都在逐渐扩大,对全球城市发展实践的指导意义不断增强。

(一)主要城市评价指数介绍

近年来,城市评价与排名分类越来越细化,出现更多关于城市的发展阶段和各个不同方面,如创新、金融和宜居等领域的评价与排名。还有越来越多的评价机构与高校和智库合作,评价体系的标准也在不断提高。另外,欧洲和北美以外的地区也开始发布全球或者区域性的指数,包括中国、日本和印度等地。参考国际机构的分类,根据主题内容的差异,重要全球城市评价指数可以分为综合类、经济类以及创新和生活类。

主要的综合类指数包括全球实力城市指数、机遇之都、全球城市指数、世界城市分级、活力全球城市指数、热点聚焦、城市繁荣指数、城市可持续发展指数和全球大都会监测等。综合类指数关注城市的多个方面,从相对较为全面的维度设立指标进行分析,包括经济、政治、文化、基础设施、营商环境、创新和对外交往等。这样的体系可以科学研判城市的综合实力,同时显示出城市在不同方面的优势和不足。(见表2-2)

表2－2　　　　　　　　综合类全球城市评价指数

评价指数	发布机构	城市数量（个）	发布时间
世界城市分级	全球化和世界城市研究网络	500+	2000年起非每年更新
机遇之都	普华永道	30	2007年起非每年更新
全球实力城市指数	日本森纪念财团	44	2008年起每年更新
全球大都会监测	布鲁金斯学会	100+	2010年起每年更新
热点聚焦	经济学人	120	2012年起非每年更新
城市繁荣指数	联合国人居署	100+	2012年起非每年更新
全球城市指数	科尔尼	128	2014年起每年更新，2013年以前非每年更新
全球活力城市指数	西班牙纳瓦拉大学IESE商学院	165	2014年起每年更新
城市可持续发展指数	阿卡迪斯公司	100	2015年起每年更新

经济类指数的主要城市评价和排名包括全球金融中心指数、全球城市繁荣排行榜、全球未来城市报告、竞争替代、全球位置趋势报告和胜利之城等。经济类指数着重从城市金融竞争力、商业成本、营商环境和吸引外资等方面进行评价，更关注城市的竞争力。（见表2－3）

表2－3　　　　　　　　经济类全球城市评价指数

评价指数	发布机构	城市数量（个）	发布时间
竞争替代	毕马威	100+	1996—2016年非每年更新
全球未来城市报告	外国直接投资情报	131	2006年起非每年更新
全球金融中心指数	Z/Yen集团	96	2007年起每年更新两次
全球城市繁荣排行榜	多伦多商会	24	2009—2015年每年更新
胜利之城	戴德梁行	25	2011年起每年更新
全球位置趋势报告	国际商业机器有限公司	只公布前20	2016年8月，2015年9月

越来越多的城市评价指数不只关注城市的经济发展,而是考虑到城市的创新、可持续发展、宜居性等,这也将引导城市的管理者提升城市软实力的竞争力。创新和生活类的主要城市评价和排名如全球创新城市指数、网络城市、城市发展动力指数、全球目的地指数、全球声誉最佳城市、绿色城市指数、生活质量调查和全球宜居城市指数等。这些指数关注的是城市的软实力,从创新、科技转化、居住环境、生活方式、城市形象等方面来评价城市。具体的指标包括人力资本、健康、教育、文化、社会环境、自然环境、国际游客数量等。(见表2-4)

表2-4　　　　　　　创新和生活类全球城市评价指数

评价指数	发布机构	城市数量(个)	发布时间
生活质量调查	美世人力资源咨询公司	231	1999年起每年更新
全球创新城市指数	2thinknow智库	500+	2007年起每一到两年更新
绿色城市指数	西门子	120+	2009年起非每年更新
网络城市	爱立信	500+	2011年起每年更新
全球宜居城市指数	经济学人	140	2011年起每年更新
全球目的地指数	万事达卡	100+	2011年起每年更新
全球声誉最佳城市	声誉研究院	56	2011年起每年更新
城市发展动力指数	仲量联行	131	2014年起每年更新

将主要的全球城市评价体系分成3大类可以更好地梳理评价体系,从而总结全球城市评价研究的发展趋势。可以看出,全球城市评价体系更加细化,关于创新、城市吸引力和生活质量的指数在增多,这说明全球权威评价发布机构越来越重视城市软实力的建设。

（二）全球城市评价研究的主体越来越广泛

1. 智库和商业咨询公司成为全球城市评价研究的重要主体

"全球城市"这一研究概念最初是由哥伦比亚大学社会学教授萨斯基娅·萨森在1991年《全球城市：纽约、伦敦、东京》(*Global City: New York, London, Tokyo*) 这本全球城市研究的开山之作中提出，全球城市研究的主体最早是高校等科研机构。随着全球化的发展，全球城市在全球事务中扮演着越来越重要的角色，当全球城市已经成为驱动全球社会和经济增长的动力时，深入了解这些城市的能力和建设路径变得空前重要。因此，越来越多的智库和商业咨询公司开始设计全球城市研究体系，旨在利用可信、透明的广泛数据去了解各主要全球城市的建设情况和城市各方面的表现，由此来更好地塑造少数领先的城市形象，为其他城市树立可借鉴的榜样。越来越多的智库和咨询公司开始投身于全球城市排名研究，例如，科尔尼公司的"全球城市指数"、普华永道的"机遇之城"、Z/Yen集团的"全球金融中心指数"和2thinknow智库的"创新城市指数"等。

2. 亚太成为全球城市评价研究的新阵地

目前权威城市评价和研究机构主要分布在欧洲和北美的发达国家，随着亚太地区城市的崛起，区内全球城市研究力量明显壮大，开始独立或以寻求合作的方式开展全球城市研究，正在通过理论提炼和升华，发挥权威研究的引领作用，为所在地区营造更好的发展氛围和发展指引。因此，随着亚太城市的崛起，有关全球城市的相关研究呈现出"东移"的趋势，且研究力量不断壮大。例如，日本森纪念财团的"全球实力城市指数"即为全球顶级城市研究的权威排名之一；澳大利亚2thinknow智库的"全球创新城市指数"则引领了全球关于城市创新能力的研究。

3. 全球城市评价研究成果类型更为丰富

随着全球城市研究逐步升温，有关全球城市评价的成果类型也越发多样。此外，近年来关于全球城市研究的重量级学术专著也在不断增加，除了萨森的著作外，中国学者周振华的《崛起中的全球城市：理论框架及中国模式研究》（2008）和《全球城市：演化原理与上海2050》（2017）、国际学者罗伯特·高特利伯（Robert Gottlieb）和西蒙·吴（Simon Ng）合著的《全球城市：洛杉矶、香港和中国的城市环境》（*Global Cities: Urban Environments in Los Angeles, Hong Kong, and China*）（2017）以及莎莉·马亚拉姆（Shail Mayalam）编写的《其他的全球城市》（*The Other Global City*）（2009）等都在中国和世界范围内的全球城市研究中有着深远的影响，为全球城市研究提供了坚实的学理基石。

此外，有关全球城市研究的国际性会议和发布报告的数量和影响力都在不断增强。尤其在中国，越来越多的机构和研究者开始关注全球城市研究主题，并积极开展深入的研讨。2018年4月，"迈向卓越的全球城市：全球城市理论前沿与上海实践"高端研讨会在上海中心举行；2018年5月，由广州市社会科学院主办、世界大都市协会（Metropolis）协办的"2018广州全球城市评价研究——指标排名与发展趋势学术研讨会"在广州成功举办。这类国际性会议借助国内外新闻媒体的报道在世界范围内产成了较为深远的影响力，同时为全球城市研究注入强大动力。

（三）全球城市评价研究的范围不断扩大

1. 越来越多城市被纳入各大知名全球城市评价排名

随着城市化进程的不断拓展，越来越多的城市发展壮大，近年来各大知名全球城市排名不约而同地迅速扩充其研究的全球城市数量，例如美国科尔尼的"全球城市指数"包含的城市数量从 2008 年的原始 60 个，增加到 2018 年的 135 个；日本的"全球实力城市指数"排名中，包含的城市从 2008 年开始的 30 个增加到 2017 年的 44 个；西班牙 IESE 商学院的"全球活力城市指数"的城市研究数量从 2014 年的 135 个增加到 2018 年的 165 个；2thinknow 智库发布的"全球创新城市指数"研究的城市数量也从 2008 年的 95 个增加到 2016 年的 500 个；中国社会科学院发布的"全球城市竞争力报告"在 2010 年编制了全球 500 个城市的综合竞争力排名，最新的 2017—2018 年度报告则对全球 1007 个城市的经济竞争力和 1035 个城市的可持续竞争力进行了衡量。

2. 各层次全球城市评价研究数量都有所增加

虽然研究的城市数量整体呈增长趋势，但并不只是某一层次的城市研究数量在增加，而是各层次全球城市研究数量都有所增加。例如在 GaWC 从 2000 年至 2018 年发布的世界城市分级中，α 级全球城市从 33 个增至 55 个，β 级城市从 35 个增至 80 个，γ 级城市从 53 个增至 77 个。这一动态反映出，越来越多后起发展城市通过城市流动以及与全球建立广泛联系来提升其城市竞争力，充分发挥其后发优势的新型全球城市发展道路，已经获得了普遍认可。

3. 各大全球城市评价研究范围不断拓展

随着全球城市发展的价值取向由高度聚焦经济价值转向综合价值方向，主要的全球城市评价排名也在不断拓展其研究范围，完善研究指标。进入 21 世纪以来，各类城市排名模型越来越多地兼顾城市的创新、政治、文化、可持续发展等功能。例如，2010 年之前的全球城市排名报告"世界城市分级（2000）""全球城市指数（2008）""全球金融中心指数（2007）"和"创新城市指数（2007）"都更多地着眼于城市的商业活动、营商环境、人文基础设施等更能够显著推动城市经济和现代化发展进步的资源性条件。而 2010 年之后的两份研究报告——"全球潜力城市指数

(2015)"和"机遇之城(2014)"在仍重视经济、商业等资源性条件的基础上,更多考虑到了幸福指数、宜居环境和创新等更符合综合型全球城市建设所需的环境性资源。(见表2-5)

表2-5　　　　　知名全球城市评价指数的研究领域一览

评价机构及名称		起始年度	研究领域
GaWC	世界城市分级	2000	银行、保险、法律、咨询管理、广告和会计六大"高端生产性服务业"
科尔尼	全球城市指数	2008	商业活动、人力资本、信息交换、文化体验和政治参与5个领域
	全球潜力城市指数	2015	个人幸福指数、经济水平、创新能力和政府管理能力4个维度
普华永道	机遇之城	2014	智力资本和创新、技术成熟度、区域重要城市;健康、安全和治安、交通与城市规划、可持续发展和自然环境、文化与居民生活、经济影响力、成本、宜商环境
Z/Yen	全球金融中心指数	2007	营商环境、人力资本、基础设施、金融业发展水平、城市声誉5大维度
2thinknow	全球创新城市指数	2007	文化资产、人文基础设施、市场网络3大核心要素

随着全球城市评价研究的不断深入,对世界城市尤其是中国城市的发展提供了有益的借鉴。

三　全球城市评价的功能以及对中国城市的借鉴意义

对于中国城市来说,城市的快速发展既有着积极意义,也带来了相应的问题,因此,充分利用全球城市评价指数的识别导向功能、比较导向功能和规划导向功能,有助于中国城市识别发展现状，对与世界各城市比较、对标以及进一步完善规划发展，有着重要的指导意义。

（一）全球城市评价的识别导向功能

基于全球城市基本概念和理论框架设置的评价指标体系，紧扣全球城市的基本概念，通过将全球城市的一般特征和功能进行分项量化，进行城市评级式的分类，为开展全球城市评价体系研究提供公认的核心功能性指标和具有特色的竞争力指标。指标体系涉及的领域基本属于经济规模、集聚能力和交往能力三大领域。经济规模一般被理解为城市的发展实力，集聚能力则以人口规模、跨国公司总部所在地为代表，交往能力常常表现为国际组织所在地、国际交通枢纽等。GaWC所发布的世界城市分级就是这一类别的典型案例，其参考萨森以全球生产服务业判定全球城市发展能级的思维模式，通过分析城市内会计、广告、金融和法律四大服务业的分布，考察城市间的连接关系与全球城市的等级结构，进而深度反映城市发展的现状和问题。

识别导向类的指数可以被视为全球城市理论概念指标化的第一阶段，即紧扣全球城市的基本概念，直观地进行城市评级式的分类，将作为理论概念的全球城市具象化，树立了全球城市的具体典范，能够帮助城市管理者们定位城市所处的发展阶段和发展水平。

全球城市评价指数有助于中国城市识别发展阶段和特征。一些国际权威研究和咨询机构对全球城市开展了有较强时效性和分析性的研究，将全球城市理论转化为实际的评估机制和分析框架，得到广泛认可及切实运用。越来越多的中国城市正在走向世界舞台，因而在这些权威机构的评价排名中的位置有大幅跃升，这对于研究中国城市建设全球城市具有重要的参考价值。各评价体系中的指标可以帮助中国城市识别自身的特征，中国城市可以通过分析自身在评价体系中的位置来定位城市的发展阶段和发展水平。

(二) 全球城市评价的比较导向功能

随着研究角度的不断变化，全球城市的研究理论和内容在不断扩展延伸，城市管理者也期望能够更加清楚直接地发现城市发展过程中的优劣，因此对多个城市进行比较的评价与排名也逐渐增多，为城市管理者、规划者提供更为清晰的参考。比较的因素一般是衡量不同城市发展过程中单一或多个领域竞争力的指标，既有商业活动、信息交流、政治参与、文化交流等反映城市综合发展的多特征，也有科技、生活成本、贸易、城市财富等单一特征。无论哪一类指标，都是在具有共性特征的城市核心功能要素的基础上，进一步补充的城市竞争力要素。

总体上看，在国际机构对于全球城市的比较评价与排名研究中，指标体系的框架设计上基本保留了对于全球城市的主要识别性指标，如跨国公司集聚、贸易中心、金融中心等要素，但具体的指标设定范围更为宽广和丰富。评价与排名的研究成果表明，智力资本、科技研发水平、宜居环境、生活质量、可持续性等领域是未来全球城市竞争力的根本所在，强调了在全球城市网络体系中提升自身地位需要具备的竞争能力和比较优势。在动态把握城市地位的变化、灵敏地反映城市状态的变化趋势过程中，揭示了当前以及未来全球城市竞争力的关键因素，为建设全球城市提供了路径性的线索。同时，可以帮助城市管理者们更清楚地认识到城市发展历史过程中以及现阶段的优势与劣势，以期在未来城市规划上扬长避短。

中国城市更要参与到世界与各国城市的比较中，明确自身的位置，找到与全球城市的差距。全球城市评价指数可以帮助中国城市管理者在操作层面上理解城市所应具有的特性的深层次意义。指标体系本身作为描述性工具，无论一个城市追求的是全球通达性、生态宜居性、产业创造力还是金融影响力，都要通过指标将概念转换为实际条件。而这类指标是全球城市的核心功能要素,在此基础上还可以补充其他的城市竞争力要素。通过不同领域的指标评价体系,如金融、创新、声誉和宜居性等,中国城市可以从各个角度分析城市的发展现状,这对于进一步弥补城市短板和发挥优势会有所帮助。

(三)全球城市评价的规划导向功能

引导全球城市发展趋势的评价结果,大多以城市战略规划的方式呈现。一部分指标体系可以看作是受全球城市和世界城市理论框架指导的城市规划,以打造全球城市为目标而制订的建设计划;另一部分指标体系则超出现有的传统评价模式,通过总结自身城市发展经验和状况,制定了具有领先概念意识的城市规划,被称为"理想城市"。无论是对于已经确立全球地位的全球城市,还是崛起中的全球城市来说,这类指标都是引导全球城市发展的核心和基础,如《纽约2030》《香港2030》等。由于越来越多的城市具有公共政策指导下的规划发展痕迹,城市规划对于未来全球城市发展战略引导作用日益凸显。

值得关注的是,这一批世界公认的全球城市在战略发展的规划设计中均没有强调全球城市主要识别指标,如关于城市规模、控制力、沟通能力等指标,而是更加看重较为宽泛的"理想城市"的评估标准,如生产、生活和生态等领域,主张要崛起成为新的全球城市,首先要成为革除全球城市传统弊病的"理想城市"。对于城市管理者们来说,较为基础的基于全球城市理论研究框架设置的指标体系的比较研究结果,可以发掘城市自身的特色与优势,进行科学的城市规划。但对于更有抱负的管理者来说,超出"全球城市"的"理想城市"将是更高的目标追求,这要求管理者们不仅能够充分理解"全球城市"的概念意义,全方位掌握城市的发展状态,还要求管理者们有着高屋建瓴的领先意识,革除传统城市弊病,引领城市发展的新概念。

全球城市评价指数有助于中国城市规划未来发展方向。选取国际权威智库、行业及咨询机构的全球城市评价指数和报告，对全球城市的最新发展趋势进行全面的把握和总结，可以从国际视野综合分析和研判中国城市发展建设全球城市的最新态势，这对于中国城市进一步提升城市整体实力，建设全球城市具有重大指导意义。中国城市可以学习世界先进城市建设全球城市的经验，从而树立看齐意识，进一步发现自身的优劣从而进行科学的城市规划。

对全球城市发展的一般特征以及未来趋势进行深入研判，并提供相应的发展建议是全球城市评价指数的重要研究和应用方向。近年来世界知名研究机构对全球城市展开全面持续研究，多角度观察全球城市的发展趋势，形成极具参考和实用价值的理论体系和发展模式，深刻影响着全球城市的未来走向。

四　全球城市评价对广州建设引领型全球城市的指导意义

综合考虑理论与实践、国际与国内、综合与专业以及不同研究方法，本研究所选取的城市评价指数包括多种类型，力图通过参考多种指标体系进行深入剖析，全方位总结全球城市的发展趋势，全面分析广州在全球城市体系中的地位，挖掘广州城市国际化发展的优势与短板，结合实践意义和世界城市前沿趋势，提出广州迈向引领型全球城市的发展战略与政策建议。

（一）全球城市评价研究与中国城市发展实践

在全球化的浪潮下，不同城市在大力发展的同时，会根据自身特有的区位条件发挥自身的优势。各具特色且相对成功的发展经历给全球城市发展研究提供了丰富的现实素材。与此同时，许多国际机构在不断调整和更新其研究的方向和领域，持续扩展对城市的评估指标、完善评价体系，以能够更好体现影响全球城市成功的综合因素。

1. 中国研究机构加强全球城市评价体系的研究

金融危机后，中国城市在全球城市体系中的整体位次显著提高，也引起国内研究机构的高度关注，越来越多的中国国内机构尝试提出城市评价体系，或以各种形式发表城市排名研究报告。中国社会科学院与全球化和世界城市研究网络研究团队即开展了多项城市竞争力研究合作；中国发展研究基金会也在2014年开始与普华永道合作，开展针对中国城市发展状况的《机遇之城》研究；2010年北京市科学技术研究院委托澳大利亚创意产业和创新精英中心（The ARC Centre of Excellence for Creative Industries and Innovation，简称CCI）开展了全球创意城市排名研究。这些研究成果都成为国际社会判断全球城市实力，以及城市进行发展决策时的重要参考。

2. 全球城市评价研究成果的转化利用不断增强

国内的研究机构和学者，积极开展对全球城市评价的研究，通过观察和研究主要全球城市的发展成功轨迹和全球城市网络的发展形成，为城市的发展提供有价值的参考。屠启宇和汤伟（2014）基于15套国际权威城市评价排名，从城市人口规模、经济影响力、金融功能、创新创业功能、生态宜居情况、文化和旅游6个方面就北京在世界体系中的地位进行了分析，在肯定北京有较好成长前景的同时，指出北京经济、政治影响力等硬实力表现优异但金融、环境、文化、创新和宜居等软实力不足的问题。基于同源的研究路径，屠启宇和李健（2014）通过分析七大世界排名中上海的排名定位，分析上海"四个中心"的进展状况，认为上海在对外开放吸引力、产业经济等方面已取得突出成绩，在硬件方面已初步具备全球城市的水平；但其弱点同北京类似，在国际移民、信息枢纽、科研创新、文化产业、对外文化交流、社会综合服务、可持续与城市生态、宜居性等方面存在较多不足。周振华（2012）认为作为拥有开放基因和传统的城市，上海通过40年的改革开放，也具备了高能级的总部集聚、战略性全球平台和大规模流量等基本条件，上海完全具备发展成为比肩纽约、伦敦、东京的全球城市的条件，并在理论层面上提出一系列关于上海如何迈向顶级全球城市的发展策略和方向。

因此，随着全球城市发展路径的多样化，城市的新发展为全球城市研究者提供了丰富的研究案例去拓展理论的研究范围；同时，随着实证性理论力量的不断发展，理论对潜力城市的发展越发能够发挥具有针对性、可操作性的指导作用，从而更好地推动潜力城市迈向全球城市。

（二）全球城市评价研究对广州的重要意义

广州作为国家重要中心城市和综合性门户枢纽，承担代表国家参与国际分工的重要职能，具备成为全球城市的实力和机会。什么是全球城市，全球城市的发展路径如何，广州成为全球城市的实力和机会如何，未来应该在哪些方面重点提升等，厘清这些问题对广州建设成为引领型全球城市至关重要。

1. 广州在全球和中国城市体系中具有重要地位

广州作为国家中心城市，一直以来是中国大陆第三城，城市竞争力主要来源于经济的蓬勃发展。作为中国城市乃至亚太地区的重要城市代表，广州进一步利用枢纽网络节点的功能增强亚太地区和中国在全球城市网络中的区域实力，打造世界经济增长新极点。近年来，随着国际综合交通枢纽的建设工作稳步落实，广州的网络城市枢纽功能逐步提升。经过改革开放40年的发展，广州从华南地区中心城市跃升为参与调控配置资源、国际产业分工合作和城市竞争的国家重要中心城市，并迈进全球城市之列。

2. 广州作为中国城市的代表有较强典型性

现阶段的全球城市研究大部分是基于西方发达国家的中心城市，并且指标的设计通常是以经济实力和影响力为主，但是发展中国家的城市在这些方面有所落后，因此在全球城市评价体系中处于较后位置，这些城市也较难被定义为"全球城市"（周振华，2017）。中国的北京和上海在大部分全球城市评价体系中能排在较前的位置，但是北京和上海在中国的特殊地位对这一结果有重要影响，因此对于中国其他城市建设全球城市的借鉴意义相对有限。通过分析城市评价排名中广州的排名定位，广州在金融、基础设施、全球联系性等硬实力方面表现较好，但是在环境、治理、创新和宜居性等软实力方面还有待提升。广州作为中国城市代表，相对于国内城市来说具有更强的典型性，对中国城市建设全球城市也有着更为重要的借鉴意义。

3. 利用好全球城市评价对广州未来发展有着积极的指导作用

通过对全球城市评价指数的综合分析和科学研判，广州可以进一步分析未来全球城市发展的趋势，这对于广州提升城市竞争力和国际影响力有着重大指导作用。近年来，全球城市的指标体系不断更新发展，从最初侧重经济实力相关指标发展成为涵盖城市各个领域的竞争力。从智力资本、科技创新、宜居环境、可持续发展等软实力指标来衡量未来城市的竞争力，这可以帮助广州科学规划建设全球城市的路径，着重弥补广州软实力方面的短板，同时发挥广州经济、基础设施等硬实力方面的优势。

（三）广州建设引领型全球城市的研究思路

本书坚持国际视野，遵循城市评价与排名研究的传统思路，选取了具有代表性的七大全球城市评价指数，同时立足广州站位，加入同全球其大都市和国内部分重要城市的对比，多层次、全方位地评定广州现阶段在全球城市体系中的定位，总结过去发展的成功经验与不足挑战，旨在为未来城市规划提供具体的方向和可行的实践路径（见图2-1）。

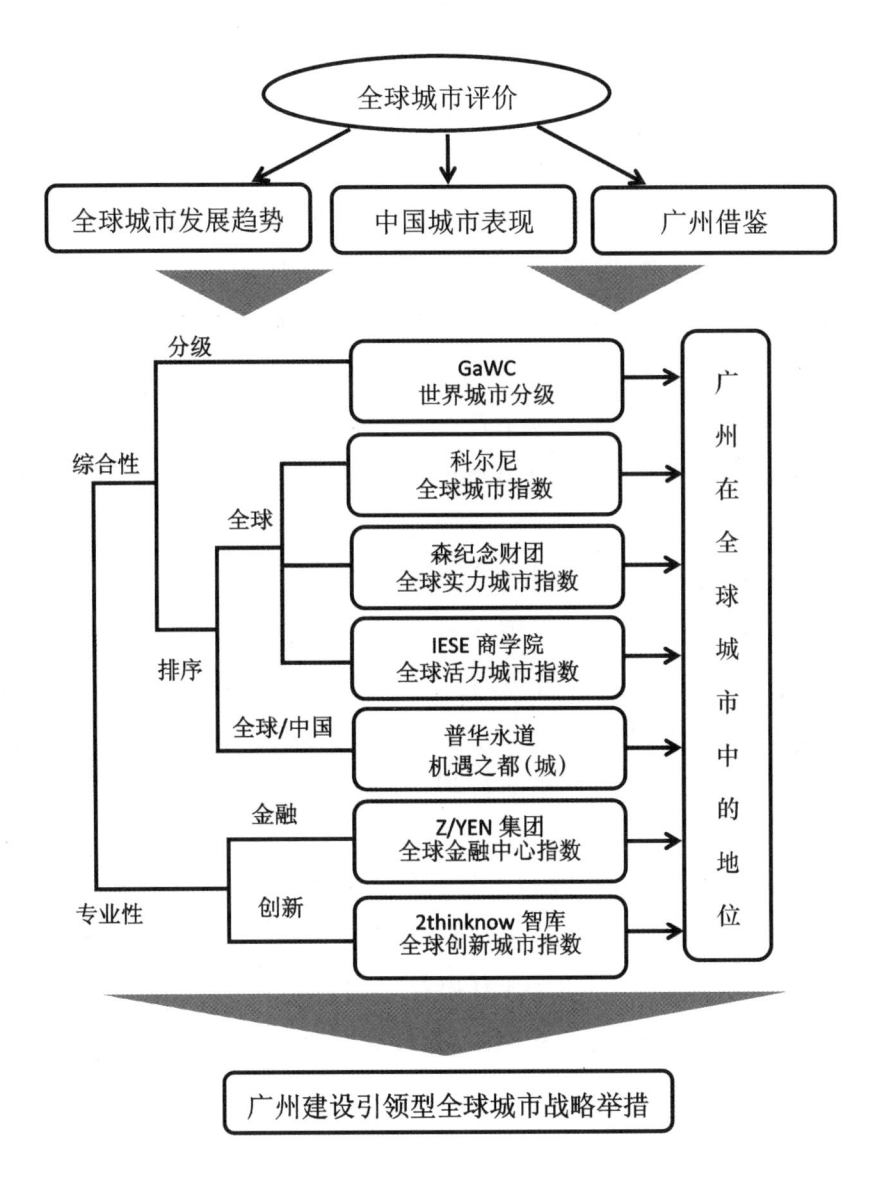

图2-1 借助全球城市评价助力广州建设引领型全球城市的思路

本书所选择的七项世界权威的全球城市评价指数从主题上不仅包含有综合性的城市评价指数，还就全球城市强调的两大重要领域——金融和创新——展开了重点研究与观察。

1. 全球化和世界城市研究网络世界城市分级

全球化和世界城市研究网络发布的"世界城市分级"是全球城市评级领域的最为重要和权威的研究之一。从 1999 年起，GaWC 每两年或四年一次发布世界城市分级结果。GaWC 世界城市分级研究主要运用连锁网络模型，用银行、保险、法律、咨询管理、广告和会计六大"高端生产性服务业"机构在世界各大城市中的分布为指标，将重要城市划分为 Alpha、Beta、Gamma 和 Sufficiency 四大级别。GaWC 的世界城市分级结果对判断和评价一个城市在全球经济网络中的枢纽地位和资源配置能力具有极大的借鉴价值，对于广州提升城市综合国际竞争力，尤其是加强在全球主要城市市场间吸引力和联通性有着不可替代的参考意义。

2. 科尔尼公司全球城市系列指数

全球城市指数是城市覆盖面较广、指标综合性较强的全球城市排名研究。全球著名咨询公司科尔尼从 2008 年起发布"全球城市指数"（Global Cities Index），对世界主要城市的全球影响力进行综合性的全面评估；2015 年开始发布"全球潜力城市指数"（Global Cities Outlook），评估城市的发展前景和提升其国际地位的可能性。"全球城市指数"从商业活动、人力资本、信息交换、文化体验和政治参与 5 个领域的 26 个指标对 100 多个主要城市在全球范围的吸引力和竞争力进行对比分析；"全球潜力城市指数"则由个人幸福指数、经济水平、创新能力和政府管理能力 4 个维度中的 13 个因素所决定。科尔尼的研究侧重于对城市当前全球化表现的描述性评估，对城市的影响力和发展程度进行分析性总结，对于广州结合自身特点和优势，制定更为清晰有效的发展目标和城市定位具有综合性的参考价值。

3. 日本森纪念财团全球实力城市指数

森纪念财团发布的全球城市实力指数是为数不多的全面评

价全球顶级城市的报告之一。自2008年起，日本森纪念财团旗下的城市战略研究所每年定期发布全球实力城市指数（Global Power City Index），从经济、研究开发、文化交流、居住、环境及交通便利性6个领域对全球40余个顶级城市进行评估，帮助相关决策者提供敏锐洞见，把握全球顶级城市的优势、劣势和尚未挖掘的潜力。报告的核心观念认为城市的未来在于人力资本的储备和提质，而对于人才的吸引必须通过伟大的设计、高效的基础设施、清洁的环境和多元的繁荣文化来为居民和企业提供优越的生活环境。除了全球实力城市指数以外，森纪念财团还从2015年开始发布全球实力内城指数（Global Power Inner City Index），并于2016年发布了一项"城市形象调查"（City Perception Survey）。尽管广州暂未被全球实力城市指数列为考察对象城市，但全球实力城市指数、全球实力内城指数和城市形象调查对于广州准确评估全球城市发展趋势、补齐发展短板和改善城市形象等方面均具借鉴意义。

4. 普华永道《机遇之都》《机遇之城》

普华永道《机遇之城》是为数不多的将全球城市排名研究方法调整应用于中国城市发展研究的城市排名，对中国城市的国际化发展具有重要的参考价值。普华永道从2007年开始发布名为《机遇之都》的全球城市排名研究报告，选择全球30个有代表性的区域经济中心城市，通过跨领域、多维度的数据分析考察其排名，为城市管理者和商业投资者把握城市发展机遇、推动全球城市发展提供参考。2014年普华永道开始与中国发展研究基金会合作对28个中国行政和经济中心城市进行了全面考察。该系列研究不局限于城市的经济发展水平，而是更看重城市中"人"的生活质量，而普华永道城市研究的出发点"如何让城市更好地发展"，也是中国在转向高质量发展阶段必须思考的问题。

5. 西班牙纳瓦拉大学 IESE 商学院活力全球城市指数

全球活力城市指数（Cities in Motion Index）是由西班牙纳瓦拉大学 IESE 商学院从 2014 年开始每年发布的一项旨在综合评估城市发展现状与预测未来发展趋势的参考指数。该指数主要围绕经济状况、人力资本、社会凝聚力、环境、政府管理、公共治理、城市规划、国际联系、流动性与运输、科技十个评价维度，采用不同公司与网站公布的数据，收集了数十种综合性的指标，考察评估了全球 100 个主要城市，利用加权汇总的方式计算每个城市各维度的得分和总得分，把全球城市划分为A、RA、M、B 等多个等级。与北京、上海相比，广州目前在全球活力城市指数中的排名较后，但呈现出健康良好的发展势头与上升趋势，未来还有很大潜力提升自身在全球活力城市指数中的排名。

6. 英国 Z/Yen 集团全球金融中心指数

Z/Yen 集团发布的"全球金融中心指数"是国际金融业使用最广泛的、最权威的针对金融中心城市的评价体系。英国 Z/Yen 集团是世界著名商业性智库，于 2007 年开始与伦敦金融城合作发布"全球金融中心指数"（Global Financial Center Index），每半年更新一次，以显示金融中心竞争力的发展与变化。全球金融中心指数采用定量和定性两种分析方法，从营商环境、人力资本、基础设施、金融业发展水平、城市声誉五大维度对全球金融中心城市进行分析评价，每个维度下设四个主要因素并细分 101 个特征指标，同时引入金融专业人士的网络问卷调查结果，将数据性指标与主观评价相结合，更能反映当前全球金融竞争力的发展现实。在最新的全球金融中心指数中，广州表现十分亮眼，成为亚太地区近年来得分和排名跃升最快的城市，表明广州近年来建设金融中心的实践已经充分受到国际认可。

7. 澳大利亚 2thinknow 智库全球创新城市指数

2thinknow 智库发布的全球创新城市指数是城市综合创新能

力研究领域专业性较强的城市排名。2thinknow 于 2006 年在澳大利亚墨尔本成立，是全球第一家以"创新"为研究主题的专业智库。2007 年 4 月该智库首次发布"全球创新城市指数"，到 2016 年收录城市达到 500 个，从文化资产、人文基础设施、市场网络 3 大核心要素出发，设立 31 个领域 162 个指标、1200 个数据点对城市创新能力进行评价与排名。在此基础上，"全球城市创新指数"最新评级将城市划分为 4 类：核心城市、枢纽城市、节点城市和起步城市。研究分析全球创新城市指数，对于广州进一步建设国际科技创新枢纽具有重要的参考价值。

（四）研究全球城市评价为广州引领型全球城市建设提供借鉴

通过综合分析来自世界各地知名智库的全球城市评价排名指数，可以较为完整地呈现出国际智库对全球城市的研究和判断，借鉴全球城市的前沿理论和发展经验。同时，也可全方位地客观分析广州在全球城市体系中的地位，了解广州迈向全球城市的优势和短板，为广州发展为引领型全球城市提供有效建议。

1. 分析城市评价指标的设立及变化趋势

通过梳理和总结上述世界知名智库、咨询公司关于全球城市的评价和排名，可以总结全球城市的成长和发展趋势，发掘全球城市的竞争力和影响力因素，为城市管理者提供参考。城市评价体系的动态变化能灵敏地反映当前及未来城市建设全球城市的关键性因素。通过分析全球城市的评价和排名体系还能总结全球城市体系网络的发展趋势、城市排名与评价趋势、产业发展趋势等多个方面。城市评价体系从经济、人才、创新、文化、宜居、通达等多个方面衡量城市的核心竞争力，而广州可以从这些方面持续发力。广州可探寻前沿的城市规划理念和建设经验，为发挥优势制定更为合理有效的发展方案提供方向和参考。

2. 梳理城市排名客观总结全球城市发展趋势

通过深入梳理和分析知名全球城市的评价体系，可以客观总结全球城市的发展趋势，这对于广州寻找建设全球城市的路径和把握机遇具有重要意义。随着亚洲地区经济的高质量发展，亚洲城市的崛起是目前全球城市发展的一大趋势，而中国城市在其中又扮演着很重要的角色，广州要抓住这一重大趋势，提升自身的城市核心竞争力和国际影响力，积极参与国际合作。另外，各个城市评价体系中排名前列的城市通常保持稳定，这说明领先的全球城市地位稳固，发展势头依旧强劲，而广州可分析这些全球城市形成的原因，从而反思自身建设全球城市的路径。

3. 对标国际先进城市科学判定广州及中国城市在全球地位

通过对标国际大都市、对比分析全国其他城市在各大全球城市排名指标中的地位和发展状况，可以总结世界、国内其他城市的发展经验。广州要首先从全球城市评价体系中认清自身的发展阶段和发展水平，然后在与其他国家城市的比较中，识别出广州城市发展中的优势和劣势。学习其他城市成功案例中的创意与经验，吸取其他城市发展过程中的教训，在广州规划过程中对可能出现的矛盾冲突做好提前预案，避免短期问题成为难以根除的长期顽疾。

通过借鉴各类全球城市评价研究，分析广州在全球城市排名体系中的位次，可以识别广州全球城市的发展阶段和地位，以及在金融、创新等重点领域的核心实力。在全面分析广州发展现状的基础上，结合对全球城市发展趋势的总结，能够为广州未来建设综合性的引领型全球城市提出全方位、有针对性和可行性的规划建议，助力广州迈向全球一流的国际大都市。

第三章 全球化和世界城市研究网络的世界城市分级与全球城市发展趋势

一 全球化和世界城市研究网络与世界城市分级及其研究方法

(一) 全球化和世界城市研究网络与世界城市分级介绍

1. 全球化和世界城市研究网络

全球化和世界城市研究网络发源于英国拉夫堡大学地理学系,由泰勒联合比弗斯托克、史密斯(Richard Smith)于1998年建立,以全球化背景下全球城市之间的相互关系为主要研究对象,从事城市间相互关系与国际商务、可持续发展、城市政策、物流等问题的交叉研究,是全球化城市领域实证研究的权威智库。该智库由著名学者泰勒、弗里德曼、卡斯特、萨森和思里夫特(Nigel Thrift)等担任荣誉成员,与仲量联行、科尔尼管理咨询公司、英国国家经济和社会研究委员会、美国布鲁金斯学会、中国社会科学院、万事达卡国际组织(Master Card Worldwide)、世界大都市协会、比利时根特大学等世界知名智库和机构开展合作项目,开放聚集全球学者开展全球城市研究,为全球城市研究搭建起顶级的学术共同体。

为了加快研究成果的公开和使用,GaWC借助网络平台的便捷性和易得性,建立了包括官方网站、Twitter、GaWC研究公报

（GaWC Research Bulletins）、GaWC 研究项目（GaWC Research Project）等多层次的成果发布体系。其中，GaWC 研究公报为全世界城市研究学者提供快捷的发表途径，提高研究成果转化的速率。GaWC 研究公报至今已发布近 500 期，成为聚集全球顶尖城市发展研究学者和前沿思想的重要平台。

2. 世界城市分级

在 GaWC 成立之前，大多数聚焦世界范围城市发展的研究专注于单个城市的内部结构及城市发展路径的比较研究，而忽略了城市之间的关系。GaWC 的研究填补了这一空白。自 2000 年起，GaWC 通过对全球重要城市之间的相互经济联系的定量研究，发布"世界城市分级"（The World According to GaWC），将 300 多个城市分为 Alpha、Beta、Gamma 和 Sufficiency 四个大类，测量一个城市融入全球城市网络的程度，能较好地反映城市对全球资本、技术、人力、信息等生产要素的控制和配置能力，是全球城市评级领域最为重要和权威的研究之一。至今城市分级工作已公布了 2000 年、2004 年、2008 年、2010 年、2012 年、2016 年和 2018 年七期结果。

（二）世界城市分级研究方法

1. GaWC 的主要理论基础

1986 年，弗里德曼提出"世界城市假说"，成为世界城市分级概念提出的起点。他认为世界上主要的大城市通过相互联结、互动交往，改变了世界经济。根据城市之间联系的强弱，弗里德曼建立世界主要城市的层级制度，将世界主要城市分为核心首要城市（Core：Primary City）、半外围首要城市（Semi-periphery：Primary City）、核心二级城市（Core：Secondary City）、半外围二级城市（Semi-periphery：Primary City），并绘制了世界城市分级地图。其观点对全球城市研究具有极大的启发性，但多数出自经验性的研究而缺乏数据证据的支撑。

卡斯特进一步分析城市的联结性，提出流空间概念，认为全球城市是支撑起全球网络的节点。萨森将世界主要城市的联结关系进一步具象化，提出在本地形成的先进生产服务（advanced producer services，简称 APS）是全球城市互动联系的重要表现，APS 公司在全球城市网络中起到连锁效应。APS 公司的业务日趋全球化发展，与所在城市的聚集经济（agglomeration economy）相互促进。萨森通过 APS 公司全球交易业务量的比较研究，为全球城市互动联系的定量分析做出了有价值的尝试。

在上述学者理论的基础上，GaWC 创始人彼特·泰勒于 1997 年出版《世界城市等级趋势》一书，成为 GaWC 世界城市分级研究的开端。GaWC 采用与以往关注城市属性数据（如机场、摩天大楼、重要活动等的数量）不一致的研究方式，转向关注城市的关系数据（如航空网络、往来贸易总额、跨国公司网络和资金流等），尤其是 APS 公司在世界城市中的办公室分布及其相互业务联系数据。GaWC 认为先进生产服务，例如金融业及保险、广告、法律等商业服务业，在全球制造中具有核心重要性。APS 公司在全球城市网络中的办公室布局对城市间关系的发生起到连锁效应，例如该地办公室在公司全球网络中的重要性、各城市办公室之间的知识和信息流动等，通过金字塔式的城市间交流使得全球化成为可能。APS 公司的业务日趋全球化发展，所在城市的聚集经济和规模经济将随之受益，城市与城市之间的联结关系，最终塑造了城市在全球网络中的地位。GaWC 提出全球网络联通性（Global Network Connectivity）概念，建立连锁网络模型，分析城市在全球资源空间流动方面的表现，从而描述该城市在全球经济乃至全球城市网络中的位置和作用。

2. 世界城市分级的目标对象筛选

GaWC 从城市和公司两个方面对研究对象进行筛选：

城市：人口大于 150 万人或在相关研究文献中被认为拥有关键性经济地位的城市。

公司：从4个主要"先进生产服务"维度（会计业、广告业、银行业/金融业和法律行业）中根据营业额或综合性指数排行（如福布斯等）挑选知名公司。

城市和公司名录生成后，GaWC分别从上述公司的网页获取上述所有城市在该网页的提及和访问频率，由此得出某公司之于某城市的服务价值（service value）。

3. 连锁网络模型

GaWC的主要研究方法包括以下3个重要概念：

（1）服务价值（service value，用V_{ij}表示）：j公司设在i城市的分公司在该城市的重要程度。

（2）两个城市间关联性（City-Dyad Connectivity，简称CDC，用$CDC_{ai,j}$表示）：j公司在a城市和i城市之间的交往联通$CDC_{ai,j} = V_{aj} \cdot V_{ij}$。

（3）全球网络联通性：一个城市通过所有公司与其他城市产生的联系。

在以上3个概念的基础上，GaWC构建连锁网络模型，计算入选城市的全球网络联通性得分，入选城市的GNC为其所有CDC之和。连锁网络模型计算公式如下：

$$GNC_a = \sum_{i,j} R_{ai,j}$$

根据2018年入选城市的GNC得分进行排名，由此得出包含4大类12小类的世界城市分级结果（见表3-1）。

表3-1　　　　　　2018年世界城市分级概况

大类	小类	定义
Alpha	Alpha ++	高度融入全球经济
	Alpha +	弥补特定的服务业缺口，拥有重要的全球经济地位
	Alpha	重要的区域桥梁，有效将其所在区域和全球经济联系起来
	Alpha -	

续表

大类	小类	定义
Beta	Beta +	在联结区域经济和全球经济方面表现中等
	Beta	
	Beta -	
Gamma	Gamma +	联结区域和全球经济的能力稍弱
	Gamma	
	Gamma -	
Sufficiency	High Sufficiency	拥有先进服务业，但对全球经济依赖度较低
	Sufficiency	先进服务业发展一般，对全球经济依赖度最低

其中，Alpha++城市居于分级顶端，是最融入全球经济发展的城市；Alpha+城市紧随其后，通过弥补特定的先进服务业缺口获得重要的全球经济地位；Alpha城市和Alpha-城市成为重要的区域桥梁，有效将其所在区域和全球经济联系起来；Beta城市（内含Beta+、Beta和Beta-）在联结区域经济和全球经济方面表现中等；Gamma城市（内含Gamma+、Gamma和Gamma-）的联结作用进一步减弱；Sufficiency类城市包括High Sufficiency和Sufficiency两小类：High Sufficiency类城市拥有较高程度的APS，但对全球城市网络的依赖度较低，Sufficiency城市APS发展程度更弱，对全球城市网络影响不大。

Alpha类城市维持在50个左右，主要为各大发达国家首都和亚太、中东、南美地区的枢纽性中心城市。Beta类城市在30—90个，主要为北美、欧洲重要城市以及大部分亚太、中东、南美、非洲地区的首都和重要城市。Gamma类城市数量一般会稍多于Beta类城市（2012年除外），主要为北美、欧洲等地区的中等城市和发展中国家的首都和重要城市。Sufficiency类城市数量最多，每年有100多个城市被列入该类别中。

除了为城市进行分级外，GaWC 也会为入选城市进行排名。将城市的排名和分级结果进行综合分析，将更有效了解城市的总体升降情况。如悉尼在 2012 年排名第 9 位，处于 Alpha + 级；在 2016 年排名第 10 位，较上次仅仅下降一位，但已成为 Alpha 级城市，城市整体影响力有明显下降。又如芝加哥在 2000 年排名第 7 位，处于该年 Alpha 级的首位；在 2008 年排名第 19 位，处于该年 Alpha 级的末位，虽然排名大幅下降，但总体来说仍处于 Alpha 级。

二 世界城市分级反映的全球城市发展格局与趋势

GaWC 自 2000 年以来共发布了 7 份世界城市分级研究报告，动态地反映出全球城市的整体发展格局。通过综合分析 GaWC 历年分级结果，可总结出自 2000 年以来的全球城市发展趋势（见表 3-2）。

表 3-2　　历年世界城市分级各类入选城市数量统计

年份	合计	Alpha 类	Beta 类	Gamma 类	Sufficiency 类
2000	227	33	35	53	106
2004	225	35	29	41	120
2008	245	41	39	48	117
2010	298	47	64	67	120
2012	306	45	77	59	125
2016	361	49	81	84	147
2018	374	55	80	77	162

（一）世界城市分级认可的全球城市数量规模持续扩大

GaWC 对城市的选择标准是人口大于 150 万人或是在相关研究中被认为具有关键性经济地位的城市，每次发布均选择 300

个以上的城市作为研究对象。

(二) 进入 GaWC 世界城市分级的城市数量逐渐增加

随着世界城市的发展日益加快，进入 GaWC 世界城市分级的城市数量也逐渐增加，从 2000 年的 227 个升至 2018 年的 374 个，除了 Alpha++ 维持两个不变外，其他各级各类的城市数量持续增加，反映出具备全球城市特质的城市数量也在不断增加。

(三) 世界城市分级的区域特征

1. 传统经济发达地区始终占据最多席位

欧美发达地区入选城市保持平稳增长态势。但欧洲地区城市始终占据最多的 Alpha 类席位，在 2008 年达到峰值后有所回落。欧洲地区城市占据的 Beta 类席位数量则与总数保持较为一致的增长速率。美国、加拿大地区城市也保持类似趋势，除 2008 年进入 Alpha 类的城市数量触底外，其余年份进入 Alpha 类的城市数量基本稳定，进入 Beta 类城市数量则呈现了较欧洲地区更大的增幅。作为全球化发展的先行地区，欧美地区始终保持着较强的全球网络联通性，截至目前仍然是全球化的主要引擎。

2. 亚洲（除中东外）、大洋洲地区城市快速崛起

从区域分布来看，近年来亚洲（除中东外）、大洋洲地区城市的快速崛起成为全球城市发展的一个明显趋势。亚洲（除中东外）、大洋洲地区城市进入 Alpha 类的数目呈稳定增长，并从原来位于 Alpha 类末端逐渐集体向上迈进。Alpha+ 级城市常年集中在亚太地区，除巴黎始终保持在第 4 至 5 名幅度，米兰、芝加哥曾分别在 2008 年、2010 年闯入一次该级别，迪拜于 2010 年起进入该级别外，其他入选城市均为亚太地区主要经济重心城市。其中，香港、新加坡、东京位次常年基本保持稳定，而上海、北京、悉尼等城市随着 Alpha+ 级城市数量的整体扩张而

进入该级别。（见表3-3）

表3-3　　　　世界城市分级高层级城市变化对比

序号	1995年弗里德曼世界城市分级城市	2000年GaWC"世界城市分级"城市	2018年GaWC"世界城市分级"城市
1	纽约	伦敦	伦敦
2	伦敦	纽约	纽约
3	东京	香港	香港
4	迈阿密	巴黎	北京
5	洛杉矶	东京	新加坡
6	法兰克福	新加坡	上海
7	阿姆斯特丹	芝加哥	悉尼
8	新加坡	米兰	巴黎
9	巴黎	洛杉矶	迪拜
10	苏黎世	多伦多	东京
11	马德里	马德里	米兰
12	墨西哥城	阿姆斯特丹	芝加哥
13	圣保罗	悉尼	莫斯科
14	首尔	法兰克福	多伦多
15	悉尼	布鲁塞尔	圣保罗
16	大阪—神户	圣保罗	法兰克福
17	旧金山	旧金山	洛杉矶
18	西雅图	墨西哥城	马德里
19	休斯敦	苏黎世	墨西哥城
20	芝加哥	台北	吉隆坡
21	波士顿	孟买	首尔
22	温哥华	雅加达	雅加达
23	多伦多	布宜诺斯艾利斯	孟买
24	蒙特利尔	墨尔本	迈阿密
25	香港	迈阿密	布鲁塞尔

续表

序号	1995年弗里德曼世界城市分级城市	2000年GaWC"世界城市分级"城市	2018年GaWC"世界城市分级"城市
26	米兰	吉隆坡	台北
27	里昂	斯德哥尔摩	广州
28	巴塞罗那	曼谷	布宜诺斯艾利斯
29	慕尼黑	布拉格	苏黎世
30	莱茵—鲁尔	都柏林	华沙

注：以字体区分城市类型：各分级中的第一层级（对应GaWC的Alpha++）为黑体字、第二层级（对应GaWC的Alpha+）为宋体斜体、第三层级（对应GaWC的Alpha）为宋体正体、第四层级（对应GaWC的Alpha-）为楷体。

此外，亚洲（除中东外）、大洋洲地区Alpha类、Beta类席位数均大幅增长。其中Alpha类席位数到2018年已达17个；Beta类席位数则从2000年的5个扩张到2018年的23个，超越欧洲成为入选Beta类城市最多的地区（见表3-4、表3-5）。亚洲（除中东外）、大洋洲地区以集体性实力大幅增长形成全球带动力，成为全球城市发展的佼佼者，并对全球城市发展整体格局乃至全球经济发展形成强大效应。

表3-4　　　　进入Alpha类的城市地区分布一览表

年份	总数	欧洲	美国、加拿大	亚洲（除中东外）、大洋洲	拉丁美洲	中东	南部非洲
2000	33	12	7	11	3	0	0
2004	35	13	6	13	3	0	0
2008	41	18	5	13	4	1	0
2010	46	14	12	14	3	2	1
2012	45	16	9	14	3	2	1
2016	49	16	8	17	3	4	1
2018	55	20	10	17	4	3	1

表3-5　　　　　　　进入Beta类的城市地区分布一览表

年份	总数	欧洲	美国、加拿大	亚洲（除中东外）、大洋洲	拉丁美洲	中东	南部非洲
2000	35	14	8	5	2	5	1
2004	29	12	8	2	3	3	1
2008	39	12	7	6	4	9	1
2010	64	20	12	12	8	10	2
2012	77	23	14	14	9	14	3
2016	81	26	14	16	11	12	2
2018	80	20	10	23	10	13	4

3. 其他地区全球网络联通性活力不断增强

虽然全球化发展基础不一，整体上看，世界各地的发展均在不断融入全球网络的进程中。

拉丁美洲地区Alpha类城市数量保持在3至4个，而Beta类席位则从2000年的2个发展到2018年的10个，增幅高达4倍，远高于Beta类席位总数的增幅。中东地区和南部非洲分别在2008年和2010年实现Alpha类城市"零"的突破，中东城市在Beta类席位上表现也非常突出，2000—2016年席位增幅达1.4倍，仅次于拉丁美洲和亚洲（除中东外）、大洋洲地区。

上述地区近年来地区政治局势趋于平稳，相对安定的政局促成了经济社会的起飞。可见和平稳定的外部环境对于城市发展和全球化进程都是至关重要的。

（四）世界城市分级的国家特征

1. 发达国家城市数量有所收缩

发达国家城市目前仍是全球城市网络构成的主要节点。美国、英国、德国、法国、日本、意大利、加拿大、西班牙等传统发达国家主要经济中心城市均在Alpha类城市中具有稳定的位次。7期报告中Alpha++级城市数量不变，伦敦一直保持第1

位，纽约为第 2 位。（见表 3-6）

表 3-6　历年进入世界城市分级 Alpha 类的主要发达国家城市情况

年份	美国	英国	德国	法国	日本	意大利	加拿大	西班牙	合计占比	Alpha 类城市总数
2000	6	1	1	1	1	1	1	2	42.4%	33
2004	4	1	2	1	1	1	1	1	34.3%	35
2008	3	1	1	1	1	2	1	1	26.8%	41
2010	10	1	2	1	1	1	1	2	40.4%	47
2012	8	1	2	1	1	1	1	2	37.8%	45
2016	6	1	1	1	1	1	1	2	28.6%	49
2018	8	1	2	1	1	2	2	2	34.5%	55

除 2008 年金融危机外，美国一直以最多进入 Alpha 类的城市数在 Alpha 类中表现突出；金融危机后的经济复苏也体现在进入 Alpha 类城市数量大幅增长上，2010 年美国进入 Alpha 类的城市达到最高点，有 10 个城市；近年来，美国经济增速放缓，加上受世界经济市场和政治文化等多种影响，进入 Alpha 类的城市数目开始回降。

但是，在 Alpha 类城市数量逐步扩容的大背景下，表 3-6 中国家进入 Alpha 类的城市数量在 Alpha 类城市总数中占比波动下降，可见有越来越多国家的主要城市进入了 Alpha 类，增加了 Alpha 类城市的国别来源。自 2000 年起英国仅有伦敦一个城市进入 Alpha 类城市，但稳居 Alpha++ 级。

表 3-7　历年进入世界城市分级 Alpha 类的国家数量变化情况

年份	Alpha 类总数	Alpha+	Alpha	Alpha-
2000	23	4	9	14
2004	25	4	10	15
2008	34	6	9	22
2010	29	7	15	14

续表

年份	Alpha 类总数	Alpha +	Alpha	Alpha -
2012	30	6	12	18
2016	36	5	18	18
2018	55	6	20	19

2. 新兴市场国家城市在全球城市网络中上升迅速

近年来新兴市场国家城市在全球城市网络中位次不断攀升。世界城市分级不断扩容，大量新兴市场国家城市进入榜单中，并集聚于 Gamma 类和 Sufficiency 类。

以俄罗斯、中国、巴西、印度、南非等金砖国家为例，进入 Alpha 类和 Beta 类的城市数量以与世界城市分级扩容相吻合的速度向高层级攀升。其中，中国和印度城市的数量扩充规模尤其突出，反映出这些国家在整体经济实力上升的同时有效带动了全国各地国际化的均衡发展。（见表 3-8、表 3-9）

表 3-8　历年进入世界城市分级 Alpha 类的金砖国家城市情况

年份	俄罗斯	中国	巴西	印度	南非	合计	Alpha 类城市总数
2000	0	3	1	1	0	5	33
2004	0	4	1	1	0	6	35
2008	1	4	1	1	0	7	41
2010	1	4	1	2	1	9	47
2012	1	4	1	2	1	9	45
2016	1	5	1	2	1	10	49
2018	1	6	1	2	1	11	55

表 3-9　历年进入世界城市分级 Beta 类的金砖国家城市情况

年份	俄罗斯	中国	巴西	印度	南非	合计	Beta 类城市总数
2000	1	0	0	1	1	3	35
2004	1	0	1	1	1	4	29

续表

年份	俄罗斯	中国	巴西	印度	南非	合计	Beta 类城市总数
2008	0	1	1	1	1	4	39
2010	0	2	1	3	1	7	64
2012	0	2	1	4	1	8	77
2016	0	3	1	4	1	9	81
2018	0	13	1	2	1	17	80

从 2010—2016 年世界城市分级数据标准化的比较来看，全球范围内进步幅度最大的城市包括成都、约翰内斯堡、利雅得、赫尔辛基、达卡等。不难发现，上榜的前 15 位城市中，除赫尔辛基外，其余全部来自东欧、非洲、亚洲等新兴市场地区（见表 3-10）。

表 3-10　2010—2016 年世界城市分级排名进步幅度最大的 15 个城市

排名	城市	进步幅度
1	成都（中国）	2.6
2	约翰内斯堡（南非）	2.4
3	利雅得（沙特阿拉伯）	2.2
4	赫尔辛基（芬兰）	2.2
5	达卡（孟加拉）	2.1
6	武汉（中国）	2.1
7	多哈（卡塔尔）	2.0
8	厦门（中国）	2.0
9	华沙（波兰）	2.0
10	重庆（中国）	1.9
11	巴库（阿塞拜疆）	1.8
12	坎帕拉（乌干达）	1.7
13	哈拉雷（津巴布韦）	1.6
14	拉各斯（尼日利亚）	1.6
15	南京（中国）	1.6

这一现象与 2008 年金融危机以来新兴市场在全球化进程中

的崛起趋势相吻合，也反映出世界范围内越来越多的地区正在以实际行动主动加强国际联系，融入全球化进程。

（五）世界城市分级的城市特征

从城市方面看，主要有三类城市发展类型，分别为稳定型（如香港）、猛进型（如迪拜）和波动型（如悉尼）。

1. 稳定型城市

稳定型城市一直位于 Alpha 类城市行列，在历次世界城市分级中变动不大，稳固在特定的排名位置上，其中以香港为稳定型城市的突出代表。香港在历年的世界城市分级中均排在 Alpha + 级前列，在 2016 年仅下降一位排名第 4 位。

2. 猛进型城市

猛进型城市一开始可能在 Alpha 类城市以外，随着特定的世界经济发展趋势，突入 Alpha 类并超越多个传统知名全球城市。迪拜在 2010 年前未能进入 Alpha 类城市，仅以 50 位左右排在 Beta 类城市；2010 年挺进至第 9 位，进入 Alpha + 级城市，并从此稳定在 Alpha + 级别。

3. 波动型城市

部分城市一直位列 Alpha 类城市，但随着全球经济环境变化波动较大，在 Alpha 类的三个级别中来回浮动。如悉尼在 2000 年的世界城市排名中排第 13 位，随后分别排第 17 位、第 7 位、第 10 位、第 9 位和第 10 位，分级位置也在 Alpha + 和 Alpha 中来回变动。

三 广州及中国城市在世界城市分级中的表现

（一）进入世界城市分级的中国城市增多且排名大幅上升

1. 进入世界城市分级的中国城市数量持续增加

2000 年首次进入世界城市分级的中国城市仅为 6 个，占入选城市（227个）整体比例不到3%。而到2018年世界城市分级已有43个城市入榜，其中大陆地区38个，港澳台地区5个，占入选城市（374个）的整体比例超过11%。分别为：香港、北京、上海、台北、广州、深圳、成都、杭州、天津、南京、武汉、重庆、苏州、大连、厦门、长沙、沈阳、青岛、济南、西安、郑州、昆明、合肥、太原、福州、高雄、宁波、乌鲁木齐、哈尔滨、石家庄、长春、南昌、台中、兰州、贵阳、海口、无锡、珠海、南宁、澳门、西宁、潍坊、南通（按排名顺序）。（见表3-11）

表3-11　历年进入世界城市分级的中国城市占比情况

年份	整体城市个数	中国城市个数	比例
2000	227	6	2.64%
2004	225	7	3.11%
2008	246	11	4.47%
2010	299	14	4.68%
2012	307	18	5.86%
2016	361	33	9.14%
2018	374	43	11.50%

16年间，中国城市进入世界城市分级的数量和比例呈持续上升趋势，尤其是2012—2016年，增幅高达100%，显示出中国城市在全球城市网络中的地位和作用持续上升，对全球经济影响力逐渐增大（见表3-12）。

表3-12　历年世界城市分级各类入选中国城市数量统计

年份	总数	Alpha类	Beta类	Gamma类	Sufficiency类
2000	6	3	1	1	1
2004	7	4	0	1	2

续表

年份	总数	Alpha 类	Beta 类	Gamma 类	Sufficiency 类
2008	11	4	1	1	5
2010	14	4	2	0	8
2012	18	4	2	1	11
2016	33	5	3	12	13
2018	43	6	13	6	18

2. 上榜中国城市梯度特征显著

尽管上榜城市数量大幅扩大，但各个城市在榜单中的位次呈现出明显的梯度特征。香港、台北两市作为国际化程度最高的中国城市，始终保持在 Alpha 类城市中。

北京、上海、广州、深圳等城市，作为大陆"一线城市"也从 2000 年首次榜单中即有纳入，随着中国经济的开放程度加深而在每期报告中顺利晋级。其中，上海 Alpha 类城市中排名不断上升，而北京、广州、深圳则分别从 2000 年的 Beta 类、Gamma 类和 Sufficiency 类，到 2018 年全部晋级 Alpha 类（见表 3-13）。

表 3-13　　　　　　　2018 年世界城市分级概况

小类	城市总数量	中国城市
Alpha ++	2	无
Alpha +	7	香港、北京、上海
Alpha	19	台北、广州
Alpha -	21	深圳
Beta +	24	成都、杭州
Beta	19	天津、南京、武汉
Beta -	38	重庆、苏州、大连、厦门、长沙、沈阳、青岛、济南
Gamma +	24	西安、郑州

续表

小类	城市总数量	中国城市
Gamma	28	昆明、合肥、太原
Gamma -	32	福州
High Sufficiency	35	高雄、宁波
Sufficiency	112	乌鲁木齐、哈尔滨、石家庄、长春、南昌、台中、兰州、贵阳、海口、无锡、珠海、南宁、澳门、西宁、潍坊、南通

随着中国全面深化改革开放的进程深入，其他中国城市在2008年之后陆续进入榜单，虽然每期报告均有一定程度的进步，但绝大多数仍集中在排名靠后的 Gamma 类和 Sufficiency 类中。

3. 中国主要城市向世界城市分级的上游聚拢

自2000年起，中国主要城市已开始进入世界城市分级，在后续的报告中排名不断靠前，城市评级也逐步提高，向世界城市分级的上游聚拢（见表3-14）。

表3-14　　　　中国主要城市进入世界城市分级表现

年份	北京	上海	香港	台北	广州	深圳
2000	36	31	3	20	109	200
	Beta +	Alpha -	Alpha +	Alpha -	Gamma -	Sufficiency
2004	22	23	3	25	98	179
	Alpha -	Alpha -	Alpha +	Alpha -	Gamma -	Sufficiency
2008	10	9	3	28	73	102
	Alpha +	Alpha +	Alpha +	Alpha -	Beta -	Gamma
2010	12	7	3	43	67	106
	Alpha -	Alpha +	Alpha +	Alpha -	Beta	Beta -
2012	8	6	3	41	50	120
	Alpha +	Alpha +	Alpha +	Alpha -	Beta +	Beta -

续表

年份	北京	上海	香港	台北	广州	深圳
2016	6	9	4	36	40	85
	Alpha+	Alpha+	Alpha+	Alpha-	Alpha-	Beta
2018	4	6	3	26	27	55
	Alpha+	Alpha+	Alpha+	Alpha	Alpha	Alpha-

北京：从排名方面看，初始进榜排名为36位，最高高位为2018年的第4位；从分类方面看，从2000年的Beta+，中间曾在Alpha+和Alpha-之间徘徊，近五年稳定在Alpha+类别。2008—2012年，北京的排名稍有反复，可能与北京举办2008年奥运会前后的社会整体状况相关，影响了北京在全球经济中的地位和作用，但总体呈上升趋势。

上海：从排名方面看，初始进榜为31位，最高高位为2012年、2018年的第6位，2016年被北京反超仅排第9位；从分类方面看，上海的历史低位为Alpha-，近十年稳定在Alpha+，可被视为Alpha+级城市代表。上海与北京在世界城市分级中相距较近，且互有超越的情况出现。

香港：从排名方面看，香港在2012年及以前一直稳居第3位，到2016年退居第4位，2018年又回升至第3位；从分类方面看，香港长期处于Alpha+级领先位置，可被视为稳定的Alpha+级城市代表，在全球经济事务中有着不可撼动的地位。

台北：从排名方面看，台北从原来的20名后退到30—40区间，最低曾在2010年跌至43位；从分类方面看，台北长期处于Alpha-级，并一直在该类城市群中处于较前的位置，因此可被视为稳定的Alpha-城市，在区域经济和全球经济的联通业务中扮演着重要角色。

深圳：从排名方面看，深圳开始为200位，中间在100—120的区间内经历反复，目前上升至55位；从分类方面看，深圳保持上升趋势，从 Sufficiency 类别升至目前的 Alpha -，横跨 8 个组别，从世界城市分级的末端上升到中部，城市竞争力和影响力不断提升，在排名上逐渐缩小与上一级城市的差距。

值得一提的是，一些主要省会城市和经济大市表现非常抢眼。成都成为世界范围内 GNC 进步幅度最大的城市，进入 2010—2016 年全球进步幅度前 15 名的中国城市还有武汉（第 6 名）、厦门（第 8 名）、重庆（第 10 名）、南京（第 15 名）。除上述城市外，发展速度超越广州的中国城市还有北京、杭州、青岛、天津、大连等，这些城市发展非常重视提升城市国际化、国际联系水平，发展态势较为迅猛。（见表 3-15、图 3-1）

表 3-15 2010—2016 年世界城市分级排名进步幅度较大的中国城市

排名	城市	进步幅度
1	成都	2.6
2	武汉	2.1
3	厦门	2.0
4	重庆	1.9
5	南京	1.6
6	北京	1.5
7	杭州	1.5
8	青岛	1.4
9	天津	1.4
10	大连	1.3
11	广州	1.3
12	深圳	0.6
13	台北	0.5
14	上海	0.2

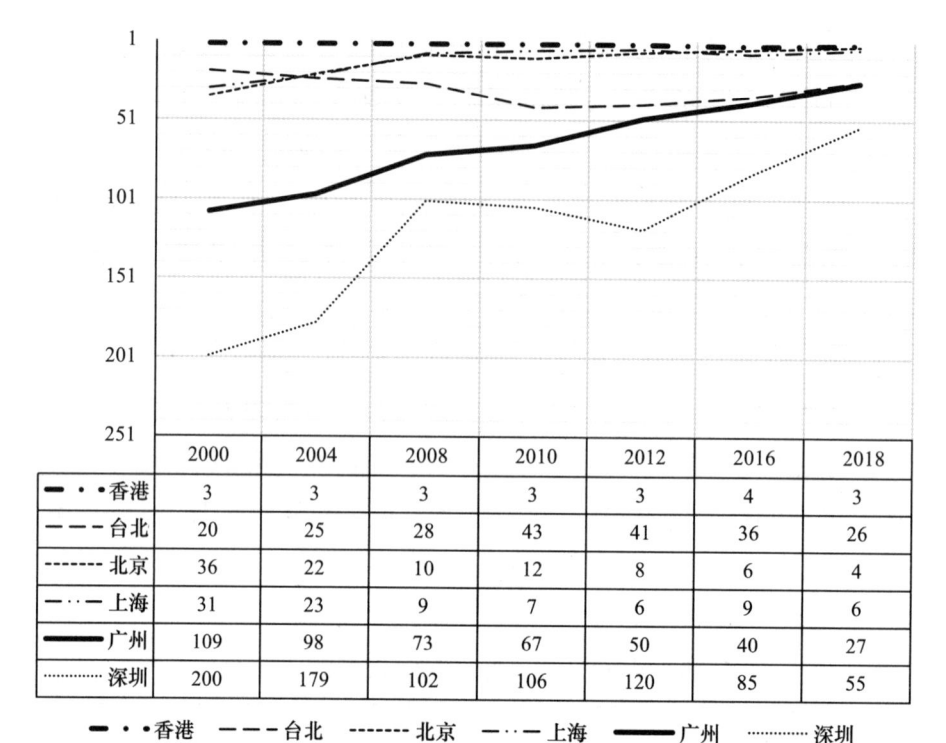

	2000	2004	2008	2010	2012	2016	2018
香港	3	3	3	3	3	4	3
台北	20	25	28	43	41	36	26
北京	36	22	10	12	8	6	4
上海	31	23	9	7	6	9	6
广州	109	98	73	67	50	40	27
深圳	200	179	102	106	120	85	55

图 3-1 中国主要城市在世界城市分级排名变化

（二）广州在世界城市分级中的表现

1. 排名位次始终保持增长趋势

自 2000 年首次进入世界城市分级后，广州在世界城市分级中持续晋级。在 2018 年世界城市分级中，广州进入 Alpha 级，在整体城市网络中排第 27 位，在亚太地区城市中排第 12 位。广州是唯一一个全部进入世界城市分级且一直保持增长趋势的中国城市。

从排名方面看，初始进榜为 109 位，随后排名一直上升，至 2018 年升至 27 位，为历史高位；从分类方面看，广州在世界城市分级中也呈现持续上升的态势，除 2000 年和 2004 年外，往后广州每次出现在分级列表中均跃升一个层级，从原来的 Gamma-升至第一梯队的 Alpha，横跨 8 个组别，可见广州无论排名还是地位均在全球城市网络中持续上升，城市参与全球事务的范围和作用不断提高。无论从排名还是分类看，与上一级城市的差距均在缩减。按照目前增长趋势，可预期广州在世界城市分级中进一步跃升到上一级城市群中，获得更高的排名和地位。

2. 金融服务联通性居世界前列

在先进服务业当中，金融行业（比如企业金融、资金管理、融资收购、兼并等）集中度较高，创新性很强，有很高的附加值，取决于知识交换，取决于人与人之间面对面的互动，以及取决于跨国有技能劳动力的流动，还对其他的商业服务（如广告、法律、咨询等）起到了铆定的作用，因此成为GNC的重要考察维度之一。全球化的城市有技术、劳动力和良好的企业基础设施，为第一、第二产业提供较高的附加值，从而从聚集经济和规模经济中获利。

2016年世界城市分级显示可以看出，城市总体排名位次与其金融服务业维度的位次具有极高的相似性。广州近年来高度重视金融业的国际化发展，取得较好的发展成绩。在2016年世界城市分级中虽然总体排名第40位，但在金融服务业维度排名跻身前20名，排名第17位（见表3-16）。

表3-16　2016年世界城市分级金融服务业维度排名前列城市

城市	总体排名	金融服务业维度排名
纽约	2	1
伦敦	1	2
香港	4	3
新加坡	3	4
上海	9	5
北京	6	6
东京	7	7

续表

城市	总体排名	金融服务业维度排名
法兰克福	17	8
悉尼	10	9
迪拜	8	10
首尔	22	11
巴黎	5	12
广州	40	17

3. 部分行业发展有所欠缺

GNC 得分通过金融、会计、法律、广告、咨询等五大 APS 行业维度综合计算获得。广州 GNC 综合排名较好，但与排名前列的中国城市相比，仍有较大进步空间（见表 3-17）。

表 3-17　中国城市全球网络联通性得分及排名（按行业分）

排名	金融		会计		法律		广告		咨询	
	城市	GNC(%)	城市	GNC(%)	城市	GNC(%)	城市	GNC(%)	城市	GNC(%)
1	香港	89.7	上海	62.7	香港	64.7	上海	59.4	香港	70.3
2	上海	77.3	香港	55.8	北京	47.6	北京	53.4	北京	68.7
3	北京	75.7	北京	55.1	上海	46.6	香港	53.3	上海	61.2
4	广州	47.3	台北	32.7	台北	12.2	广州	43.0	台北	49.2
5	台北	45.2	广州	12.9	南京	9.0	台北	40.6	广州	45.5
6	天津	38.2	成都	11.0	广州	6.0	厦门	6.2	深圳	40.7
7	深圳	38.0	大连	11.0	成都	6.0	南京	4.6	成都	37.9
8	重庆	30.8	深圳	7.6	大连	6.0	深圳	3.6	天津	32.3
9	成都	28.6	宁波	1.9	深圳	6.0	福州	3.6	南京	31.6
10	杭州	26.5	天津	0.0	宁波	6.0	成都	2.2	杭州	30.1

其中，金融维度得分为首位城市的 52.7%，会计维度为

20.6%，法律维度为 9.3%，广告维度为 72.4%，咨询维度为 64.7%。在会计、法律等行业与前列城市差距尤其较大，联通性还有所欠缺。

4. 区域联通性层面较逊一筹

GNC 从地理区域性的维度还可分为全球联通性和区域联通性两个层面。全球联通性衡量城市与领先的全球城市之间的战略联系。区域联通性则衡量城市与一定区域内城市是否有紧密的联系。广州在区域联通性方面表现较逊一筹，尤其是与北美地区、欧洲地区的联系较弱拖累整体评分，重庆等城市区域联通性表现均好于广州。

由此可见，中国主要城市在全球城市网络中重要性不断增强，以城市群的方式向领先全球城市的方向迈进并逐渐成为稳定成员之一。其中广州作为唯一一个近 20 年来保持增长态势的城市不论在中国城市中还是整体世界城市分级中均表现亮眼，一直稳居中国大陆第 3 名位置，并在不断的提高和发展中逐渐稳固全球城市的地位。值得注意的是，广州在世界城市分级中不断提升自身的位置和能级，不仅有效提高城市自身的全球参与度和影响力，同时作为中国城市乃至亚太地区的重要城市代表，将进一步利用广州枢纽网络节点的功能增强亚太地区和中国在世界城市网络中的区域实力，打造世界经济增长新极点。

第四章 科尔尼公司"全球城市"系列指数与全球城市发展趋势

一 科尔尼公司"全球城市"系列指数背景与研究方法

(一)科尔尼公司

科尔尼管理咨询公司(A.T. Kearney,简称科尔尼)于1926年在芝加哥成立,经过80多年的发展,科尔尼已发展为一家全球领先的高增值管理咨询公司,目前在全球40多个国家和地区设有分支机构。科尔尼在所有主要行业都拥有广泛的能力、专门知识和经验,并且提供全方位的管理咨询服务,包括战略、组织、运营、商业技术解决方案和企业服务转型。

科尔尼于2008年首次发布"全球化城市指数"(Global Cities Index),是最早的全球城市排行榜之一,凭借对城市综合实力和未来潜力的全面评估获得高度评价。从2016年起,科尔尼将指数的中文名"全球化城市指数"更名为"全球城市指数"(以下统一称为"全球城市指数")。自2015年起,报告中增加了"全球潜力城市指数"。2018年报告仍由"全球城市指数"和"全球潜力城市指数"两部分组成,前者评估城市当前表现,后者评估城市未来潜力。十年来,全球城市系列指数不断完善,良好地反映和分析了影响城市发展的因素。

（二）"全球城市指数"及研究方法

基于城市在全球化中越来越重要的地位，全球知名咨询公司科尔尼于2008年同《外交政策》杂志和芝加哥全球事务委员会联合发布了第1期"全球城市指数"。"全球城市指数"系列报告从2008年到2014年两年发布一次，2014年后每年发布一次，迄今为止共发布了8期全球城市指数报告。入选排名的城市数量也由最初2008年的60个增加到2018年的135个。该系列报告研究方法由顶级专业学者和商业顾问联合设计，根据事实和公开数据展开分析，并咨询世界著名城市发展专家萨斯基娅·萨森、黎辛斯基（Witold Rybczynski）和彼得·泰勒，对全球城市的未来发展趋势进行预判，是一套全面评估城市发展的持续性较好的综合指标体系。

该系列报告围绕五大维度（"商业活动""人力资本""信息交流""文化体验"和"政治参与"）27项指标衡量城市当前综合排名。其中，"商业活动"和"人力资本"在整个指标体系中所占比重最高，分别达到30%。其中，"商业活动"能够衡量一座城市在全球经济中的管理能力、资源调配能力、控制能力与枢纽作用，该维度包括财富500强企业总部数量、资本市场价值、航运和海运货物流量、ICCA会议次数等具体指标。"人力资本"是衡量一座城市培养、吸引和保留多元化人才的能力，该维度包括顶级高校数量、国际学生数量、大学学历人口数量等具体指标。"文化体验"和"信息交流"在指标体系中的比重均为15%。其中，"文化体验"能够衡量一座城市文化的多样性以及体验的丰富性，所以大型体育赛事、博物馆和其他展览数量等都会被纳入考量。"信息交流"主要是衡量一座城市的全球信息流通便利性与其在全球信息空间的影响力，因此着重考察互联网信息的访问和其他媒体资源。"政治参与"所占比重为10%，衡量一座城市在全球政府与非政府间政治交往中的参与深度和广度，包括政府活动、智库、领事馆等指标（见表4-1）。

表4-1　"全球城市指数"的指标体系

五大维度及权重	具体指标
商业活动（30%）	财富500强企业总部数量，领先的全球服务企业数量，资本市场价值，航运货物流量，海运货物流量，国际大会及会议协会次数（ICCA会议次数）
人力资本（30%）	非本国出生人口数量，顶级高校数量，拥有大学学历的人口，国际学生数量，国际学校数量
信息交流（15%）	电视新闻接受率，新闻机构数量，宽带用户数量，言论发表自由度，电子商务量
文化体验（15%）	博物馆数量，艺术表演场馆数量，体育活动次数，国际游客数量，多元化饮食场所的数量，友好城市数量
政治参与（10%）	大使馆和领事馆数量，智库数量，国际组织数量，政治会议次数，拥有国际事务的本地组织

城市在榜单中的排名和得分根据每个维度的加权平均总和确定，分数为0—100（100=满分）。同时，榜单就领先城市的国际布局、综合表现、发展水平等提供了专业的分析，便于对不同城市进行比较，了解各城市的核心优势和显著差异。

（三）"全球潜力城市指数"及研究方法

自2015年起，科尔尼在发布"全球城市指数"的同时，还开始发布"全球潜力城市指数"，并每年都会增加评估的城市数量。该指数围绕4个维度（"个人幸福感""经济状况""创新"和"治理"）13个标准评估城市的未来发展潜力，通过对环保表现、基础设施、创新能力等因素的评价来评估城市长期投资与成功的潜力。具体而言，4大维度的每个维度在整体体系中都占比25%。其中，"个人幸福感"包括城市在安全、健康、平等、环保等方面的表现；"经济状况"包括长期投资、基础设施和GDP；"创新"包括专利、私人投资和孵化器；"治理"包括长期稳定性、透明度、政府治理质量和经商便利度。"全球潜力城市指数"前瞻性地分析了目标城市构建未来竞争力的政策与做法，并指出可能成为全球最具影响力城市的快速发展城市。各项评级和得分根据该城市在近五年中各项数据的平均变化而测定，预测到2028年。对每个维度进行加权平均，得出0—100分（100 = 满分）。（见表4-2）

表4-2　　　　　　　　"全球潜力城市指数"指标体系

4大维度及权重	具体指标
个人幸福感（25%）	稳定性和安全性，医疗发展，基尼系数，环保表现
经济状况（25%）	基础设施，人均GDP，外商直接投资流入
创新（25%）	人均专利数量，私人投资，创办孵化器数量
治理（25%）	政府治理水平，经商便利度，透明度

基于"全球城市指数"和"全球潜力城市指数"，科尔尼在"全球城市指数"中评选出15个"完美城市"，即27项指标综合得分为100的城市。即便如此，这些入选城市也并非真正意义上的完美城市。同时，科尔尼将"全球潜力城市指数"中综合得分为100的城市称为理论上的"发展最快的城市"。而在"全球城市指数"和"全球潜力城市指数"中均排名前25位的城市则称为"全球精英城市"。

二　"全球城市"系列指数与全球城市发展趋势

从2008年第1期报告发布以来，最初的60个城市得分均逐年增加，它们在城市指数排名的5个维度中的4个维度（政治参与方面除外）的平均得分也逐年递增。得分的增加很大部分来源于人力资本方面，例如城市通过大学，国际学生群体和受过高等教育的人群将自身塑造成极具吸引力的国际人才中心。

(一) 世界顶级全球城市排名稳定

1. 排名前 10 的全球城市相对稳定

"全球城市指数"的各年度报告排名前 10 的城市变化基本不大。排名前 10 位的城市综合实力强,历年排名平稳,包括纽约、伦敦、巴黎、东京、香港、洛杉矶和芝加哥自 2008 年以来一直位列前 10。其中,纽约、伦敦、巴黎、东京和香港的排名十分稳定,一直稳居前 5,只是内部排名略有变动,纽约和伦敦轮流登顶,巴黎和东京长期争夺第 3、4 名,香港则一直位列第 5 位。同时,洛杉矶和芝加哥的排名也相对稳定,一直徘徊在第 6 至第 8 名。此外,华盛顿特区、多伦多、首尔、悉尼等城市则曾经名列前 10,但是逐渐被北京、新加坡等城市所取代,排名跌出前 10(见表 4-3)。

表 4-3　　历年"全球城市指数"排名前 10 位的城市

年份 排名	2008	2010	2012	2014	2015	2016	2017	2018
1	纽约	纽约	纽约	纽约	纽约	伦敦	纽约	纽约
2	伦敦	伦敦	伦敦	伦敦	伦敦	纽约	伦敦	伦敦
3	巴黎	东京	巴黎	巴黎	巴黎	巴黎	巴黎	巴黎
4	东京	巴黎	东京	东京	东京	东京	东京	东京
5	中国香港	中国香港	中国香港	中国香港	中国香港	中国香港	中国香港	中国香港
6	洛杉矶	芝加哥	洛杉矶	芝加哥	洛杉矶	洛杉矶	新加坡	洛杉矶
7	新加坡	洛杉矶	芝加哥	洛杉矶	芝加哥	芝加哥	芝加哥	新加坡
8	芝加哥	新加坡	首尔	新加坡	新加坡	新加坡	洛杉矶	芝加哥
9	首尔	悉尼	布鲁塞尔	华盛顿	北京	北京	北京	北京
10	多伦多	首尔	华盛顿	多伦多	华盛顿	华盛顿	华盛顿	布鲁塞尔

总体而言,排名前 10 的城市在商业活动、人力资本、信息交通、文化体验、政治参与等衡量维度均表现出色。

2. 纽约、伦敦轮番登顶

在"全球城市指数"中,纽约长期雄踞第 1 名的位置,直到 2016 年榜首易主为伦敦。2017 年,纽约取代伦敦,再度回归排行榜首位。2018 年,纽约蝉联冠军,进一步巩固了全球领先地位。纽约在商业活动方面改善显著,在人力资本指标上的得分也领先于其他城市。纽约在金融、媒体、时尚等领域保持着作为全球枢纽中心的地位,同时也正在逐渐成为创业活动和科技企业风投中心。2017 年第三季度,纽约获得的实际投资已经超过旧金山。此外,纽约在文化体验指标上也获得了历年来的最高分。相对而言,伦敦则进步较小,有些指标得分甚至呈现下降趋势,特别是在政治参与方面。2016 年脱欧公投创纪录的投票率和戏剧性的结果极大地打击了居民的政治参与意愿。在人力资本指标上,伦敦和纽约都取得了较高的得分,对全球各地的人才都有很大的吸引力。但在信息交通方面,伦敦和纽约的进步幅度都不及上一年。巴黎、东京和香港的排名和 2017 年一样,仍分居第 3、第 4 和第 5 位,洛杉矶取代新加坡和芝加哥跃居第六位。

3. 全球城市间竞争越发激烈

虽然榜单前 10 位排名变化不大,但是各城市在单项指标上的表现方面,即使是最成熟的全球城市也面临着来自新兴城市的严峻挑战。虽然 5 大维度上综合得分最高的城市与 2017 年别无二致,但值得注意的是,各下属指标中的领先城市出现了变化,且覆盖地域更广、发展水平更高。例如,墨尔本国际留学生数量排名第 1,香港全球性服务公司数量排名居首。

(二)不同地区城市排名呈现分化

1. 亚太城市数量明显增加

新收录亚太城市数量最多,欧美增长较少。2008 年第 1 期

"全球城市指数"收录了60座全球城市,其中包括23座亚太城市,17座欧洲城市,9座北美城市,6座拉美城市,3座中东城市和2座非洲城市。在2018年"全球城市指数"中,被纳入指数衡量范围的亚太城市数量增长至54座,欧洲城市数量增长到24座,北美城市数量增至16座,拉美城市数量上升到15座,而中东和非洲城市数量则都分别增长至14座和12座。其中,新收录的亚太城市数量最多,拉美、中东和非洲也分别有10座城市入选"全球城市指数",这主要是得益于这些地区工业化的快速发展和人口的增长,从而带动了经济的发展,提高了城市融入世界体系的能力。相较而言,欧美城市的新入围数量则相对较少。

2. 亚太、北美部分城市上升明显

同2017年相比,在2018年排名前25的城市中,排名上升最显著的城市是莫斯科和旧金山,分别从2017年的第18位和第23位升至2018年的第14位和第20位。其中,主要凭借"文化体验"维度的提升,莫斯科的排名有了较为明显的提升;而旧金山排名的上涨则主要依靠在"商业活动"和"信息交流"等维度上的提升。

对比2008年最初收入指数报告的60个城市的排名变化可以剔除由于城市研究数量增加而带来的排名影响,即便是在"全球城市指数"收录75座新城市的情况下,仍有多个城市在排名上不断攀升(见表4-4)。在入选2018年前25名的最初城市中,布宜诺斯艾利斯作为拉美地区唯一一座跻身"全球城市指数"榜单前25的城市,近年来在文化体验和人力资本这两方面的得分上升幅度很大,同时在商业活动和信息交流方面它的得分明显改进,使得由2008年的33名升至2018年的25名。随着"高等学府数量"纳入指标体系,波士顿在人力资本、商业活动和信息交流维度指标上表现提升,进而推动排名上升,由2008年的29名升至2018年的24名。

表4-4　　"全球城市指数"中排名位次上升明显的城市

2008—2018年排名提升情况	城市	2018年排名
+8	布宜诺斯艾利斯	25
+5	波士顿	24
+5	莫斯科	14
+3	北京	9
+3	布鲁塞尔	10
+3	慕尼黑	32
+2	迈阿密	30
+2	亚特兰大	35
+2	伊斯坦布尔	26
+2	圣保罗	30
+1	上海	19
+1	阿姆斯特丹	22

另外，由于北京已经处于一个较高的排名位置，因此遇到了一定的上升瓶颈，但其得分在2008—2018年的增幅也使其保持在排行榜前列。由于中国公司的全球重要性与日俱增，北京得以在商业活动的单项排名中排在第四位，即将赶超第三位的东京。与此同时，北京在人力资本和文化体验方面的提升有效弥补了其在信息交流和国际政治参与度方面的不足。

3. 欧洲和非洲部分城市排名下跌

随着亚太地区多个城市的排名上升，欧洲、拉美和非洲的部分城市呈现出排名相对下降的现象。欧洲的法兰克福、苏黎世、斯德哥尔摩和米兰的排名都呈现出不同程度的下滑；拉美地区的波哥大、墨西哥城和里约热内卢等城市的相对排名也有所下跌；同时，为数不多上榜的非洲城市，诸如卡萨布兰卡、金沙萨、亚的斯亚贝巴和亚历山大港的排名自2014年以来都有不同程度的下滑。

究其原因，一方面，以中国、印度和新加坡为代表的国家经济迅速发展，从而推动其国内主要城市在各项指标的快速提升，从而使得拉美和欧洲部分城市的排名有所下跌。另一方面，随着"全球城市指数"研究的城市数量不断扩大，使得部分城市的相对排名有所下跌，例如，作为最初进入"全球城市指数"60座城市之一的波哥大，在2018年中排名第55位，相较于2008年的第43位，下滑了12位，但是，如果只同最初的那60座城市相比，波哥大在2018年则排名第44位，绝对排名只下滑了1位，因此，研究对象城市数量的增多也是造成这些地区城市排名下滑的原因之一。

（三）"全球潜力城市指数"：领先城市维持优势

在2018年"全球潜力城市指数"榜单中，旧金山再次占据榜首，纽约、伦敦和巴黎紧随其后。在硅谷众多高增长企业的推动下，旧金山保持了持续的创新优势（以专利活动为衡量标准）。仅在2017年一年，旧金山湾区企业国际专利申请数量就达到34324个，其中谷歌占了6.5%。"全球潜力城市指数"榜上其他领先城市的私人投资活动有所增加。例如，纽约经济表现强劲，外商直接投资增长尤其突出，排名第2位。

各项指标上的领先城市相对稳定。同2017年结果一样，在2018年"全球潜力城市指数"榜单中墨尔本居民幸福感得分仍然最高；纽约在经济指标上得分最高；旧金山创新指标得分最高；苏黎世治理指标得分最高。各城市在经济指标上的得分变化最大，如法兰克福基础设施投资不断增长，纽约成为吸引外商投资最多的城市等。

"经济"和"治理"对城市潜力排名影响较大。自2016年以来，"全球潜力城市指数"排名中排名上升最快的城市主要得益于"经济"和"治理"两个维度的进步。广州排名上升19

位，基础设施投资得分显著提高，治理表现也有所改善。西安的外商直接投资、民间投资和专利活动增加，维也纳透明度得分提高，莫斯科创业得分提升。这次排名上升的城市来自全球各地，反映了全球经济的持续复苏和世界多地经济发展向好的良好趋势。

"全球潜力城市指数"榜中有9个城市综合得分为100，构成了理论上的"发展最快的城市"。墨尔本和悉尼在3项指标上得分最高，莫斯科和伦敦在两项指标上得分最高。因此，哪些城市未来将最具国际竞争力仍存在悬念。

（四）17座城市被评为"全球精英城市"

科尔尼将在"全球城市指数"和"全球潜力城市指数"中均排名前25位的城市称为"全球精英城市"。在2018年的全球城市报告中，有17座城市被评为"全球精英城市"，包括：纽约、芝加哥、华盛顿特区、多伦多、旧金山、波士顿、伦敦、巴黎、布鲁塞尔、莫斯科、柏林、维也纳、阿姆斯特丹、东京、新加坡、悉尼和墨尔本。新加坡首次跃居两榜前10位，纽约、伦敦和巴黎也同时跻身两榜前10。这些城市都是著名的文化和政治中心，同时还是真正意义上的全球经济中心。

三 中国城市在"全球城市"系列指数中的变化分析

科尔尼"全球城市指数"和"全球潜力城市指数"报告发布以来，中国主要城市在国际舞台上的竞争力全面增强。中国围绕经济、社会和文化等方面采取了一系列的改善举措，着力提高居民生活水平，改善营商环境，吸引全球企业的更多投资与关注，带来中国城市竞争力和得分排名的显著提升。

(一) 中国城市的上榜数量大幅增加

同 2008 年相比,在 2018 年,多数国家入选"全球城市指数"综合实力榜单的城市数量都有所增长。中国、美国、印度和巴西等国家新入选的城市数量都有较多的增加。其中,中国城市的入选数量增长最为显著,2018 年,中国城市数量从 2008 年的 7 个增加到 27 个,而跻身"全球城市指数"榜的中国城市数量也从 2015 年的 21 个增到 27 个(见表 4-5)。除香港、北京、上海、台北、广州、深圳和重庆外,大部分中国城市都在 2015 年才开始进入"全球城市指数"的排名。

表 4-5 主要国家在"全球城市指数"中上榜城市数量增加情况

	中国	美国	印度	巴西	德国	墨西哥	日本	加拿大
2008 年城市数量	7	8	4	2	3	1	2	1
2015 年城市数量	21	12	9	6	4	3	3	3
2018 年城市数量	27	13	9	6	4	4	3	3

2015 年是入选城市数量变化最为明显的一年。在 2015 年第 5 期"全球城市指数"中,共有 125 座城市入围,其中有 41 座新入围城市。究其原因,一方面是因为"全球城市指数"从 2015 年起开始更重视城市在吸引和保留全球资本、人力资源和创意的能力;另一方面也体现了全球城市间的竞争越发激烈,从 2008 年到 2015 年,入围城市的在 5 大维度的平均得分均增长了 10% 左右。

中国、印度、巴西、墨西哥等发展中国家被收录进"全球城市指数"的城市数量从 2008 年以来都有较大幅度的增长。此外,许多发展中国家被收录的城市数量也实现了零的突破,沙特阿拉伯、阿联酋、卡塔尔、科特迪瓦、肯尼亚、伊朗、伊拉克、阿曼、巴林、摩洛哥、安哥拉、苏丹、刚果金、埃塞俄比亚、埃及和秘鲁等国在 2008 年均没有城市入围"全球城市指数",但到了2018年,这些国家至少都有一座城市被"全球城市指数"收录。

同时,2008年以来,许多欧洲国家也有城市开始被纳入"全球城市指数",例如,匈牙利、波兰和捷克。但是,德国、日本、加拿大、英国和法国等发达国家的录入城市数量增长较少甚至没有增长,相较而言,美国的被收录城市数量则有较大的增长,这主要是因为美国国家发展更为均衡,国内区域型大城市数量较多,而英国和法国等国,国内资源和城市职能更为集中,因此大城市数量少。

(二) 中国城市总体排名稳定,得分进步幅度大

当采用不剔除新增加城市,即采用绝对排名进行比较,2018年中国城市的排名情况如表4-6所示。在2018年"全球城市指数"综合实力排行榜中,香港、北京、上海排名稳定在前列,台北维持在前50名,广州、深圳、南京、成都和天津稳定在前100名,其他中国城市排名都在100名及以外。因此,多而不强仍是中国城市目前所面临的困境。

表4-6 中国城市在"全球城市指数"中的绝对排名

年份 城市	2008	2010	2012	2014	2015	2016	2017	2018
香港	5	5	5	5	5	5	5	5
北京	12	15	14	8	9	9	9	9
上海	20	21	21	18	21	20	19	19
台北	34	39	40	40	44	43	47	45
广州	52	57	60	67	71	71	71	71
深圳	54	62	65	73	84	83	80	79
天津	—	—	—	—	102	94	91	87
南京	—	—	—	—	92	86	86	88

续表

年份 城市	2008	2010	2012	2014	2015	2016	2017	2018
成都	—	—	—	—	96	96	87	89
武汉	—	—	—	—	104	107	100	102
大连	—	—	—	—	110	108	107	106
青岛	—	—	—	—	112	110	109	110
西安	—	—	—	—	115	114	114	113
重庆	59	65	66	84	114	113	115	114
苏州	—	—	—	—	105	109	57	115
杭州	—	—	—	—	113	115	116	117
哈尔滨	—	—	—	—	117	117	117	118
沈阳	—	—	—	—	123	122	122	120
宁波	—	—	—	—	—	—	—	123
长沙	—	—	—	—	—	—	—	124
郑州	—	—	—	—	122	121	121	128
无锡	—	—	—	—	—	—	—	130
佛山	—	—	—	—	—	—	—	131
烟台	—	—	—	—	—	—	—	132
东莞	—	—	—	—	124	124	127	133
唐山	—	—	—	—	—	—	—	134
泉州	—	—	—	—	125	125	128	135

在 2018 年"全球潜力城市指数"榜上，中国城市同样进步显著。虽然中国城市上榜数量显著增加，但是更值得关注的是中国城市在两个榜单中得分的提升。十年来，入选首期"全球城市指数"榜单的 7 个中国城市在得分增幅上超过其他所有地区（非洲除外）。而过去四年，在"全球潜力城市指数"榜单中，中国城市得分上升速度也超过其他所有地区。值得一提的是，中国城市在"商业活动"方面表现出色，北京、香港和上

海在"商业活动"方面于世界范围内都属于领先水平,北京甚至位列第4,仅次于纽约、伦敦和东京。此外,在中国大陆城市中,除北京外的大多数城市在"政治参与"维度的表现都不尽如人意,而这也将成为中国城市未来的发力点之一。

(三) 中国城市发展潜力令人瞩目

1. 中国城市的得分平均增长速度最快

入选首期"全球城市指数"的7个中国城市得分以每年1.8%的速度增长,是除非洲以外得分增长最快的地区。相比之下,北美城市十年来得分年增长率仅为0.6%,而首期"全球城市指数"报告评估的60个城市得分的平均增长速度为1.2%。

在"全球潜力城市指数"榜中,中国城市表现也很出色。首次跻身榜单的21个城市得分每年上升2.3%,超过报告中所有其他地区(见表4-7)。

表4-7　中国城市在"全球潜力城市指数"榜中的排名

年份 城市	2015	2016	2017	2018
台北	28	23	44	38
北京	45	42	45	47
深圳	50	50	47	52
香港	53	57	54	54
苏州	56	59	57	55
南京	64	60	62	56
无锡	—	—	—	57
广州	76	78	56	59
宁波	—	—	—	62
上海	65	63	61	64
天津	55	61	64	65

续表

年份 城市	2015	2016	2017	2018
西安	81	85	82	66
长沙	—	—	—	67
佛山	—	—	—	69
杭州	74	69	60	70
武汉	63	68	67	71
泉州	78	77	70	72
烟台	—	—	—	73
大连	79	79	72	74
唐山	—	—	—	75
成都	72	75	77	76
沈阳	67	71	71	77
哈尔滨	77	81	78	80
东莞	83	82	84	81
郑州	85	84	85	84
重庆	91	90	89	88
青岛	84	92	92	90

2. "商业活动"是提升中国城市竞争力的主要因素之一

促进中国城市竞争力提升的因素有很多，包括商业、技术、人力资本等。近年来，中国特大城市吸引跨国公司的能力不断提升。例如，谷歌计划在深圳开设北京和上海之外的第三个中国办公室。跨国公司的入驻有助于中国吸引外商直接投资。根据科尔尼的另一份报告——《在本土化的世界投资——2018 外商直接投资信心指数》（*Investing in a Localized World-The* 2018 *A. T. Kearney Foreign Direct Investment Confidence Index*），20 年来，中国一直是世界 5 大最受欢迎的外商直接投资目的地之一。

除外商直接投资外，中国政府还大力扶持本土互联网企业的发展，为中国发展本土高科技产业建立了主场优势，造就了腾讯、阿里巴巴和百度等成功的本土企业。此外，中国还努力通过加强教育和海外人才引进提升劳动力质量。同时，公共和私人资金不断流入特大城市的创业生态系统，创业日益成为一个新的职业选择。

3. "人力资本"驱动中国城市得分上升

中国城市自2008年以来能够保持如此惊人的发展，得益于中央和地方政府在经济、政治和社会政策上的协调，这一点值得其他国家城市借鉴。举例来说，虽然"商业活动"是中国得分上升的主要驱动因素，但是如果没有发展"人力资本"和提升"文化体验"的相关举措，商业活动的繁荣便无从谈起，而中国城市在"人力资本"和"文化体验"两个维度上的得分每年分别增长5.5%和4.1%。

中国的劳动力整体生产能力和劳动力数量有着快速增长，从1978年到2017年，由于教育水平提升、教育回报率上升、城乡劳动力大量转移等因素，过去40年，中国的人力资本存量增长了8.5倍，劳动力数量增长了1.8倍，人力资本对经济增长的贡献上升为33%；同时，中国城市在吸引国内外企业和高端人才方面同样表现亮眼，一方面，越来越多的城市充分意识到人才是城市发展的核心，2018年初，南京、杭州、成都、西安和武汉等新一线城市相继出台人才新政，吸引高校学生和专业技术人员落户；另一方面，中国大城市越来越能够吸引跨国公司，例如北京和上海在《财富》世界500强企业数量（北京）和海运（上海）方面胜出，成为世界最受欢迎的外商直接投资目的地。因此，中国主要城市在提高劳动力的数量、质量和吸引各类资本等方面成效斐然。

4. 中国城市在"文化体验"方面发展迅速

此外，在文化体验方面，世界旅游城市联合会推出的《世界旅游城市发展报告（2017）》指出，在世界旅游城市综合发展指数排行中，北京、香港、上海和杭州均入选前20，分别位列第7、第9、第11和第20，其中，在"旅游产业竞争力""旅游出行便捷度"和"全球旅游城市旅游资源吸引力"等方面，中国城市表现不俗；从2008年到2017年底，中国城市同世界其他国家、省份、地区和城市建立了931对友好城市（省州）关系；中国主要城市的体育赛事数量迅速增长，例如，2018年全年田径赛事（不包括路跑、马拉松相关赛事与计划）数量从2017年的45场猛增至110场。因此，在文化体验下属的多个指标上，中国城市都表现出色，进步明显。

与此同时，中国促进城市发展的举措还包括鼓励建设新的文化场所，支持中国学生出国留学等方面。各大城市政府还逐步出台压缩企业成立的审批时间减少空气污染、完善公共交通体系等措施。所有这些举措都是协同开展的——各地政府不但努力提高宜居性，打造舒适的居住环境，同时还努力优化营商环境和教育体制，确保人才库的建设与能力的培养，从而能够为城市的建设和发展做好充分支持。

5. 中国主要城市发展经验值得国内外其他城市学习借鉴

纵观过去几年中国主要城市的发展轨迹，有很多可供其他中小型城市、甚至是海外城市借鉴的宝贵经验，以提升城市竞争力。首先，向市级政府放权，这是鼓舞地方积极发展的关键。上榜的中国城市地方经济发展都得到了地区和中央政府的支持。例如，深圳市启动了公交全面纯电动化转型项目，中央政府为其提供了财政补贴，用于购买新型公交车。其次，采用全面的发展方式。"全球城市指数"和"全球潜力城市指数"的排名评分考虑很多因素，"商业活动"只是其中一部分。中国城市之所以迎来繁荣发展，是因为它们关注民生和就业改善的方方面面，吸引人才居住和就业，包括环境保护、提供具有光明职业前景的教育途径。中国全面的城市发展战略取得了显著成效。通过全方位的城市竞争力提升举措，未来中国将有望打造更多枢纽城市，吸引更多国内外资本、人才和文化的交流。

四 广州在"全球城市"系列指数中的表现

作为最早进入科尔尼"全球城市指数"的60座城市之一，广州在全球城市综合排名中表现稳定，尤其是在过去三年一直稳定在71名，发展和排名水平相当于中等发达国家的首都城市或发达国家的重要城市。不同于在综合排名中的稳定，广州在潜力城市指数中进步明显，从2015年的76位攀升到2018年的59位。广州的城市竞争力主要来自于蓬勃发展的经济、较为雄厚的人力资本和在国际交流中日益重要的角色。

（一）广州的发展水平相当于中等发达国家首都城市或者大型发达国家重要城市

在"全球城市指数"排名至今发布的报告中，当不剔除新增加的城市数量，即采用绝对排名方法来看，广州排在50—70位之间。但由于"全球城市指数"排名报告每年都会增加一些城市，排名所包含的城市数量从原始的60个（最早的2008年报告即包含广州）增加至2018年的135个，因此新增的排名在广州之前的城市拉低了广州在该项排名中的绝对位次。如果将"全球城市指数"所有已出报告年份数据进行整理，剔除2008年以后新增加的城市，得出60个原始城市的排名数据，广州的相对排名稳定在50—55名（见表4-8）。

表4-8　　　　广州在"全球城市指数"中的相对排名

年份	2008	2010	2012	2014	2015	2016	2017	2018
排名	52	52	54	51	51	51	51	51

按照绝对排名方法，历年处于广州前后各两位的城市如表

4-9所示。可以看出,与广州位次相同的城市主要有约翰内斯堡、加拉加斯、内罗毕、拉各斯、开普敦、班加罗尔、圣彼得堡、名古屋、菲尼克斯等。

表4-9 "全球城市指数"中与广州排名位次接近的城市

		2008年	2010年	2012年	2014年	2015年	2016年	2017年	2018年
前两位		约翰内斯堡	加拉加斯	班加罗尔	多哈	开普敦	名古屋	开普敦	圣彼得堡
		加拉加斯	内罗毕	拉各斯	利雅得	圣彼得堡	开普敦	名古屋	名古屋
		2008年	2010年	2012年	2014年	2015年	2016年	2017年	2018年
后两位		拉各斯	班加罗尔	胡志明	加拉加斯	内罗毕	菲尼克斯	菲尼克斯	菲尼克斯
		深圳	拉各斯	卡拉奇	内罗毕	加拉加斯	内罗毕	内罗毕	开普敦

因此可以得出,广州在全球城市体系中的地位大致相当于小型中等发达国家的首都,或者大型发达国家的重点经济城市。

(二)广州在"全球城市指数"中排名相对稳定,北京、上海进步更明显

在"全球城市指数"中,将广州与北京、上海、深圳、重庆相比较时,当不剔除新增加城市,即采用绝对排名进行比较,发现广州相对北京差距逐年扩大明显;但领先深圳、重庆的优势也明显扩大(见表4-10)。

表4-10 广州与国内城市在"全球城市指数"中绝对排名差距

年份 标杆城市	2008	2010	2012	2014	2015	2016	2017	2018
北京	40	42	46	59	62	62	62	62
上海	32	36	39	49	50	51	52	52
深圳	-2	-5	-5	-7	-13	-12	-9	-8
重庆	-7	-8	-6	-18	-43	-42	-44	-43

当剔除新增加城市，按照60个原始城市进行排名时，即采用相对排名进行比较，发现广州相对北京、上海的差距略有扩大，但不明显；广州相对深圳和重庆，领先优势也略有所扩大，深圳相对扩大更多（见表4-11）。

表4-11　广州与国内城市在"全球城市指数"中相对排名差距

年份 标杆城市	2008	2010	2012	2014	2015	2016	2017	2018
北京	40	37	40	43	42	42	42	42
上海	32	31	33	33	31	32	33	33
深圳	-2	-5	-5	-4	-6	-6	-5	-2
重庆	-7	-8	-6	-9	-9	-9	-9	-9

将广州与亚洲其他国家标杆城市相比较时，当不剔除新增加城市，即采用绝对排名进行比较，发现广州相对香港、新加坡、首尔、雅加达差距扩大明显，而相对曼谷、吉隆坡差距从前几年缩短到后几年扩大（见表4-12）。

表4-12　广州与亚洲主要标杆城市在"全球城市指数"中绝对排名差距

年份 标杆城市	2008	2010	2012	2014	2015	2016	2017	2018
香港	47	52	55	62	66	66	66	66
新加坡	45	49	49	58	63	63	65	64
首尔	43	47	52	55	60	60	59	59
曼谷	30	21	17	25	28	30	30	28
吉隆坡	12	9	11	13	24	22	22	22
雅加达	4	4	15	17	15	15	15	12

当剔除新增加城市，按照60个原始城市进行排名时，即采

用相对排名进行比较，发现广州相对香港、新加坡、首尔、吉隆坡差距略有缩短，相对曼谷差距缩短明显；相对雅加达差距略有增大（见表4-13）。两种不同比较方式下得出的结论，与前文广州整体排名变化有一致的趋势。

表4-13　　广州与亚洲主要标杆城市在"全球城市指数"中相对排名差距

年份 标杆城市	2008	2010	2012	2014	2015	2016	2017	2018
香港	47	47	49	46	46	46	46	46
新加坡	45	44	43	42	43	43	45	44
首尔	43	42	46	39	40	40	39	39
曼谷	30	19	16	14	14	16	16	14
吉隆坡	12	8	10	7	11	10	10	11
雅加达	4	3	5	9	7	6	4	3

总体来看，相对于国内除北京、上海以外的其他城市与亚洲其他国家城市，广州排名比较稳定，略有上升但幅度不大。但相对于国内的顶尖城市北京和上海，广州的实际差距是逐年有所扩大的。这说明由于中国整个国家的快速发展和国际化水平的普遍提高，中国城市相对亚洲其他国家城市在世界城市排名体系中的位次上升明显。但是，北京、上海上升得更快，广州的上升相对慢一些。因此，广州在全球城市体系中的排名反而与北京、上海的差距有所扩大。

（三）广州在"全球潜力城市指数"排名中进步显著，上升速度居全国首位

在科尔尼发布的"全球潜力城市指数"排名中，广州从2016年的78名跃升至2018年的59名，上升19名。这主要是由于广州在经济水平维度进步明显。广州具有良好的经济基础，人均生产总值进入全国中上等发达国家水平。同时，依靠友好、便利的经商政策与环境，广州也成为最受国内外投资者青睐的城市之一，因此吸引外资进步明显。2017年广州净增高新技术企业超过4000家，总数达8690家。广州还加大新型研发机构建设发展扶持力度，2017年新增省级新型研发机构8家，总数达52家，数量三年居全省第1，吸引了以思科为代表的总部企业以及富士康等巨无霸项目先后落户。广州除了在政府管理、环境、居民生活等方面有传统优势，近年来又在人才和创新等方面表现杰出。广州高校数量居全国第2，在高层次人才及科研成果转化上也居于全国前列，例如截至2017年底，广州通过知识产权贯标认证的企业数量达1188家，排名全国城市第1，广州全市年专利申请量首次突破10万件，发明申请量、发明授权量、PCT国际专利申请量、有效发明专利量增速均远高于全国平均水平，多项增长指标"领跑"全国。因此，由于多个维度的均衡稳定发展，广州在"全球潜力城市指数"排名中的位次呈迅速上升趋势，超过上海、苏州、杭州等城市，显示出巨大的发展潜力。

作为目前世界上知名的国际城市评价体系，科尔尼发布的"全球城市"系列指数在评估和预测世界各地区的主要城市方面有着较大的参考价值。总体而言，随着经济社会的快速发展，亚太地区新兴城市的排名不断上升，与之对应的是拉美和欧洲部分城市的排名相对下跌。同时，中国城市在"全球城市指数"和"全球潜力城市指数"方面都表现出色，城市排名和总体评分节节攀升，而被纳入研究的城市数量也在不断增加，并呈现出良好的发展前景。此外，作为第一批被纳入研究对象的广州，在2008年到2018年的排名相对稳定，同时发展潜力巨大，上升速度位居中国城市之首，但需要注意的是，广州同世界领先城市之间依旧存在着较大的差距。对标国际领先城市，发挥自身优势，是广州未来需要努力的方向。

第五章 日本森纪念财团"全球实力城市指数"与全球城市发展趋势

一 日本森纪念财团"全球实力城市指数"背景与研究方法

(一) 日本森纪念财团与"全球实力城市指数"

日本森纪念财团自1981年成立以来，一直致力于全面深入的关于城市创新和发展领域的研究和出版活动，并有志于从中创造出可持续发展的理想城市环境。财团旗下的城市战略研究所自2008年开始，逐年对全球主要城市的竞争力开展全面的调研、分析与评价，通过每年定期发布"全球实力城市指数"报告，从经济、研发、文化交流、宜居性、环境及交通便利性6个方面为城市制定发展战略提供对策建议，其研究框架和范围具有很强的国际视野。

在选取对象城市时，"全球实力城市指数"涵盖的城市基本遵循三条原则：一是涵盖在其他全球城市排名中名列前10的城市，例如英国Z/Yen集团的"全球金融中心指数"、科尔尼的"全球城市指数"以及普华永道的"机遇之都"排名等；二是大部分是在全球城市国际竞争力排名中前10位的城市，例如世界经济论坛的全球竞争力排名、瑞士管理发展学院的竞争力排名等；三是执行委员会认为应该纳入的城市。也有个别城市虽然符合以上条件，却因数据难以获取而未被纳入"全球实力城市指数"的评价范围内。

(二) 评价方法和指标

"全球实力城市指数"从 6 个维度评估全球 40 多个城市的综合实力,分别是经济、研发、文化交流、宜居性、环境及交通便利性(见表 5-1)。该排名中的绝大多数城市基本是其他全球城市相关排名中位于前 50 位的城市,因此,其发展变化能够代表全球领先城市未来的重要发展方向与趋势。

表 5-1　　　　"全球实力城市指数"功能维度指标体系

功能维度	考察要素	具体指标
经济	市场规模	GDP,人均 GDP
	市场吸引力	GDP 增长率,经济自由度
	经济活力	上市股份市场总值,世界 500 强企业
	人力资本	总体就业率,服务行业从业人数
	商业环境	薪资水平,获得人力资源容易程度,办公空间(每桌)
	营商便利度	企业税率,政治、经济和商业风险
研发	学术资源	研究人员数量,世界排名前 200 高校
	研究环境	数学、科学学术水平,对外国研究人员的接受度,研发支出
	研发成果	工业产权登记(专利)数量,重要奖项获得者数量(科技相关领域),研究人员交流机会
文化交流	文化创新潜力	国际会议数量,国际级文化活动举办次数,视听服务贸易总值
	文化资源	创意活动环境,世界遗产数量(100 公里范围内),文化、历史和传统交流机会
	访客设施	剧院和音乐厅数量,博物馆数量,体育馆数量
	访客吸引力	豪华酒店客房数量,酒店数量,购物吸引力,美食吸引力
	国际交流	外籍常住人口数量,外国访客数量,国际学生数量

续表

功能维度	考察要素	具体指标
宜居性	工作环境	整体失业率，整体劳动时间，员工生活满意度
	生活成本	平均租房价格，物价水平
	社会治安	杀人案件数量（每百万人），受灾害影响程度
	幸福度	平均寿命，社会自由平等程度，精神疾病风险
	生活设施	医生数量（每百万人），信息和通信业务种类，零售商店种类，餐馆种类
环境	社会生态	拥有ISO14001认证的公司数量，可循环能源使用率，垃圾回收利用率
	空气质量	二氧化碳排放量，悬浮颗粒物密度，二氧化硫、二氧化氮密度
	自然环境	水质，绿色植物覆盖率，气温舒适度
交通便利性	国际交通网络	拥有国际直航的城市数量，国际航班数量
	国际交通设施	国际航班抵离游客数量，跑道数量
	市中心交通服务	火车站密度，公共交通覆盖率和准时程度，公共交通便利程度
	交通便利程度	城市中心区域到国际机场所需时间，交通伤亡人数占总人口比率，出租车价格

在"全球实力城市指数"中，除了按照各功能维度进行排名以外，还从人的角度切入，列出了不同参与者的构成排名情况（Actor-Specific Ranking）。该排名利用问卷调查的方式，从全球实力城市指数中的细分指标中选出若干项并赋予不同权重，向经理、研究人员、艺术家、游客、居民5类城市发展参与者展开调查，并对收集的得分进行排名，最终构成了另一套完整的评估体系（见表5-2）。

表 5-2　"全球实力城市指数"参与者评价体系

参与者	考察要素	所占权重（%）
经理	企业和商业交易集聚度	11.8
	商业增长潜力	13.7
	营商便利度	13.1
	商业环境	13.4
	人力资源储备	11.7
	商业发展的产业支撑	10.8
	环境对企业员工及家庭友好度	14.0
	政治、经济、自然灾害等风险	11.5
研究人员	研究机构、研究者和负责人水平	18.4
	研究机构及研究者集聚度	14.7
	开展学术活动的机会	16.3
	研究者接纳度（研究经费、生活补助等）	16.5
	研究者就业机会	17.5
	日常生活环境（宜居性）	16.6
艺术家	文化促进政策	20.8
	艺术家集聚度	17.2
	艺术市场集聚度	18.3
	创作环境（工作室租赁成本和空间等）	21.0
	日常生活环境（宜居性）	22.6
游客	文化吸引力和交流机会	15.9
	安全性	16.2
	游览丰富性（设施、文化等）	14.9
	高水平的住宿条件	14.2
	饮食（食物种类和价格等）	12.4
	购物（环境、价格、吸引力等）	10.6
	交通便利性（抵达目的地所需时间和费用等）	15.7

续表

参与者	考察要素	所占权重（%）
居民	消费环境（价格和便利度）	13.5
	日常生活环境（宜居性）	15.6
	就业环境（收入水平、就业机会等）	14.7
	教育环境	13.6
	休闲活动	12.8
	安全性	14.9
	医疗水平	15.0

通过"全球实力城市指数"排名及背后显著变化的因素，有利于帮助决策者提供敏锐洞见，把握全球主要城市的优势、劣势和尚未挖掘的潜力。全球许多机构高度重视"全球实力城市指数"，世界各地的决策者也将该指数用作城市发展和品牌推广的参考因素。

二 "全球实力城市指数"与全球城市发展趋势

2017年全球实力城市指数排名有44个城市上榜。其中，迪拜和布宜诺斯艾利斯是2017年首次被列为考察对象的城市。纵观2008年以来的"全球实力城市指数"，具有排名靠前的城市相对稳定，不同地区之间的城市评价差异大，城市在不同维度表现不同等总体特征。

（一）排名前列的全球城市相对稳定

全球实力城市指数每年排名前10位的城市变化基本不大（见表5-3）。对比2008年和2017年，全球城市实力指数得分前4位的城市都是纽约、伦敦、巴黎、东京，这4个城市也是公认的顶尖全球城市。但前4名城市之间的内部排名也发生了变化，原因包括但不限于：2012年伦敦举办了奥运会，城市实力得到了显著提升，得以取代纽约成为第1位；2015年东京成功获得奥运会的举办权，城市实力和影响力在一年多的时间里迅速攀升，2016年跃升为第3位，并在其后两年中进一步巩固。纽约大都市圈一直趋于稳定，而在伦敦发展提速以后，它就取代了原属于纽约的位置，未来可能还会有进一步变化。

表5-3　　历年"全球实力城市指数"中排名前10的城市

年份 排名	2008	2009	2010	2011	2012	2013	2014	2015	2016	2017
1	纽约	纽约	纽约	纽约	伦敦	伦敦	伦敦	伦敦	伦敦	伦敦
2	伦敦	伦敦	伦敦	伦敦	纽约	纽约	纽约	纽约	纽约	纽约
3	巴黎	巴黎	巴黎	巴黎	巴黎	巴黎	巴黎	巴黎	东京	东京
4	东京	东京	东京	东京	东京	东京	东京	东京	巴黎	巴黎
5	维也纳	新加坡	新加坡	新加坡	新加坡	新加坡	新加坡	新加坡	新加坡	新加坡
6	柏林	柏林	柏林	柏林	首尔	首尔	首尔	首尔	首尔	首尔
7	阿姆斯特丹	维也纳	阿姆斯特丹	首尔	阿姆斯特丹	阿姆斯特丹	阿姆斯特丹	香港	香港	阿姆斯特丹
8	波士顿	阿姆斯特丹	首尔	香港	柏林	柏林	柏林	阿姆斯特丹	阿姆斯特丹	柏林
9	洛杉矶	苏黎世	香港	阿姆斯特丹	香港	维也纳	香港	阿姆斯特丹	柏林	香港
10	多伦多	香港	悉尼	法兰克福	维也纳	法兰克福	维也纳	维也纳	维也纳	悉尼

近年来，排名5到10位的城市主要有新加坡、首尔、阿姆斯特丹、柏林、香港、悉尼、维也纳等，其中新加坡和首尔在2012—2017年始终占据着第5和第6的位置，其他城市也未发生较明显变化。这表明，这些传统意义上的世界政治、经济、

文化中心城市，经过几十年乃至上百年的资源积累，其发展优势十分明显，城市实力非常雄厚，领先地位相对稳固。

（二）亚太新兴经济体排名提升明显

对比2017年和2008年的"全球实力城市指数"排名，北美、欧洲和拉美的城市整体排名是呈下降趋势的，而亚洲新兴城市的排名则在攀升。观察综合排名前10位的城市，维也纳、波士顿、洛杉矶和多伦多2008年上榜，但在2017年则跌出榜单，而新加坡、首尔、香港和悉尼进入前10位。自2012年以来，东京、新加坡和首尔这3个亚洲城市排名变化不大，一直稳定在全球实力城市指数前列，而香港的排名稳定在7—9名，保持住了第一梯队的位次。

近年来，"全球实力城市指数"中的亚洲城市位次上升非常显著，尤其是我国的北京、上海、香港更是占据了上升榜的前三甲位置。2008—2012年，北京和上海的排名有较为明显的上升，此后出现一定的浮动，保持在12—18名之间。值得一提的是，新加坡自2009年上升至第5位以来，直至2017年始终保持着第5位的位次。同样的还有韩国的首尔，自2008年位次开始逐年上升，到2012年上升至第6位以来，直至2017年始终保持第6位的排名（见表5-4）。

表5-4　　"全球实力城市指数"中排名上升明显的城市

位次变化	城市	2008年排名	2017年排名
+15	北京	28	13
+10	上海	25	15
+8	香港	17	9
+7	首尔	13	6
+6	新加坡	11	5

"全球实力城市指数"中上升明显的城市集中在亚洲,这反映出近年来亚太地区新兴经济体的良好发展态势。在亚洲城市中,大阪、伊斯坦布尔、台北、曼谷、吉隆坡、福冈和孟买近年来的排名较低甚至出现下降。尽管不同的因素影响着这些城市的综合排名,但它们大部分指标的得分都呈现出共同的下降趋势,尤其在文化交流、宜居性和环境方面。

(三) 欧美城市综合评价良好

被"全球城市实力指数"列为考察对象的欧美城市数量最多,名次差异也是最大的。自"全球实力城市指数"发布排名以来,伦敦、纽约和巴黎一直名列前茅,自2012年以来,伦敦便取代纽约夺得第1名,而巴黎一直处于第3、4名。欧洲城市中(见表5-5),阿姆斯特丹和柏林常驻榜单前10,苏黎世、维也纳、法兰克福、哥本哈根和斯德哥尔摩保持在第10—20名之间,其中斯德哥尔摩于2012年上榜以来便始终表现优异,排在第15、16位。马德里、米兰、布鲁塞尔、巴塞罗那处在中游位置。日内瓦、莫斯科名次相对靠后,且近年来表现出一定的下降趋势。北美城市中的洛杉矶、波士顿、芝加哥和旧金山一开始的表现起伏较大,但自2012年以来它们的排名总体呈上升趋势,显示出它们逐步从2008年国际金融危机中复苏的迹象(见表5-6)。与美国城市相比,加拿大城市和欧洲地区城市在宜居性和环境方面得分相对较高,而它们的综合排名则容易受到其他指标得分的影响,例如经济、科研与发展和文化交流等方面。

表5-5　　　　"全球实力城市指数"中欧洲城市的排名

年份 城市	2009	2010	2011	2012	2013	2014	2015	2016	2017
伦敦	2	2	2	1	1	1	1	1	1
巴黎	3	3	3	3	3	3	3	3	4

续表

年份 城市	2009	2010	2011	2012	2013	2014	2015	2016	2017
柏林	6	6	6	8	8	8	8	9	8
维也纳	7	11	12	10	9	10	10	10	14
阿姆斯特丹	8	7	9	7	7	7	9	8	7
苏黎世	9	12	14	18	15	12	13	16	18
马德里	11	15	20	22	17	19	22	26	27
法兰克福	16	13	10	12	10	11	11	11	12
哥本哈根	17	17	19	20	20	18	19	19	20
布鲁塞尔	18	21	24	19	21	23	25	23	21
日内瓦	19	19	17	26	25	28	28	30	34
米兰	28	27	27	29	30	25	29	31	32
莫斯科	32	32	33	37	36	35	36	35	35
巴塞罗那	—	—	—	13	19	27	26	20	24
斯德哥尔摩	—	—	—	16	16	16	15	15	16

表5-6　"全球实力城市指数"中北美城市的排名

年份 城市	2009	2010	2011	2012	2013	2014	2015	2016	2017
洛杉矶	13	14	13	23	22	20	14	13	11
多伦多	15	23	25	21	18	17	16	18	19
波士顿	20	20	16	27	31	30	23	27	25
芝加哥	22	25	26	28	29	31	27	25	22
温哥华	23	16	22	24	24	22	20	28	28
旧金山	24	22	21	31	28	20	21	24	17
圣保罗	33	33	32	38	38	38	38	38	39
华盛顿	—	—	—	30	26	24	30	29	29

2012年，"全球实力城市指数"将考察城市的数量从35个增加到40个，墨西哥城首次进入榜单，排在第36名。2017年，

布宜诺斯艾利斯首次进入榜单,排在 44 个城市中的第 40 名。自 2012 年以来,墨西哥城的排名始终保持在 36—38 名之间,圣保罗则保持在 38—39 名之间。南美洲城市以及非洲的开罗和约翰内斯堡自入选全球城市实力指数以来,总体排名靠后,一直处在历年榜单的最末位置。

大洋洲只有悉尼一个城市登上"全球城市实力指数"榜单,但其表现出色,自 2009 年以来始终保持在 10—15 名的位置。2017 年,悉尼综合排名第 10,且在经济(第 9 位)、环境(第 9 位)、文化交流(第 10 位)、研发(第 16 位)、宜居性(第 16 位)5 个方面均获较高得分,但其交通便利性是短板(第 32 位)。

(四) 城市在不同功能维度得分排名差异大

以 2017 年"全球实力城市指数"为例(见表 5-7、表 5-7(续)),从综合得分排名来看,伦敦第 1,纽约第 2,东京第 3,前 10 位中还包括巴黎、新加坡、首尔、阿姆斯特丹、柏林、香港和悉尼。从 6 大功能维度得分来看,位于前列的城市在不同维度中排名差异较大。例如,综合排名前 3 位的伦敦、纽约和东京在经济、研发、文化交流、交通便利性这 4 个维度的排名均十分优异,但在环境和宜居性上表现普遍逊色,这与国际化大都市快速发展过程中容易出现的人口膨胀、环境污染、交通拥堵、资源紧张和物价过高等"大城市病"息息相关。

表 5-7 2017 年"全球实力城市指数"前 10 位城市及功能维度得分

排名	综合得分		经济		研发	
1	伦敦	1560.1	纽约	323.2	纽约	183.7
2	纽约	1386.3	伦敦	301.6	伦敦	165.1
3	东京	1354.7	北京	295.6	东京	162.9
4	巴黎	1282.1	东京	294.3	洛杉矶	148.9
5	新加坡	1224.6	上海	256.0	首尔	126.5

续表

排名	综合得分		经济		研发	
6	首尔	1143.5	苏黎世	243.7	新加坡	125.4
7	阿姆斯特丹	1129.8	香港	242.7	波士顿	119.5
8	柏林	1107.8	新加坡	239.3	芝加哥	113.6
9	香港	1090.1	悉尼	231.5	旧金山	112.1
10	悉尼	1078.0	首尔	227.9	巴黎	104.4

表5-7（续） 2017年"全球实力城市指数"前10位城市及功能维度得分

文化交流		宜居性		环境		交通便利性	
伦敦	333.1	柏林	369.3	法兰克福	200.1	巴黎	245.3
纽约	233.1	阿姆斯特丹	363.7	苏黎世	197.5	伦敦	244.0
巴黎	217.3	斯德哥尔摩	359.2	新加坡	191.4	上海	224.0
东京	186.3	维也纳	358.6	日内瓦	191.3	纽约	221.1
新加坡	180.9	法兰克福	358.4	斯德哥尔摩	190.5	香港	206.7
柏林	158.1	巴塞罗那	352.6	维也纳	189.6	东京	206.1
北京	155.0	巴黎	350.5	伦敦	188.0	阿姆斯特丹	201.6
维也纳	148.9	马德里	348.3	哥本哈根	187.7	法兰克福	201.2
迪拜	141.9	温哥华	344.7	悉尼	177.4	新加坡	197.5
悉尼	135.2	哥本哈根	342.0	温哥华	174.3	首尔	192.8

而斯德哥尔摩、维也纳、哥本哈根、温哥华等城市虽不在综合得分前10位的榜单中，但在宜居性和环境方面均进入前10，表现出较强的城市吸引力。对于地方政府而言，这些数据有利于帮助其制定更为综合、均衡的城市发展政策。

三 中国城市在"全球实力城市指数"中的表现

考察全球实力城市指数排名中的中国城市，北京、上海、香港、台北常驻榜单之上。香港排名始终比较靠前，而北京、上海这两个中国内地城市近年来总体呈现上升趋势，并在多个功能维度中有着亮眼的表现。

（一）中国城市的总体排名情况

"全球城市实力指数"考察的城市从2008年开始的30个增加到2017年的44个，由于排名包含的城市数量比较少，中国城市榜上有名的仅有香港、上海、台北和北京（见表5-8）。除了台北以外，香港、北京、上海的排名从2008年开始都有大幅度的提升，并且位次相对较稳定：香港表现最佳，近年来稳定在7至11名；北京、上海有一定浮动，但自2012年以来均稳定在前20位；台北位列中等靠后，且有一定程度的下降趋势。

表5-8　　中国城市在"全球实力城市指数"中的排名

年份 城市	2008	2009	2010	2011	2012	2013	2014	2015	2016	2017
香港	17	10	9	8	9	11	9	7	7	9
上海	25	21	26	23	14	12	15	17	12	15
台北	26	31	29	29	32	33	33	32	33	36
北京	28	26	24	18	11	14	14	18	17	13

在2017年"全球实力城市指数"中，北京排名提升明显，较2016年上升4位，升至第13位；上海排名在经历了2015—2016年提升5个位次后，又从2016年的第12位下降到2017年的第15位。香港比2016年下降2个位次，台北下降3个位次。

（二）中国城市的功能维度排名分析

考察全球城市实力指数的功能维度排名，目前上榜的4个中国城市既有共性，也有不同点（见表5-9）。北京、上海这两个内地城市和香港、台北的长短板也存在较大差异。

1. 经济维度表现普遍出色，研发维度表现良好

从各功能维度来看，中国城市在经济维度的表现最为突出。北京、上海、香港的经济得分均处于世界领先位置，主要是由于GDP、世界500强企业和就业率等方面的出色表现。北京和上海的就业人数以及服务业雇用人数两项指标排名均在全球1至2位，同时上海在上市股份市场总值的排名（第3位）也具有领先优势。但是，商业环境、薪资与办公面积是内地城市在经济维度中的弱项。香港的经济自由度（第1）、企业税率（第2）、政治、经济和商业风险（第3）表现卓越，台北虽然经济维度排名偏后，但在经济自由度（第9）和企业税率（第3）这两个指标也有较好的表现，相比之下北京和上海在这几项均表现平平。

表5-9 中国城市在2017年"全球实力城市指数"中的功能维度排名

城市	经济	研发	文化交流	宜居性	环境	交通便利性
北京	3	14	7	32	43	15
上海	5	18	17	38	41	3
香港	7	11	22	36	18	5
台北	28	23	44	42	15	19

在研发维度，2017年中国城市的排名分布在11—23位，处于榜单前半部分。其中，4个城市在研究环境这一项的数学和科学学术水平均有杰出表现：台北第2，香港第3，北京和上海并列第7。在世界排名前200高校这一项，香港（第4）和北京（第10）也位居前列。总的来看，中国城市在研发支出和研究人员交流机会等方面还存在较大提升空间。

2. 北京文化交流表现好，上海交通便利性最强

文化交流也是中国城市的强项，尤其是北京。究其原因，北京在酒店数量（第2）、创意活动环境（第3）、国际级文化活

动举办次数（第6）、100公里范围内的世界遗产数量（第8）、文化、历史和传统交流机会（第8）、国际学生数量（第8）以及访客文化设施等细项上均有不俗表现。香港在国际交流方面稳居世界前10，但受到创意活动环境（第42）、购物选择吸引力（第42）和文化、历史和传统交流机会（第44）等指标掣肘，导致其在文化交流维度只排在22名。该维度排名倒数第1的台北存在多个明显短板，仅有酒店数量（第14）和美食吸引力（第18）两项进入前20。

上海近几年来在交通便利性上进步明显，2017年登上全球第3名的位置，尤其是在国际航班数量（第2）、国际航班抵离游客数量（第4）、跑道数量（第5）、出租车价格（第6）这些指标上表现优异。交通便利性排名第5位的香港在国际航班数量上排名第1，在交通伤亡人数占比和出租车价格等指标也有不错表现。

3. 宜居性表现普遍较差，城市环境得分较低

中国城市在宜居性维度的排名普遍较低，在2017年上榜的44个城市中，中国城市的宜居性排名分布在32—42名。从就业环境来看，中国城市的就业率表现较好，排在所有城市的第3—16位不等，而总劳动时间、员工满意度排名中等偏后。此外，房租过高、自然灾害风险大、社会不公平等问题也是中国城市普遍存在的弊病。

在环境维度，北京、上海处于榜单的垫底位置，香港、台北表现尚可。考察环境维度的细分指标，空气质量是中国城市最大的短板，北京和上海在二氧化碳排放、悬浮颗粒物密度、二氧化硫和二氧化氮密度这几项的排名均处于榜单最末10位。此外，北京和上海在垃圾回收利用率方面并列第38名，上海的绿色植物覆盖率（第41位），北京的气温舒适度（第38位）等都是较为明显的短板，反映出未来应在这些方面着重提升。

从 2017 年的参与者排名结果来看（见表 5-10），北京、上海和香港在经理群体中的排名都很高，这与这 3 个城市在经济方面的突出表现密不可分。研究人员对中国城市的评价与研发维度的排名也基本呈正相关关系。北京在艺术家群体中的排名十分靠前，符合北京在文化功能维度遥遥领先的特点；香港在文化维度排在第 22 名，却被艺术家人群评为第 44 名，这主要是被艺术家集聚度（第 42 名）和创作环境（第 43 名）这两个弱项所拖累。尽管宜居性和环境维度表现欠佳，但北京和上海在游客和居民中的评价尚可，这一方面与中国城市较高的交通便利性有关，另一方面也得益于较强的文化吸引力、高水平的住宿条件和良好便利的消费环境等指标。

表 5-10　中国城市在 2017 年"全球实力城市指数"中的参与者排名

参与者	经理	研究人员	艺术家	游客	居民
北京	4	11	8	11	19
上海	7	28	21	10	33
香港	9	15	44	16	18
台北	33	34	42	36	34

四　"全球实力内城指数"与全球城市特征

除了"全球实力城市指数"以外，城市战略研究所还从 2015 年开始发布"全球实力内城指数"。在全球城市竞争日益激烈的大背景之下，内城区域代表着城市核心竞争力，这主要是因为内城区域不仅集聚着多种重要设施、空间和城市功能，例如办公室、住房、商业、教育、文化和绿化区域，同时还是衔接各类交通基础设施的枢纽。当前有相当一部分的全球城市排名指数关注城市整体实力的衡量，但极少数的报告能够缩小城市的范围，集中对城市的核心内城区域进行衡量比较分析，因此"全球实力内城指数"填补了这方面的研究空白。

(一) 研究方法以及各维度的具体指标

全球实力内城指数将纽约、伦敦、巴黎、东京、中国香港、新加坡、首尔、上海8座城市作为考察对象。选取这8个城市的原因主要在于,纽约、伦敦、巴黎、东京是公认的最顶尖全球城市,而中国香港、新加坡、首尔、上海是东京在亚洲最有力的竞争者。

"全球实力内城指数"的研究方法主要是搜集这8个城市在活力、文化、交流、奢华性、便利性和流动性等6个维度20个指标的具体数据,通过在城市地图上提取中心城区0—5公里以及0—10公里半径区域的内城数据,把每个指标的数据进行标准化合成得出每个维度的得分,再将每个维度的得分加总成为内城实力总得分(见表5-11)。

表5-11　　　　　"全球实力内城指数"指标体系

6个维度	具体指标
活力	人口、超过100米的建筑、世界顶尖公司
文化	世界顶尖大学、剧院与音乐厅、博物馆和展览馆、视听中心
交流	会议中心、国际学校、使领馆
奢华性	星级酒店、顶级饭店、流行时装店
便利性	大型购物中心、医院、公园和绿化带
流动性	城铁和地铁站、高速公路、机场交通便利性、机场绩效

之所以选取中心城区0—5公里以及0—10公里半径区域,是因为选取的8个城市面积相差巨大,最小的巴黎只有105平方公里,最大的上海有6341平方公里,而这样划定范围就能基本覆盖这些城市最核心的区域。在这个区域范围内,就人口数量来说,巴黎的人口最少,上海的人口最多;但就人口密度来

说，巴黎的人口密度最大，上海的人口密度最小。

（二）全球城市的内城发展特征

根据"全球实力内城指数"的研究结果，在5公里的内城区域，香港、东京和巴黎排名前3位，之后是纽约、伦敦、新加坡、上海和首尔。在10公里的内城区域，东京和巴黎排名前2位，之后是香港、伦敦、纽约、首尔、上海和新加坡。

深入挖掘排名背后的指标得分发现：香港在5公里内城区域实力排名第1，主要得益于其奢侈品牌店和大型购物中心的数量，同时香港在国际学校、高层建筑（高度100米以上）以及公园和绿化带等指标上得分也较高，尤其是绿化水平对于一个人口如此密集的全球城市来说非常难得。

东京在10公里内城区域实力排名第1，这主要得益于其世界顶尖公司和饭店数量，以及高速公路、城铁、地铁站的数量。除此之外，东京也在大型购物中心和医院数量方面表现良好。

巴黎在5公里和10公里内城区域的实力都排到全球前3位，这主要得益于巴黎的人口密度、国际会议中心、博物馆和展览馆的数量。除了经济和宜居性等城市功能上的优势，巴黎也被认为是全世界文化和旅游的胜地。伦敦和纽约在5公里和10公里的内城区域实力排名基本保持在第4位或者第5位。而亚洲的新加坡、首尔和上海，由于在世界顶尖公司、医院、剧院和音乐厅等指标上较为弱势，在内城区域实力排名中位置普遍靠后。环境绿地方面，东京、上海都做得不错。

总体来说，相对于以上海为代表的亚洲城市，纽约、伦敦、巴黎和东京等全球顶尖城市的内城区域集中了更多种类的城市功能，但各城市的核心功能侧重有所不同。例如，纽约、伦敦和巴黎的内城区域功能更多集中在文化教育和消费娱乐方面，而东京和香港的内城区域则更多集聚了世界顶尖公司和摩天大楼。除上海之外的其他7座城市，其多种类城市功能更多集中在5公里之内的城区，而上海无论是5公里还是10公里半径的内城区域，城市的多种类功能都不是很集中。

五 "城市形象调查"与全球城市特征

全球化的深入发展对城市的面貌产生着日新月异的改变。在人口、商品和资本等要素的全球竞争中，城市必须通过构建鲜明、有效的"城市形象"来保持其独特性和竞争力，从而更好地吸引和集聚全球资源。在此背景下，森纪念财团城市战略研究所于2016年发布了《城市形象调查》（City Perception Survey），旨在通过对几大全球城市的形象分析为更多城市塑造自身品牌形象提供建议。

（一）研究方法

城市形象调查报告向全球实力城市指数考察对象城市中的2000多位受访者展开调查，让他们选出伦敦、纽约、东京、巴黎、新加坡、首尔、香港和上海8个城市的形象关键词，并在调查结果基础上提出城市形象发展建议。2016年共收集有效问卷2132份，产生了41个城市的27781个关键词。该报告根据关键词在某城市受访者中提名的频率，并且通过去过与没有去过该城市的受访者比例进行一定的调整，最终得出该城市所有关键词的排序。该报告比较直观地反映了城市的国际形象，同时也揭露了主观印象与客观存在之间的差距。

（二）全球城市的形象特征

报告给出了伦敦、纽约、巴黎、东京、香港、新加坡、首尔和上海通过调查与调整过后的城市形象关键词（见表5-12）。同时，该调查报告还分别给出了去过与没去过该城市的受访者对该城市不同的印象，以及不同地区的受访者对该城市的印象。例如，上海虽然在去过与没去过该城市的受访者眼中都有一些关于污染的负面印象，但是在去过上海的受访者印象中，上海的形象相对更加正面，更多表现为一个国际化程度非常高的现代化大都市。欧洲与美国的受访者大部分认为上海的关键词是污染和拥挤，或者根本没印象；亚洲地区的受访者对上海的印象集中于饮食，来自曼谷、吉隆坡和新加坡等地的东南亚受访者认为上海的城市形象关键词是美食和文化，热爱海鲜食品的日本受访者则普遍选择了"螃蟹"作为上海的关键词。在香港的城市形象关键词中，"拥挤"遥遥领先，购物和美食的呼声也很高，尤其是来自首尔、曼谷和台北的受访者。但在日本受访者看来，最能代表香港的关键词却是"夜景"。

表5–12　　8个城市在城市形象调查中的形象关键词

城市	前15位形象关键词（重要性依次递减）
伦敦	贵、历史、大本钟、文化、雨、传统、美丽、雾、多元化、女王、冷、皇家、世界性、现代、购物
巴黎	埃菲尔铁塔、浪漫美丽、时尚、爱情、文化、艺术、食物、历史、旅游、贵、法国、卢浮宫、旅游、优雅
纽约	忙碌、摩天大楼、自由女神像、多元化、大都市、大苹果、拥挤、大、现代、贵、时尚、购物、世界性、快速、自由
东京	拥挤、科技、现代、忙碌、贵、文化、干净、寿司、食物、有序、传统、大、先进、没印象
香港	拥挤、食物、购物、忙碌、中国、现代、没印象、金融、商业、科技、贸易、摩天大楼、中国人、亚洲、夜景
新加坡	干净、没印象、现代、鱼尾狮、亚洲、有序、美丽、严谨、贵、拥挤、热、安全、食物、异国情调、多元化
首尔	没印象、韩国、奥运会、科技、食物、美丽、忙碌、泡菜、K‐pop、文化、拥挤、亚洲、传统、购物
上海	污染、拥挤、没印象、中国、现代、食物、文化、大、忙碌、亚洲、历史性、脏、中国人、美丽、异国情调

报告还对这8个城市的城市形象关键词进行了相关性分析。巴黎主要与艺术、爱情、罗曼蒂克等关键词密切相关，这是其他全球城市难以具有的特点，集中体现了巴黎的文化与浪漫气质。伦敦主要是和传统、历史等关键词密切相关，体现了伦敦的历史渊源。纽约主要是和多元化、世界性、大都市以及摩天大楼等关键词密切相关，体现了纽约的多元文化和国际性形象。

亚洲的5个城市展现了先进的城市形象，和这些城市密切相关的关键词是科技、文化、现代化等，但这些城市同时面临着资源紧缺问题，因此同样伴随着拥挤、忙碌等关键词。在亚洲的这个组别里面，与东京比较密切的城市形象关键词是干净、有序；与新加坡比较密切的城市形象关键词是安全、有序和干净，这两个城市都展现了积极的生活环境。除此之外，巴黎和伦敦都被认为是历史悠久；伦敦和纽约都被认为是世界性和多元化；而亚洲城市和纽约则都被认为是忙碌和快速。

第六章 西班牙 IESE 商学院"全球活力城市指数"与全球城市发展趋势

一 "全球活力城市指数"背景与研究方法

(一) IESE 商学院与"全球活力城市指数"

1. 机构与指数背景

西班牙纳瓦拉大学 IESE 商学院是西班牙的三大商学院之一，1958 年在西班牙巴塞罗那建立，同时也是欧洲最早开始提供全日制 MBA 课程的学院之一，在国际上具有很高的声誉。IESE 商学院目前在巴塞罗那、马德里、纽约、慕尼黑和圣保罗都设有分校区，同时该商学院也是纳瓦拉大学的城市战略管理研究平台。

"全球活力城市指数"则是 IESE 商学院在 2014 年开始推出的一项旨在衡量全球主要城市综合发展情况的指数。相比偏向于关注经济发展的一些发展指数，"全球活力城市指数"更加注重综合评价城市发展的各个维度。

2. 研究初衷与目的

当前的全球城市发展已经进入新阶段，每个城市都需要更综合且更具有前瞻性的发展战略以评估和解决发展中遇到的各种问题以及提升自身的综合竞争力。虽然很多城市都在学习先进的经验并且在城市规划以及城市创新方面投入了更多的资源，但是适合每个城市的发展战略是不一样的。

城市发展离不开创新的思维。由于城市发展在不断遇到新挑战的同时也面临着不同的战略抉择，因此需要有足够灵活的战略不断容纳发展的新方向与新模式。城市发展也需要有包容的思维。由于发展的过程需要每个人的参与，因此采用更加公开的模式纳入城市发展中的每个参与者，综合考虑他们的意见与需求，也是城市发展的必要措施。此外，虽然智慧城市的概念与优势已经被很多城市所接受，但是如何建设智慧城市以及推进城市的治理方式向智慧化转变仍然是城市治理中的难题。其中的一个原因就是很多城市缺乏对自身的发展现状与未来发展趋势的合理认识。

而"全球活力城市指数"在评价维度与指标方面具有相当高的综合性，因此对于综合考量每个城市的发展特色，为城市预测自身未来的发展目标与方向具有重要意义。

3. 研究的城市范围

"全球活力城市指数"主要通过收集来自不同机构的数据来衡量全世界不同地区的100多个主要城市上一年在各个维度的综合表现，得出每个城市的整体与各维度的排名与评分，并划分城市在排名中的等级。以2018年为例，该指数考量了2017年全球城市的发展状况，对全球100多个城市进行综合评分，并把城市划分成A、RA、M、B四个等级。

"全球活力城市指数"把衡量的城市按地域划分成西欧、东欧、北美、拉丁美洲、亚洲、非洲、中东、大洋洲8个地区。其中亚洲主要指地理上的东亚、东南亚、南亚以及中亚地区，俄罗斯的城市在2014年至2017年被划分到亚洲，而在2018年则被纳入东欧地区进行考量。相比于2017年公布的"全球活力城市指数"包括了180个城市，2018年公布的指数只衡量了165个城市，但是其中有13个城市首次出现在评价范围内，包括雷克雅未克（冰岛）、伯尔尼（瑞士）、惠灵顿（新西兰）、圣迭戈（美国）等。2018年指数评价的165个城市覆盖了80个国家，其中包括了74个国家的首都城市，虽然城市总数量有所下降，但是地域覆盖范围更广，代表性更高。

（二）"全球活力城市指数"评价维度和指标

1. 评价维度与变化

从2014年至2017年，"全球活力城市指数"主要划分成以下10个评价维度："人力资本""社会凝聚力""经济状况""环境""流动性与运输""城市规划""国际联系""科技""政府治理"与"公共管理"。由于"公共管理"与"政府治理"两个评价维度存在范围重叠的问题，而且每一个维度所选取的评价指标数量偏少。因此，为了使指数的评价结果更加具有综合性与可信度，2018年的"全球活力城市指数"把"公共管理"维度中的评价指标合并到"政府治理"维度中，统一成"政府与公共治理"一个维度，在保持其他8个评价维度不变的情况下，把评价维度总数从10个缩减到9个。

虽然每一项评价维度都具有其重要意义，但是"全球活力城市指数"认为"人力资本"在城市发展过程中发挥着基础性的作用。"全球活力城市指数"认为城市发展的主要目标是提升其人力资本状况，一个具有智慧治理能力的城市必须可以吸引与留住人才，制订有利于提高教育水平的发展计划，同时还需要提升城市的创造力与研究能力。因为智慧化的治理方式与战略最终都需要参与者去落实，因此城市发展中的一切参与者，包括政府人员、研究人员、民间社会代表与广大市民，才是完成城市转型发展的关键。

2. 评价指标及变化

"全球活力城市指数"在每项维度之下又划分出多项评价指标，通过收集不同智库与机构的统计数据，最终得出所评价的城市在每一个维度的排名与城市的总体排名（见表6-1）。

表 6-1　　2018 年"全球活力城市指数"评价指标构成

维度	指标
人力资本	高等教育人口、商学院数量、学生国际流动、世界前 500 大学数量、博物馆与艺术馆数量、公立与私立学校数量、剧院数量、人均休闲娱乐支出、休闲娱乐支出（以百万美元计）
社会凝聚力	死亡率、犯罪率、健康指数、失业率、基尼系数、房地产价格、女性职工比例、全球和平指数、医院数量、幸福指数、"现代奴隶"指数、政府对"现代奴隶"的应对、恐怖主义
经济状况	生产力、营业执照获取时间、开设公司环境限制、公司总部数量、早期创业活动的动机、经济增长预测、GDP、人均 GDP
环境	二氧化碳排放、二氧化碳排放指数、甲烷排放、城市供水质量、PM2.5、PM10、污染指数、环境绩效指数、可再生水资源、未来城市气候与温度、固体垃圾
流动性与运输	交通指数、出行低效率指数、通勤时间指数、共享单车系统、地铁总里程、地铁站数量、到达航班数量、加油站数量、是否有高速列车
城市规划	单车租用与共享网点、可享有卫生设施的人口比例、平均每间房屋居住人数、高层建筑比例、完工建筑数量
国际联系	麦当劳数量、机场与其他航空作业点数量、平均每个机场的旅客数量、旅游景点信息地图、国际会议数量、人均旅馆数量
科技	Twitter 注册人数、LinkedIn 使用人数、Facebook 注册人数、手机使用数量、Wi-Fi 热点数量、Apple 商店数量、城市创新指数、每一百居民固定电话订阅数、每一百居民宽带订阅数、家庭使用互联网比例、拥有手机的家庭比例
政府与公共治理	储蓄、人均储蓄、大使馆数量、ISO37120 认证数量、研究机构数量、法律权利指数、腐败认知指数、信息公开平台、信息政府发展指数、民主程度、政府建筑数量

"全球活力城市指数"评价指标的数据来源于各类政府间国际组织（如联合国及其下属机构、世界银行）、国际非政府组织（如透明国际）、市场研究机构（如欧睿国际）、高校（如耶鲁大学、马里兰大学）、权威媒体（如《经济学人》杂志）以及

各类社交软件平台（Twitter、Facebook、LinkedIn）的统计数据，并且从第2期（2015年）开始就在致力于不断扩充指标数据的来源，力求用多元化的数据更综合地评估与总结城市各个方面的发展状况。

与之前四年公布的数据相比，2018年的"全球活力城市指数"进一步扩充评价指标，增加了每一个评价维度中的评价指标数量，使评价指标总数增加到83项，其中还包括了一些预期变量，例如人均GDP预测与基于气候变化的温度变化预测，旨在更综合更全面地评价每个城市当下与未来的发展状况（见表6-2）。

表6-2　"全球活力城市指数"各维度的评价指标数量变化

维度	2014年	2015年	2016年	2017年	2018年
人力资本	5	7	7	7	9
社会凝聚力	4	6	7	8	13
经济状况	4	6	7	7	8
公共管理	3	7	6	6	11
政府治理	2	4	5	5	
环境	5	8	8	8	11
城市规划	2	5	5	5	5
国际联系	3	5	5	5	6
科技	2	8	9	9	11
流动性与运输	3	5	7	8	9
总计	33	61	66	68	83

注：2018年"公共管理"与"政府治理"两个维度合并。

总体而言，指数的评价指标数量处于不断增加的过程中。从2014年到2018年，评价指标总量由33项增加到83项。其中指标增加数量最多的两个维度是"社会凝聚力"与"科技"，其下的评价指标分别由4项与2项增加到13项与11项。增幅最小的"人力资本""城市规划"与"国际联系"维度下的评价指标也增加了一倍左右。可见增加评价指标，扩大指标的数据来源已经成为"全球活力城市指数"发展的主要趋势之一。

（三）"全球活力城市指数"评价体系与方法

"全球活力城市指数"这一综合的评价指数是基于对每一个维度进行加权汇总计算得出的。而每个维度中所包含的各项指标也通过加权汇总的方式计算反映维度的各个方面。考虑到每项维度与指标的特殊性，"全球活力城市指数"具体使用了国际上广泛采纳的 DP2 技术进行运算。该运算技术的方法论主要是基于"差距"，也即考虑指标的一个给定值与用作参考或目标的另一个值之间的差异。使用该技术有利于解决不同评价维度或指标之间出现的异质性问题。同时这种技术试图修正部分维度或指标之间的依赖性，并增加指标对某些变化值的敏感度。该修正方式包括将相同的变量应用于每个维度下的不同指标，并假设这些指标之间建立了线性相关函数。

2018 年的"全球活力城市指数"各维度的排序及其相对权重如下："经济状况"（1.000），"人力资本"（0.521），"国际联系"（0.564），"城市规划"（0.538），"环境"（0.859），"科技"（0.394），"政府与公共治理"（0.444），"社会凝聚力"（0.571）以及"流动性与运输"（0.516）。尽管每个维度的排序和相对权重每年都有微调，但是相关的敏感性研究显示这些微调对"全球活力城市指数"的最终排名影响较小。

二 "全球活力城市指数"与全球城市发展状况

（一）领先城市排名变化较大

1. 指数重点关注发达地区城市

"全球活力城市指数"衡量的城市主要集中在欧洲、拉美与亚洲地区，特别是西欧城市数量占了榜单城市总数的1/3（见表6-3）。

表6-3 "全球活力城市指数"城市地域分布数量变化

地区	2014年	2015年	2016年	2017年	2018年
西欧	45	48	50	50	57
东欧	11	11	22	22	22
北美	12	15	17	16	18
拉美	25	25	29	29	25
亚洲	26	32	37	37	21
非洲	6	6	11	11	9
中东	7	8	12	12	9
大洋洲	3	3	3	3	4
城市总数	135	148	181	180	165

注：俄罗斯城市在2014年至2017年归入亚洲城市，2018年归入东欧城市。

而非洲、中东、大洋洲地区被指数纳入评价的城市数量较少。一方面是大洋洲地区国家与城市数量较少，另一方面是非洲与中东地区大部分城市发展水平较低，与其他地区尤其是欧美发达地区城市差距较大，进行评价时可比性不足。北美地区的城市相对而言，也不算太多。

2. 排名前列地区与城市相对稳定

自"全球活力城市指数"公布以来，除了2016年大洋洲地区城市悉尼以外，历年在评价榜单中排名前10位的城市全部来自西欧、亚洲、北美地区（见表6-4）。以2018年公布的指数为例，分别有4个西欧城市、4个亚洲城市和2个北美城市进入前10，其中亚洲地区进入前10的城市数量在2018年创了新高。反映了这3个地区的顶尖城市在全球城市中处于综合发展态势比较良好的位置。

表 6-4　"全球活力城市指数"各年排名前 10 城市

城市排名	2014 年	2015 年	2016 年	2017 年	2018 年
1	东京	伦敦	纽约	纽约	纽约
2	伦敦	纽约	伦敦	伦敦	伦敦
3	纽约	首尔	巴黎	巴黎	巴黎
4	苏黎世	巴黎	旧金山	波士顿	东京
5	巴黎	阿姆斯特丹	波士顿	旧金山	雷克雅未克
6	日内瓦	维也纳	阿姆斯特丹	华盛顿	新加坡
7	巴塞尔	东京	芝加哥	首尔	首尔
8	大阪	日内瓦	首尔	东京	多伦多
9	首尔	新加坡	日内瓦	柏林	香港
10	奥斯陆	慕尼黑	悉尼	阿姆斯特丹	阿姆斯特丹

其中伦敦、纽约、巴黎连续 5 年都进入前 5 位，并且从 2016 年到 2018 年，这 3 个城市一直分列榜单前 3 位，反映了这 3 个城市在"全球活力城市指数"的评价中受到很高的综合评价。其他进入前 10 位次数较多的城市包括东京（4 次），首尔（5 次），阿姆斯特丹（4 次），日内瓦（3 次），新加坡（2 次）。其中美国在 2016 年与 2017 年分别有 4 个城市进入指数排行榜的前 10，瑞士在 2014 年有 3 个城市进入前 10，都是同一年内拥有多个前 10 城市的国家。

不少排名前列的城市从 2014 年到 2018 年也产生了很大变化。总体而言，由于 2018 年上榜城市的增加，许多 2014 年的领先城市排名出现大幅下跌，例如巴尔的摩在 2014 年与 2018 年都在前 20 个城市中排名最后，但总排名由 20 位大幅跌落到 77 位。而另外一些城市则是在前 20 中的排序也出现大幅下滑，例如大阪从第 8 跌到第 16，其总排名也由第 8 位滑落到第 56 位。一些城市如首尔、悉尼等则在总城市数量增加的情况下仍然获得小幅上涨，显示出这些城市在"全球活力城市指数"中获得越来越高的综合评价。

3. 总体排名对城市综合发展提出要求

由于"全球活力城市指数"是一项考察城市综合表现的评价体系,因此总体排名较高的城市即使在某些评价维度出现排名偏低的情况,它们在其余大部分维度的排名也还是处于较为前列甚至领先的位置。相对而言,总体排名较低的城市可能在某些维度排名不乏亮点,但是在大部分维度的排名中都处于较为落后的位置。

例如,排名前十的城市在"社会凝聚力"和"环境"两个评价维度的排名较容易出现远远落后其总体排名的情况,但是在"经济状况""人力资本""科技""公共管理"与"政府治理"等维度普遍获得较高评价。以2018年的"全球活力城市指数"为例,总排名第1的纽约虽然在"社会凝聚力"与"环境"两个维度分别只排到109位与99位,但是"经济"和"城市规划"两个维度排名第1,在"人力资本""国际联系""科技""流动性与运输"4个维度都排名前5,在"政府与公共治理"维度也排名38位。又例如芝加哥作为五年全部进入前20的城市,2018年在"社会凝聚力"和"环境"两个维度只排到了所有城市的96位和127位,但是在其他维度方面皆获得了良好甚至优秀的评价。同样以2018年的"全球活力城市指数"为例,玻利维亚城市圣克鲁斯在"环境"维度排到全部城市的29位,但是在其他维度全部排名在130位之后,其城市的总体排名也只能排到145位。

因此,提升总排名需要每个城市提高自身在各个维度上的综合排名,而不是偏重于某一个排名的提升,否则总体排名容易受到大量表现不佳的维度排名影响。

(二)各地区总排名横向对比差异大

1. 西欧与北美城市总排名领先

总体而言,西欧城市、北美城市、大洋洲城市在"全球活力城市指数"中排名较为靠前,平均得分较高,非洲、拉美、中东地区城市排名较为落后,平均得分较低。排名反映了西欧与北美地区的城市在综合发展方面远远超过其他地区的城市。而亚洲地区的城市发展不均衡,虽然也有不少城市进入指数排名前列,但相对于西欧及北美地区较少,而且很多亚洲城市也位于排行榜较为靠后的位置。而非洲以及拉美地区的城市则由于综合发展表现一般,在总排名中处于落后的位置。

从2014年到2018年各地区所有城市的平均得分来看,2015年至2017年的分数最高,2014年与2018年的分数相对较低,其原因应该是指数的评价标准产生了变化(见表6-5)。其中北美与大洋洲城市在所有地区平均得分中排名前二,西欧城市处于第3位。非洲城市平均得分最低,拉美、亚洲、东欧、中东地区城市得分相差较小。其中,中东地区城市在2015年得分超过东欧地区城市位于第4位,但是之后连续3年下跌,在2018年跌至倒数第3的位置,已经被西欧、北美两个领先地区抛离。

表6-5 "全球活力城市指数"各地区城市平均得分

地区	2014年	2015年	2016年	2017年	2018年
西欧	56.08	72.35	74.96	71.63	59.81
东欧	36.91	58.56	59.62	58.13	49.54
北美	62.27	73.80	83.79	81.12	66.39
拉美	23.62	48.36	53.07	51.35	38.78
亚洲	36.89	53.97	56.21	54.25	48.31
非洲	23.46	43.13	44.34	41.50	28.73
中东	50.06	63.71	56.74	52.62	43.11
大洋洲	58.28	77.12	83.44	78.14	71.60

2. 不同类型城市具有不同发展前景

根据指数中各地区不同城市的"目前排名"(2018年排名)

与"排名变化趋势"（2018年相比2015年排名的变化）对比，"全球活力城市指数"也把各地区的城市划分出"挑战型城市""潜力型城市""脆弱型城市"和"稳定型城市"4种类型（见图6-1）。"潜力型城市"代表虽然目前排名比较低，但是近年来排名有上升趋势，发展前景不错的城市。"脆弱型城市"指目前排名较低的同时近几年还经历了下滑的城市，其发展前景相当不乐观。"稳定型城市"则是目前排名较高，但是近年来排名有下滑的城市。"挑战型城市"指富有竞争力的，在近几年有上升趋势的同时目前总体排名较高的城市。

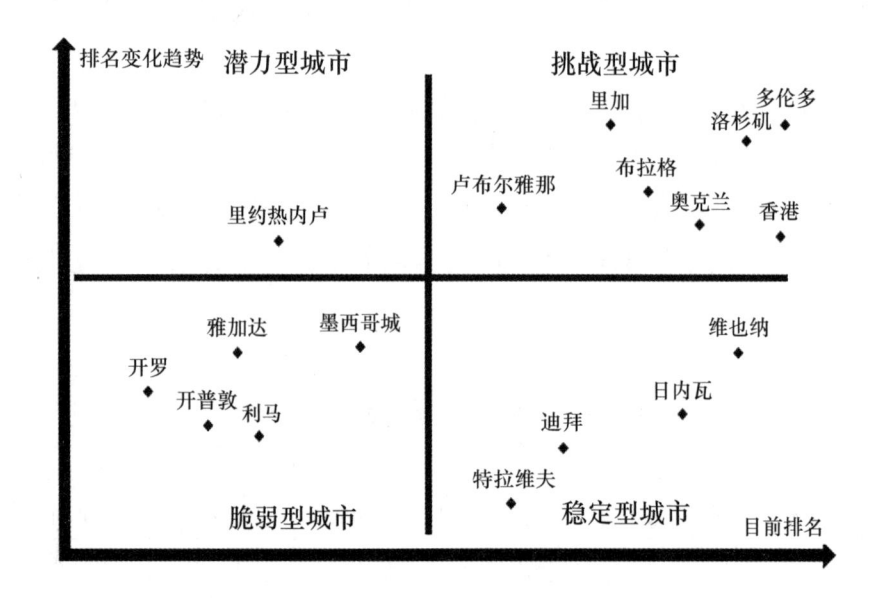

图6-1 4种不同排名与发展趋势的城市

由图6-1可看出，"脆弱型城市"集中了亚洲、拉美与非洲三个地区的城市，反映了这些地区的城市发展现状与发展趋势都不容乐观。不过在"挑战型城市"里也存在亚洲城市，显示出某些亚洲城市目前发展情况与总体上升趋势良好，同时亚洲地区不同城市之间存在着不均衡的发展态势。北美、大洋洲与东欧地区的城市大量集中在"挑战型城市"中，代表了这些地区的城市不仅目前排名高,近年来发展势头也不错。而西欧地区的城市则大量出现在"稳定型城市"中,说明西欧城市虽然目前排名比较高,但是这几年有下滑的趋势。而潜力型城市中出现了南美洲城市,反映了这个地区的一些城市虽然目前发展情况一般,但近几年来有不错的上升势头。

3. 各地区领先城市之间差异较大

对比各地区的前5城市及其平均得分后可以发现,西欧与北美地区排名靠前的城市平均得分最高。北美地区前5城市在2016年与2017年得分都排名第1位,但是在2018年跌幅较大,被西欧前5城市得分超越(见表6-6)。同时除了某些年份瑞士有两个城市同时进入地区前五外,西欧地区排名前5的城市一般来源于5个不同的国家,显示该地区不同国家的核心城市综合发展情况接近。

表6-6 2018年"全球活力城市指数"各地区前5城市及平均得分

地区	前5城市	前5城市平均得分
西欧	伦敦、巴黎、雷克雅未克、阿姆斯特丹、柏林	85.302
东欧	布拉格、里加、塔林、布达佩斯、维尔纽斯	59.384
北美	纽约、多伦多、芝加哥、洛杉矶、华盛顿	78.964
拉美	布宜诺斯艾利斯、圣地亚哥、巴拿马城、蒙得维的亚、圣何塞	50.446
亚洲	东京、新加坡、首尔、香港、大阪	75.604
非洲	突尼斯市、开普敦、卡萨布兰卡、拉巴特、约翰内斯堡	31.678
中东	迪拜、特拉维夫、阿布扎比、多哈、耶路撒冷	50.000
大洋洲	墨尔本、悉尼、惠灵顿、奥克兰	71.595

注:2018年指数在大洋洲选取了4个城市。

亚洲与大洋洲的核心城市排名紧随其后,前者前5城市的平均得分在2018年超越了后者,成为8个地区中前5城市平均得分排名第 3 的地区（见表 6-7）。但是亚洲领先城市主要集中在日本、韩国、新加坡等东亚国家，包括南亚、东南亚与中亚地区的其他国家的城市较难进入地区领先者的行列。

表 6-7　"全球活力城市指数"各地区前 5 城市平均得分

地区	2014 年	2015 年	2016 年	2017 年	2018 年
西欧	77.99	88.27	91.26	87.89	85.30
东欧	43.84	62.10	70.51	68.32	59.38
北美	68.88	82.48	91.89	89.26	78.96
拉美	33.40	57.01	63.03	61.46	50.45
亚洲	67.13	81.62	81.40	77.86	75.60
非洲	24.02	44.24	49.64	45.93	31.68
中东	52.62	70.87	64.04	60.23	50.00
大洋洲	58.28	77.12	83.44	78.14	71.60

注：2014 年至 2017 年指数在大洋洲选取了 3 个城市，2018 年指数在大洋洲地区只选取了 4 个城市。

相比之下，东欧、拉美、非洲、中东地区排名前 5 的核心城市平均得分相对被另外 4 个地区的核心城市抛离。其中拉美与中东地区前 5 城市的得分一直比较接近，落后于东欧地区的核心城市但是也远远超过非洲地区城市。而非洲地区的主要城市长期在榜单中排名较为靠后的位置，其最为领先的城市（一般是突尼斯市或开普敦）在排名中处于 130 名之外，显示了非洲城市综合发展水平有待加强。受到指标选取与评分方式的影响，从 2016 年到 2018 年，各地区前 5 城市的平均得分均处于下滑的状态中。

4. 一些城市的发展均衡性不足

对比 2018 年"全球活力城市指数"中各地区领先城市各维度排名方差与总排名，可以划分出 4 种不同的城市类型："均衡型城市""分化型城市""失衡型城市"和"停滞型城市"(见图 6-2)。这种划分不仅可以显示出这些城市的总体排名情况，还能反映出这些城市达到这个排名的原因。"均衡型城市"在总排名良好的同时，各维度的排名差异较小，其发展良好的原因在于各维度的均衡且良好的发展。而"分化型城市"虽然总排名也较高，但是各维度排名差异较大，代表这些城市较高的总排名是依赖于某些表现相当出色的维度而不是依靠各维度的均衡发展。"失衡型城市"意味着这些城市各维度表现差异较大，同时其总排名也较低，其发展不均衡拖累了整体表现。"停滞型城市"则是各维度都排名较低，以致其总体排名也相当不佳。

非洲地区的城市都落到了"停滞型城市"的范畴，证明这些城市在总排行中排名很低的原因是由于各维度表现都较差。而北美、东欧、亚洲、大洋洲与西欧的领先城市则大多属于"均衡型城市"，意味着这些城市发展均衡，总体表现也良好。但其中的洛杉矶、香港处于"分化型城市"区域，代表这两个城市虽然总体排名较高，但是各个维度发展不均衡，高排名主要源于在某些维度方面的突出发展。至于中东与拉美的领先城

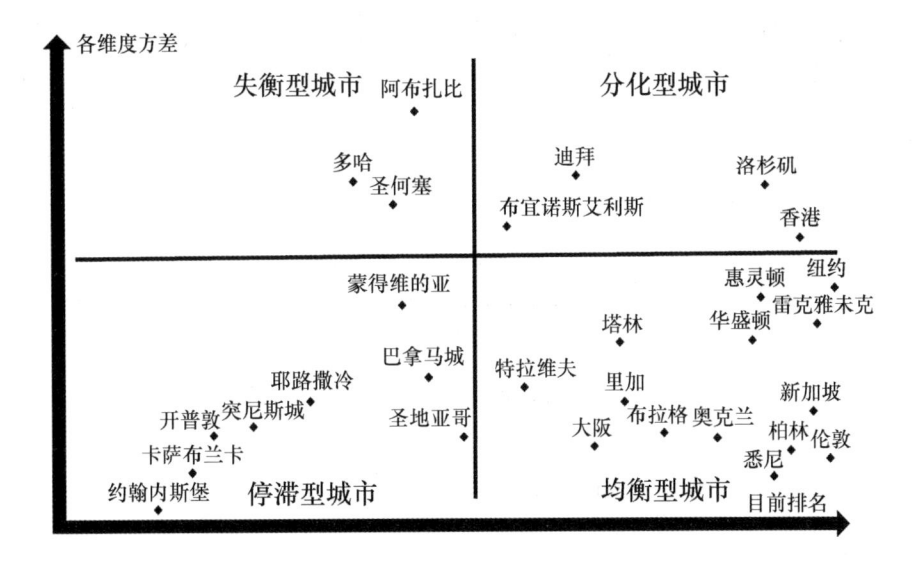

图 6-2 2018 年各地区领先城市发展均衡程度对比

市虽然排名都处于中等的位置，但是这两个地区的城市发展均衡程度差异都很大。

（三）各地区城市不同维度表现差异大

1. 北美与西欧城市在大部分评价维度领先

由于"全球活力城市指数"是一项综合性的评价指数，因此排名较高地区的城市一般在更多的维度上排名前列，排名较低地区的城市则可能在大部分维度上都存在落后现象（见表6-8）。

表6-8　　2017年与2018年各维度排名前10城市数量

	2017年		2018年	
	北美与西欧	其他地区	北美与西欧	其他地区
经济状况	9	1	9	1
人力资本	9	1	8	2
社会凝聚力	8	2	9	1
环境	4	6	4	6
公共管理	6	4	8	2
政府治理	8	2		
城市规划	7	3	8	2
国际联系	7	3	7	3
科技	4	6	4	6
流动性与运输	8	2	7	3

在每一项维度中，排名前10的城市大部分都来自西欧与北美地区。特别是在"经济状况""人力资本""社会凝聚力"和"政府治理"等几个维度上，这两个地区贡献了绝大部分的前10城市。这一现象显示了西欧与北美地区的某些城市尽管会出现某个维度排名偏后的情况，但不影响这两个地区的城市在更

多的维度和总体排名中占据领先优势。

2. 经济表现与社会凝聚力普遍呈现正相关性

通过对比 2018 年不同地区领先城市的"经济状况"与"社会凝聚力"两个维度，可以发现大洋洲城市的综合表现最佳，在两个维度上都处于比较良好的位置（见图 6-3）。亚洲的领先城市虽然在经济方面表现较好，但是在社会凝聚力方面表现一般，甚至有亚洲的领先城市如香港在这个维度上处于所有城市中相当落后的位置。北美领先城市的经济维度表现优秀，但是其社会凝聚力表现并不突出，大部分城市在这个维度都处于中间位置。相比之下，西欧地区总分靠前的城市在经济与社会凝聚力方面处于优秀到中等的位置，不同城市之间存在较大差异。东欧领先的城市在经济发展方面一般，同时在社会凝聚力维度方面差异较大。拉美地区的城市在经济与社会凝聚力两个维度都处于中间甚至落后的位置。领先城市在这两个维度之间差异最大的是中东地区，虽然部分城市在经济与社会凝聚力方面表现尚可。综合排名最低的非洲地区总排名靠前的城市在这

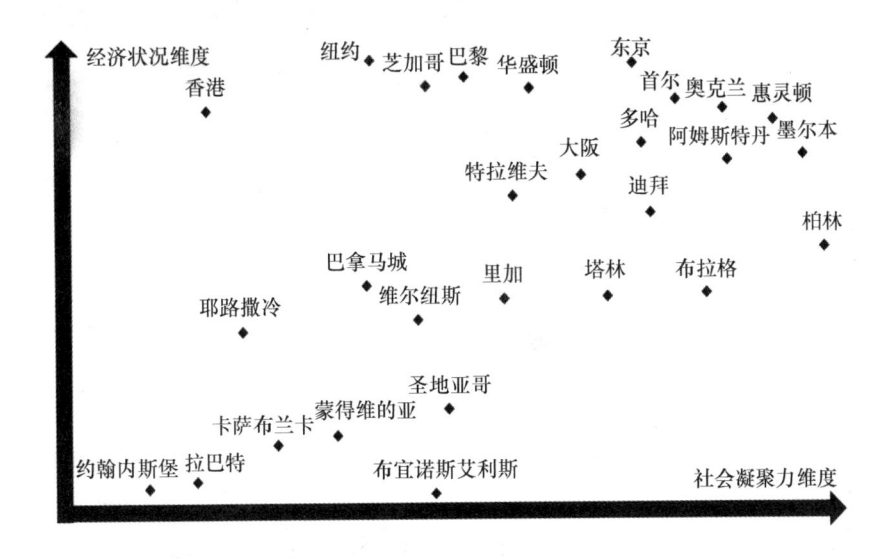

图 6-3　2018 年各地区前 5 城市"经济状况"与"社会凝聚力"维度差异对比

两个维度都表现欠佳。

总体而言，城市的经济状况与社会凝聚力这两项指标之间呈现出一定的正相关性，表明追求经济发展与增强社会凝聚力这两个任务之间具有一定的相互促进作用。

3. 经济发展与环境状况难以兼得

通过对比2018年各地区领先城市"经济状况"与"环境"两个维度的排名，可以发现大洋洲城市综合表现依然最佳，在两个维度上都处于比较良好的位置（见图6-4）。亚洲的领先城市在经济与环境方面也表现较为良好。而北美领先城市在经济维度排名靠前，但是其环境维度表现一般。至于西欧地区总分前5城市之间在经济维度方面存在一定差异，不过在环境方面这5个城市都处于领先地位。东欧领先的城市则是在环境维度方面处于较为领先地位，但是在经济发展方面一般。拉美城市在环境一项表现不错，但是经济表现位于排名中后段。"中东"地区5个城市之间在这两个维度方面表现差异很大，两个城市排名不低，但是另外3个城市在环境方面处于各地领先城市中最为落后的位置上。综合排名最低的非洲地区总排名前5

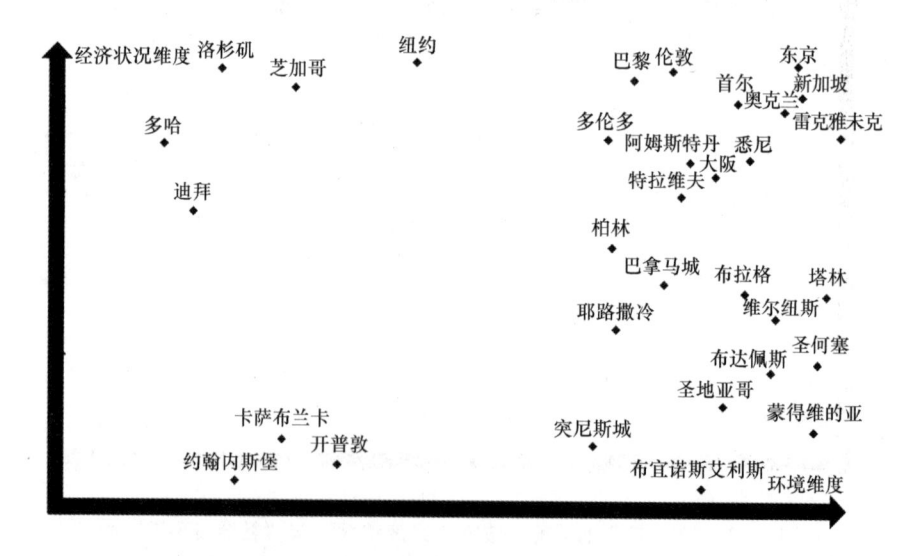

图6-4　2018年各地区前5城市"经济状况"与"环境"维度差异对比

的城市两个维度都表现欠佳。但是相比于经济发展而言，这个地区领先城市环境质量相对更优。

总体来说，大部分地区的领先城市都较难做到均衡发展，例如北美在经济发展领先的情况下对环境保护与提高社会凝聚力的关注尚显不足。这表明，在保证经济发展的前提下，城市应重点考虑补齐其他维度的短板，转向更有质量的综合发展。

三 中国城市在"全球活力城市指数"中的表现

（一）中国城市排名普遍不高

总体而言，香港是"全球活力城市指数"中排名最高的中国城市。自2015年进入评价指数之后，香港每年都处于所有城市中前24%的位置，并且在2018年成为第一个进入前10的中国城市。除了香港外，台北也是排名中表现较为良好的中国城市，在2016年与2017年两次进入排行榜的前半段。2014年至2017年，在城市总数不断增加的情况下，台北的排名仍在不断上升，反映出随着评价系统的完善，"全球活力城市指数"对台北的综合评价越来越高（见表6-9）。

表6-9 中国城市2014—2018年在"全球活力城市指数"中总排名变化

	2014年	2015年	2016年	2017年	2018年
香港	—	17	39	42	9
上海	73	83	93	80	57
北京	62	99	92	90	78
台北	81	74	64	56	—
广州	88	104	104	102	109
台南	93	122	141	150	—
高雄	95	119	103	141	—
台中	96	101	112	145	—

续表

	2014 年	2015 年	2016 年	2017 年	2018 年
天津	99	135	166	164	149
沈阳	110	142	155	162	—
武汉	112	136	153	126	—
哈尔滨	113	146	169	167	—
重庆	114	131	147	157	—
深圳	123	118	130	118	115
苏州	124	138	165	129	—
城市总数	135	148	181	180	165

至于中国大陆两个重要的中心城市——北京与上海，前者（2014 年与 2018 年）比后者（2018 年）多进入了一次排名的前半段。但是上海自 2016 年开始在总体排名中迅速上升，已经在 2017 年超越了北京，成为中国在"全球活力城市指数"中排名第 3 的城市。此外，除了在 2015 年落后台中 3 位以外，广州紧随香港、台北、上海、北京之后成为中国历届排名第五的城市。

总体而言，中国城市在 2014 年至 2018 年排名变化较大，各个城市之间总排名差距也较大，某些城市如香港虽然经历了浮动，但是仍明显领先其他中国城市。除了北上广深外，其他中国大陆城市在指数排行中表现欠佳，基本位于排名后 1/3 的位置，显示出大陆城市急需提高城市的整体发展水平，缩小与世界领先城市的差距。

（二）中国城市各个维度表现不均衡

1. 经济、交通与对外交往表现良好

总体而言，中国城市在"流动性与运输"维度表现良好，普遍超越了自身的总体排名。以 2018 年排名为例，6 个中国城市中有 4 个在这个反映城市交通建设水平的维度方面都排在了

前40名(见表6-10)。与此同时,虽然在"经济状况"方面中国城市与世界领先的城市仍然存在不小差距,但是中国城市的经济状况排名基本都排在了前1/3的位置。另外一个中国城市表现较好的维度是"国际联系",在这个反映接待国际游客、承接国际会议等对外交往水平的评价维度方面,中国城市的排名普遍超过了自身的总体排名,只有天津位于该维度排名中靠后的位置。

表6-10 2018年"全球活力城市指数"中国城市各维度排名

	香港	上海	北京	广州	深圳	天津
经济状况	19	60	50	55	39	40
人力资本	12	16	29	92	104	109
社会凝聚力	147	148	129	121	135	134
环境	21	149	160	152	150	165
政府与公共治理	16	30	76	119	137	150
城市规划	10	56	111	124	143	139
国际联系	16	25	12	56	66	150
科技	1	52	57	110	121	134
流动性与运输	87	5	10	27	32	115
总排名	9	57	78	109	115	149

2. 环境质量与社会凝聚力有待提高

中国城市在"环境"与"社会凝聚力"两方面排名普遍偏低。例如北京的"流动性与运输"维度在2018年排到第10名,但是在"社会凝聚力"与"环境"方面分别只排到129位与160位。在2017年的排名中,北京的"环境"维度甚至排在181个城市中的倒数第2位,充分显示了中国的首都城市在环境治理方面面临的严峻挑战。2018年同期的上海在"流动性与运输"维度排在全部165个城市中的第5位,但是"社会凝聚力"

和"环境"只排在148位和149位，同样说明中国城市在提升社会凝聚力和城市环境质量方面仍然存在不足与挑战。

3. 人力资本与科技水平差异较大

在"全球活力城市指数"报告中强调的对城市未来发展升级影响较大的"人力资本"维度方面，中国城市之间的差异较大。2018年在这个维度上排名前3位的城市香港、上海与北京都处于前30位，而广州、深圳与天津则在这个维度上位于100名左右的位置，再次说明中国的领先城市与其他城市之间在人才储备上存在较大差异。至于"科技"维度方面，领先的香港在2018年排名全球城市第1，而天津只排在134位。其他中国城市也表现不一，差异明显。

总体而言，中国城市的优势在于经济、流动性与运输等硬实力领域，而在环境领域普遍偏低，这是中国城市亟待改进的问题。

（三）广州总体排名与各维度排名均待提升

1. 广州总体排名一直处于中下位置

广州从2014年到2018年在"全球活力城市指数"中分别排在88位、104位、104位、102位、109位，均处于中等偏下的位置。考虑了该指数排行榜中总城市数量的变化后，广州这5年在排行榜中分别只处于前65%、前70%、前57%、前57%、前66%的位置；连续5年排名都处于香港、上海、北京、台北4个中国城市之后，偶尔会低于台中（2015年）。排名状况显示"全球活力城市指数"对广州历年来城市发展的综合表现评价不高，即使广州在中国城市排名中处于中等靠前的部分，但是仍远远落后于西欧与北美等地区的领先城市。反映了与世界各地区的主要城市相比，广州在城市发展当中仍有许多需要改善的地方。

2. 广州在"国际联系"和"流动性与运输"方面表现出色

总体而言,广州的各项维度的排名较为不均衡(见表6-11)。与上榜的中国其他城市相似,广州在"国际联系"和"流动性与运输"两个维度的排名最高,反映出广州近几年在建设枢纽型网络城市和三大战略枢纽(国际航运枢纽、国际航空枢纽、国际科技创新枢纽)方面收获了良好影响。特别是在"流动性与运输"方面,广州从2015年开始连续四年排进"全球活力城市指数"中所有城市的前30位,是广州近年来在该项评价指数中表现最好的维度之一,反映了广州对城市内部交通系统与对外交通连接的建设取得显著成效。

表6-11　　　　　广州2014—2018年各维度排名情况

	2014年	2015年	2016年	2017年	2018年
经济状况	36	105	110	100	55
人力资本	90	79	84	44	92
社会凝聚力	78	100	95	141	121
环境	52	137	164	170	152
公共管理	40	145	158	161	119
政府治理	36	59	84	103	
城市规划	57	114	92	69	124
国际联系	21	16	25	21	56
科技	87	65	139	20	110
流动性与运输	63	30	18	19	27
城市总数	135	148	180	181	165

广州在"国际联系"维度上也表现出色,除了在2018年下滑到56位之外,其他年份均在这个维度上排进所有城市的前25位。其中2016年排在所有城市中的16位,是广州历年来在各项维度中排名最高的一次。显示出广州近年来通过举办大量国

际会议展览、吸引国际组织机构入驻以及接待大量的国外游客等方式和途径大大提升了城市对外交往能力，反映了广州具有成为国际旅游目的地与国际会议聚集地的良好基础。

3. 广州在多个维度尚存在较大进步空间

除以上指标之外，广州在"经济状况""人力资本"和"科技"等其他维度方面一般都排到中游甚至偏下的位置。广州在"人力资本"维度表现不佳，除了在 2017 年排名较前（44位）之外，其他时候都处于所有城市中的后半段。在 2018 年城市总数减少了 15 个的情况下，"人力资本"维度的排名还下滑到有史以来最低的 92 位。由于该维度选取的评价指标与学校数量、高校质量以及学生流动量等有关城市人才的数据有密切联系，因此通过该维度的表现可以了解到广州在高端人才储备方面存在较大不足。其次，广州的经济与科技方面有某些年份排名较前，但是总体处于中游位置，与世界领先城市相比仍然有待提高，而且也缺乏稳定性。

需要注意的是，广州某些表现不佳的指标是中国其他城市的普遍短板，包括"环境""社会凝聚力""城市规划""公共管理"与"政府治理"等几项维度。例如除了 2014 年，广州在"环境"维度方面长期处于 130 名以下的位置，其中在 2017 年排在了 170 位，是广州历年来在各项维度中排名最低的一次，反映了经过指标的逐渐增加与修正后，"全球活力城市指数"对广州的环境状况普遍给出了相当不乐观的评价。

综上所述，广州各维度的排名不均衡，总体排名也处于中等偏下的位置，对应"全球活力城市指数"报告的分类，广州属于"不均衡型城市"，即各维度排名方差较大，虽然某些维度表现良好，但是总排名被发展的不均衡态势所拖累而表现欠佳。在环境等多个维度，广州遇到的问题也是中国城市面临的共同问题，表明中国城市在未来提升自身综合发展状况时需要重点关注这些维度。

第七章 普华永道公司《机遇之都(城)》报告与全球城市发展趋势

一 《机遇之都(城)》报告背景与研究方法

(一) 普华永道与《机遇之都》国际报告

美国普华永道是全球最大的专业服务机构之一，它由两大国际会计师事务所 Price Waterhouse 及 Coopers & Lybrand 于 1998 年 7 月 1 日全球合并而成，通过 154 个国家和地区超过 16 万人的专业团队所组成的全球网络，向中国国内外主要公司提供全方位的业务咨询服务。

"机遇之都"（Cities of Opportunity）系列调研始于 2007 年，项目源于普华永道与纽约合作共同开展的城市研究，旨在协助纽约与其他城市采取措施以保持其经济、商业和文化中心的地位。目前，《机遇之都》报告已发布 7 期，选择全球 30 个商业中心城市的经济和社会发展进行了全面考察，从交通和基础设施、宜商环境、人口结构特征和宜居性、技术成熟度与成本等 10 个维度衡量这些城市的表现，选择的商业中心城市中包括中国的北京、上海和香港。

"机遇之都"系列调研强调跨领域、多维度的数据分析，不仅仅局限于城市的经济水平，更看重城市中"人"的生活质量。该系列报告认为，最优秀的城市需要保障居民良好的生活质量，平衡生活成本，具有宜商特性等，其背后蕴含着对城镇化模式的思考。报告所展现的成功城市不仅经济运行良好，而且社会服务功能完善，如具有良好的生活质量、老年人福利、住房和灾难预防等，每一项指标都与成功城市之间息息相关。

（二）中国版《机遇之城》

随着中国在世界的影响力不断增长，越来越多的中国城市引发国际的广泛关注。2014 年开始，普华永道凭借"机遇之都"系列的研究经验，同中国发展研究基金会合作，以同源性的研究方法分析了中国城市，为我国新型城镇化建设中各项政策的制定和发展路径提供参照和建议。研究报告继承了"Cities of Opportunity"的名字，为了与国际版的《机遇之都》区分开来，针对中国城市的报告中文名为《机遇之城》。2017 年 3 月 17 日，普华永道与中国发展研究基金会正式发布了第四期研究成果《机遇之城 2017》。2018 年 3 月 20 日，普华永道与中国发展研究基金会正式发布了第 5 期研究成果《机遇之城 2018》。

（三）评分方式和数据来源

《机遇之都》与《机遇之城》报告的全部数据均来自公开渠道，采集分析坚持 3 大原则：公开性、可靠性和一致性。《机遇之都》的数据源主要有 3 个：全球多边发展组织，如 IMF，世界银行；国家数据统计机构，如美国人口普查局，英国国家统计局；各咨询机构智库等的商业数据。《机遇之城》的数据来源也是 3 个：国家统计机构的权威数据，如各个城市的统计年鉴或统计公报；国务院相关部门的统计资料，包括发改委、住建部、科技部、环保部等；同时参考科研机构、智库发布的研究成果，如中国社会科学院的"皮书"系列。

《机遇之都》和《机遇之城》的计分方式是同源的，均为对样本城市在每一个变量上进行排序，每一个序次积 1 分，排名越前积分越高。以《机遇之城 2017》为例，共有 28 个城市进入评价范围，在各项变量中排名第 1 为 28 分，排名最后为 1 分。但在成本维度等逆向变量中，成本最高的积 1 分，成本最低的得最高 28 分。数据相等的城市在该变量上排名并列，并获得相等分数，但均占位序。所有城市在每一个维度内所有变量的积分之和依次排序，构成维度内排名。所有城市在 10 个维度内的所有变量积分加总得到每个城市的总分，并据此形成城市的相应总排名。

（四）全球《机遇之都》的评价变量分析

"机遇之都"和"机遇之城"系列调研致力于了解如何开发都市潜力，以及如何确保城市所有运转系统顺利有序的运行。普华永道认为，复杂性是城市的核心特质，它们由能源、交通、医疗卫生、水资源循环利用、通信、科技、教育、安全、城市治理、食品供应、商店等诸多复杂系统，以及年龄、职业和背景各异的数百人口构成。随着对城市这个概念的深入解读和分析，《机遇之都》研究组对城市发展水平的衡量标准在不停变化，这一变化深刻反映在该排名报告不断变化的维度、变量设计中。在最新一期《机遇之都》和《机遇之城》报告中，我们可以看出普华永道对于城市"均衡发展"理念的强调，这种均衡强调商业发展与居民健康生活均有保障，协同建设。

2007 年以来，"机遇之都"系列研究经历了连续 3 年的维度调整。2009 年将人口优势重新定义为人口结构和宜居性，金融影响力范围扩大到经济影响力。2010 年，智力影响力被修改为智力资本和创新，而技术智慧和创新则调整为技术成熟度。2012 年，可持续发展的维度改为可持续发展和自然环境，同时，城市生活资本这一维度变为门户城市。10 大维度在 2012 年发布的研究报告中正式定型，并沿用至今（见表 7-1）。

表 7－1　　　　　《机遇之都》历年研究维度变化

2008	2009	2011	2012	维度组别
城市生活资产	√	√	门户城市	社会发展工具
技术智慧和创新	√	技术成熟度	√	社会发展工具
智力影响力	√	智力资本和创新	√	社会发展工具
人口优势	人口结构和宜居性	√	√	城市生活质量
可持续发展	√	√	可持续发展和自然环境	城市生活质量
健康、安全和治安	√	√	√	城市生活质量
交通和基础设施	√	√	√	城市生活质量
金融影响力	经济影响力	√	√	城市经济效能
宜商环境	√	√	√	城市经济效能
成本	√	√	√	城市经济效能

10个研究维度被进一步分为3个组别。第一组强调全球化和知识型世界中城市越发依赖的工具，包含智力资本和创新，技术成熟度，门户城市3大维度，我们将其概括为社会发展工具；第二组用于评估城市生活质量，分别是交通和基础设施，健康、安全和治安，可持续发展和自然环境，以及人口结构和宜居性；第三组用以衡量城市的经济效能，维度分别为经济影响力、宜商环境以及成本。

"机遇之都"系列研究的宏观评价结构——10大维度在逐年趋于稳定，而各维度下的衡量变量则始终保持着与时俱进的更新换代（见表7－2）。无论是《机遇之都》还是《机遇之城》，10个维度下具体的衡量变量每年都在经历着更迭，不仅仅是数量的增减，还包含着诸多变量的重新定义。每一次变量的更替和修正，都意味着普华永道对城市内涵新的解读和分析。

表 7-2　　　　　《机遇之都》历年变量数目变化

2001 年	2007 年	2009 年	2011 年	2012 年	2014 年	2017 年
32	51	58	66	60	59	67

纵观普华永道十年来对评价变量的增减调整趋势可以发现，《机遇之都》系列始终强调三大原则：第一，不断强调居民的宜居便利性。第二，紧跟时代对城市的最新要求和挑战。第三，注重城市服务的质量而非数量。

(五) 中国《机遇之城》的评价变量分析

针对中国城市的《机遇之城》研究始于 2014 年，基本延续了国际版《机遇之都》2012 年以后已经趋于稳定的维度框架。然而，观察国际城市的评价体系并不能完全照搬来观察中国，因此，普华永道从中国城市的特点出发，总体上保留了评价体系的框架和数据的选取角度，对部分观察角度做了微调，部分维度的名称和定义做了修正。同时，为了更仔细地观察，普华永道在 10 个维度中又进一步再做细分，每个维度分别设计了 4 到 7 个观察值，也就是变量，《机遇之城 2017》共有 56 个变量（见表 7-3）。为了避免取值的局限性，部分变量为复合变量，即一个变量从多个角度选取二级变量，合并计算后构成复合变量。

表 7-3　　　　《机遇之城 2017》10 大维度及变量列表

维度	包含变量
智力资本和创新	专任教师变动率，中等职业教育规模，科技支出比重研究与开发水平，综合科技进步水平指数，创业环境，创新应用

续表

维度	包含变量
技术成熟度	互联网+，数字经济，软件与多媒体设计，技术市场规模
区域重要城市	星级酒店，国际游客，飞机起降航班，客运总量，货运总量，会展经济发展指数
健康、安全和治安	医护资源，医疗设施，养老服务，城市交通安全指数，灾害损失
交通与城市规划	人均道路面积，公共交通系统，轨道交通覆盖面，城市扩展速度，城市流动人口状况，绿化面积，居民住房保障
可持续发展和自然环境	居民人均用水变动率，污水集中处理率和生活垃圾无害化处理率，劳动力供给，流动人口变动率，碳排放
文化与居民生活	文化活力，交通拥堵状况，空气质量，生活质量
经济影响力	知名企业数量，金融从业人员数，吸引外商直接投资，城市服务业比重，地区生产总值名义增长率，农业机械总动力
成本	职工平均工资，公共交通成本，商业用地成本，住宅价格指数，食品价格，生活服务价格
宜商环境	创业便利性，员工管理风险，物流效率，资本市场参与度，商业营运风险，财政收支平衡度，外贸依存度

《机遇之城2017》的变量改动较大。2017年的变量比上年净增2个，但实际上有变动的变量数目为31个。其中，新增16个，删减9个，名称不变但实际计算方式改变的变量6个，原有变量拆分独立2个，变量所属维度变化1个。"宜商环境"和"文化与居民生活"2个维度内的变量维持不变，"成本""可持续发展与自然环境""交通和城市规划""健康、安全与治安"和"智力资本和创新"5个维度下的变量调整超过一半。

2017年变量大量改动的原因主要有两个，第一，部分变量计算方式的改变是考虑数据的客观性和透明度，由于部分城市的数据取得上有难度,为了保持公平,就变量的计算方式进行微调和增减,如因部分城市的租金成本数据无法取得,衡量住房消费水平的变量由"租金成本"变为"住宅价格指数"。第二,紧扣"机遇"的概念,增加对人文生活和未来发展的权重,并依据现实社会的发展水平对变量进行更新换代。如"食品价格"和"生活服务价格"原为同一个变量"消费物价水平",现拆分为独立的两个以增加对居民生活成本的权重;农业机械总动力是2017年新加入的目标,这是考虑到我国与其他发达国家截然不同的特点——城市辐射带动农村,城乡一体化发展;随着网约车的兴起,传统变量"有营业牌照的正规出租车"已经不能很好地反映城市的交通服务能力,因而被取消。

《机遇之城2018》的城市样本更加完整、观察维度中的变量设置进一步科学化。在"技术成熟度"维度中新增"科技企业孵化器数量"变量,更好地衡量了我国高端科技行业的应用状况。同时,开始将城市和城市群及区域协调发展纳入考量因素。

二 《机遇之都》与全球城市评价

(一) 定义全球"机遇之都"

在国际版《机遇之都》,"机遇之都"的选择遵循三大原则,即为资本市场中心城市、广泛的地域采样、兼顾成熟和新兴经济体。所有被选中的城市均是各自区域的金融中心,其中很多是商业、交流和文化枢纽。每一座城市都在各地区发挥着举足轻重的作用,同时也是全球经济网络的重要组成部分。尽管每个城市都是各自区域的金融和商业中心,但总体来看,所有城市分布在世界各地并具有充分的代表性。历年研究报告选取的城市均尽力平衡成熟城市和新兴城市的数量,保证样本容量紧凑而灵活，便于进行具体而广泛的分析，从地缘分布、人口规模以及总体财富等方面确保内容充实、全面并具代表性（见表7-4）。依据这三大原则，普华永道每年根据城市的发展状况进行增补，剔除因各项因素（如经济下滑等）导致的不符合标准的城市，并持续加入新的元素使"机遇之都"系列研究具有更广泛的代表性。

表7-4　　　　　　　《机遇之都》历年城市一览表

年份	城市数量	城市/新增	减少	城市类型
2007	20	纽约、伦敦、东京、巴黎、香港、芝加哥、北京、上海、休斯敦、新加坡、多伦多、首尔、洛杉矶、墨西哥城、圣保罗、悉尼、孟买、迪拜、法兰克福、约翰内斯堡		成熟城市12 新兴城市8
2009	21	斯德哥尔摩、圣地亚哥	休斯敦	成熟城市12 新兴城市9
2011	26	阿布扎比、柏林、马德里、莫斯科、休斯敦、旧金山、伊斯坦布尔	迪拜、法兰克福	成熟城市16 新兴城市10
2012	27	吉隆坡、米兰、布宜诺斯艾利斯	休斯敦、圣地亚哥	成熟城市15 新兴城市12
2014	30	雅加达、内罗毕、里约热内卢、迪拜	阿布扎比	成熟城市15 新兴城市15
2016	30	阿姆斯特丹、波哥大、拉各斯	伊斯坦布尔、布宜诺斯艾利斯、内罗毕	成熟城市16 新兴城市14

2009年，瑞典首都斯德哥尔摩被命名为"欧洲的绿色之都"，同年加入《机遇之都》研究名单，并在当年数个排名中表

现良好。2011年，阿布扎比市取代了迪拜，前者迅速崛起为商业中心，而后者则受大衰退影响经济增长大幅下跌；柏林在经济和文化上迅速发展，取代了法兰克福成为德国的代表城市；休斯敦在2009年第3期被圣地亚哥取代，但在第4期重新回到排名当中；2011年，硅谷的崛起使旧金山成为普华永道新的关注重点；马德里、莫斯科、伊斯坦布尔扩大了"机遇之都"系列研究所覆盖的地域范围。在2012年的第5期中，为了平衡美国和世界其他地区的关注度，休斯敦再次被剔出城市清单；在南美西班牙语地区，凭借着文化活力和影响力、经济的稳步增长，布宜诺斯艾利斯取代了圣地亚哥，成为这一区域的代表城市；意大利的金融、时尚中心米兰入围，增加了该报告在欧洲南部的研究力度，用以平衡欧洲大陆北部的诸多城市；吉隆坡作为亚洲最有活力的全球城市之一也加入了此次报告。2014年第6期，迪拜重新从阿布扎比手中夺回了席位；雅加达的入选则源于印度尼西亚国力的不断提升和其在G20以及东盟中不断增强的作用，雅加达作为首都发挥了重要作用，贡献了约全国GDP总量的1/4；内罗毕是第二个入围2014年城市样本的非洲城市，作为肯尼亚首都，它是整个非洲大陆增长活力和未来前景的代表；里约热内卢入选得益于巴西的重要经济地位，也是第一个举办夏季奥运会的南美国家。在2016年最新一期中，阿姆斯特丹、波哥大和拉各斯取代了伊斯坦布尔、布宜诺斯艾利斯和内罗毕。

（二）全球城市排名波动较大，城市间竞争激烈

纵观2007年以来的数据，排名前10的全球城市位次依然处于变动状态，伦敦自2014年超越纽约后蝉联第1；近年来，新加坡排名加速提升，从2012年的第7名提升到2017年的第2名；巴黎和香港的排名虽有上下波动，但整体排名趋势稳定，2017年的排名与它们的初始排名位置不变。

纽约的全球城市排名从2012年之前的第1名下降到了2017年的第6名,是历年排名中最低的一次;新增城市阿姆斯特丹异军突起,总分微胜于纽约,排名第5;2017年位居前10的其他城市排名均有下降的趋势。

从历年排名前10的全球核心城市列表也可以看出(见表7-5),历年来排名在前10位的城市以及它们所处的位置都在不断变化,城市间的竞争十分激烈。2007年还处于前10名的核心城市芝加哥、东京和洛杉矶在后续排名中节节败退,到2016年均已被逐出全球前10的位置;2007年排名表现波动较大,全球核心城市第8位的休斯敦历年来更是在城市样本中两进两出,最终依然难逃被剔除的命运。

表7-5 《机遇之都》历年排名前10的全球核心城市

排名	2007年	2009年	2011年	2012年	2014年	2016年
1	纽约	纽约	纽约	纽约	伦敦	伦敦
2	伦敦	伦敦	多伦多	伦敦	纽约	新加坡
3	芝加哥	新加坡	旧金山	多伦多	新加坡	多伦多
4	巴黎	巴黎	斯德哥尔摩	巴黎	多伦多	巴黎
5	多伦多	芝加哥	悉尼	斯德哥尔摩	旧金山	阿姆斯特丹
6	新加坡	多伦多	伦敦	旧金山	巴黎	纽约
7	东京	悉尼	芝加哥	新加坡	斯德哥尔摩	斯德哥尔摩
8	休斯敦	东京	巴黎	香港	香港	旧金山
9	香港	香港	新加坡	芝加哥	悉尼	香港
10	洛杉矶	斯德哥尔摩	香港	东京	芝加哥	悉尼

(三)欧洲城市排名崛起,城市生活质量较高

2016年的全球城市排名中不容忽视的一点是:2016年跻身前5强的城市中,有3座位居欧洲,分别是伦敦、巴黎和阿姆斯特丹;同时,欧洲城市斯德哥尔摩全球排名第7,意味着2016

年全球排名前10的城市中有2/5是欧洲城市；与此形成对比的是在2014年只有伦敦1座欧洲城市跻身5强。

从历年排名前10的全球核心城市的排名结果来看，伦敦在近两期报告中的排名稳居第1；2016年，伦敦在智力资本与创新、门户城市、经济影响力这3个维度力拔头筹，在技术成熟度维度排名第2，在人口结构和宜居性和宜商环境维度排名第3，在健康、安全和治安维度，以及交通和基础设施维度排名第7，在可持续发展和自然环境维度排名居中游，排名第13，在成本维度排名较低，位列第26；因此，伦敦整体发展在多个维度都表现卓越，特别是在城市发展依赖的工具维度组（智力资本和创新、门户城市、技术成熟度）中，其他城市更是难以望其项背，充分体现了伦敦作为全球经济繁荣中心的重要地位。

欧洲城市排名崛起主要得益于巴黎和阿姆斯特丹排名进阶全球前5强。巴黎在2016年总排名中位居第4，在人口结构和宜居性维度与纽约并列第1，在成本维度分数较低，排名靠后；在其他8个维度的表现并不十分突出，但好在整体发展均衡，各维度的排名均位列前10。阿姆斯特丹是2016年新增的城市样本，作为荷兰国际化程度最高的城市，它在社会发展依赖的工具维度表现良好，在技术成熟度维度排名第3，在智力资本和创新维度排名第4，在门户城市维度排名第8；在10个维度中有7个维度位列前10，且所有排名都在15名之内，不存在明显的短板。在城市发展排名风云变幻的背景下，阿姆斯特丹能否继续巩固自身地位，继续稳步前进，还有待时间的进一步考验。

斯德哥尔摩是瑞典首都和第一大城市，在2016年全球城市排名中名列第7。作为小而精城市的代表之一，它的经济影响力一般，但其人口密度较低、风景优美，在可持续性和自然环境维度排名第1，在包括可持续发展和自然环境维度、健康、安全和治安维度、交通和基础设施维度的城市生活质量分组中也位列第1，是一座非常宜居的城市（见图7-1）。

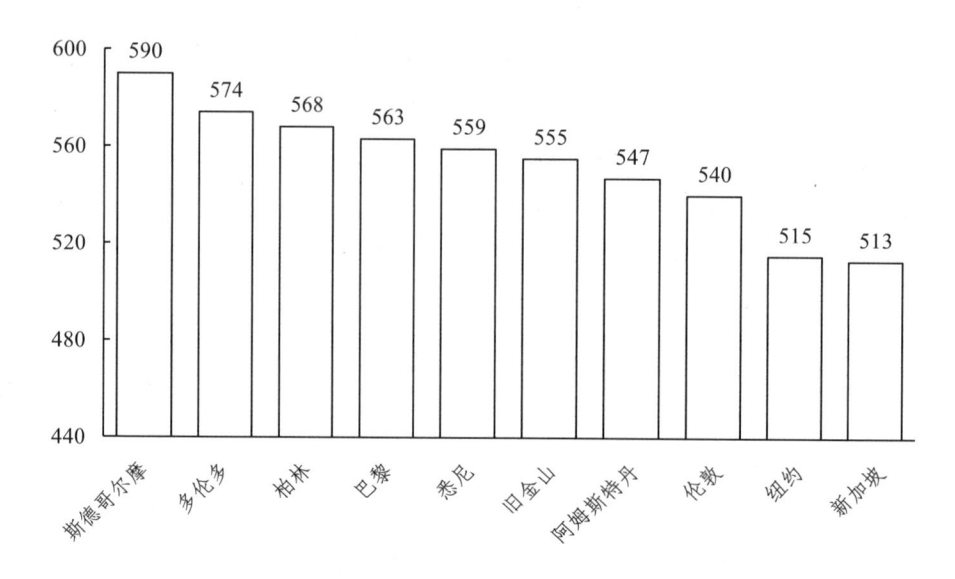

```
600 ┐
     │ 590
580 ┤      574
     │          568
560 ┤              563
     │                  559
540 ┤                      555
     │                          547
520 ┤                              540
     │                                  515  513
500 ┤
480 ┤
460 ┤
440 ┘
   斯德哥尔摩 多伦多 柏林 巴黎 悉尼 旧金山 阿姆斯特丹 伦敦 纽约 新加坡
```

图 7-1 《机遇之都 2017》全球城市生活质量排名前 10 强

总体来看，欧洲城市的整体排名靠前，在各维度的发展相对均衡，欧洲整体排名前 10 的城市在生活质量维度的分组排名中也均名列前 10，说明它们的城市优势绝不仅仅体现在经济实力上。人们聚集到城市是为了更好地生活，有效满足人们日常和差异化特殊需求始终是城市发展的基石。

（四）亚洲主要城市经济效能良好，未来颇具发展潜力

在《机遇之都》2016 年的全球排名中，上榜的亚洲城市有两座，分别是新加坡（第 2）和香港（第 9），一定程度上说明这两座城市的整体实力较强，在多个维度的排名表现良好。特别是在城市经济效能维度分组中，新加坡和香港分别位列第 1 和第 4，同时进入前 10 的亚洲城市还有吉隆坡，位列第 6（见图 7-2）。

近年来，新加坡的排名始终保持强劲的增长态势，在 2016 年的排名中位列第 2，在宜商环境、技术成熟度、交通和基础设施建设三个维度中均排名第 1，在其他维度中表现平平，在城市

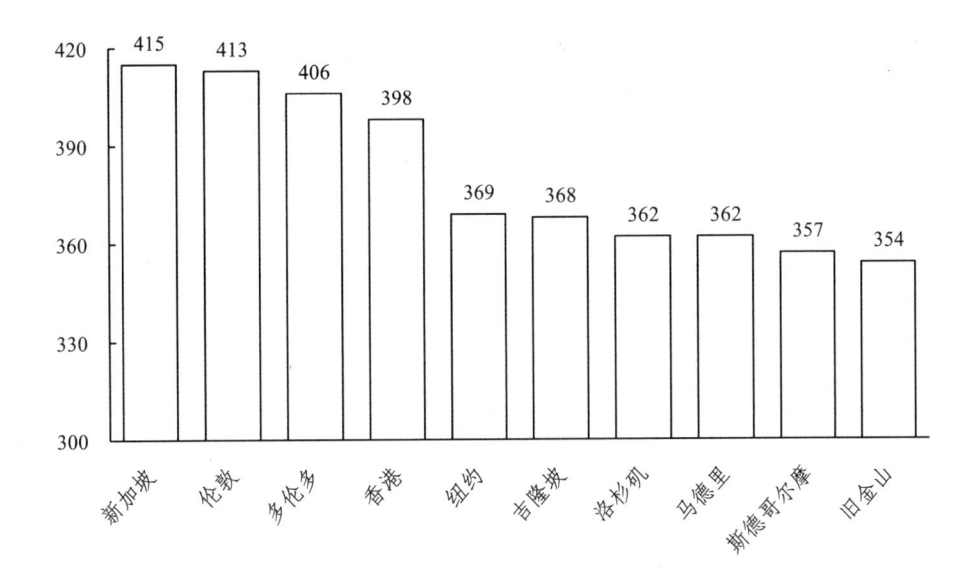

图 7-2　《机遇之都》城市经济效能分组排名前 10 强

柱状图数据：新加坡 415、伦敦 413、多伦多 406、香港 398、纽约 369、吉隆坡 368、洛杉矶 362、马德里 362、斯德哥尔摩 357、旧金山 354。

可持续发展和自然环境维度、人口结构和宜居性维度的排名相对偏后；由于新加坡的长板够长，它在体现城市经济效能的分组（经济影响力、宜商环境、成本）中排名第 1，充分展现了新加坡在商业和基础设施领域的出色能力。

香港是中国重要的对外门户城市之一，也是发达国家和第三世界资本市场都十分青睐的地区，因此，它在宜商环境维度排名第 2，仅次于新加坡，在门户城市维度排名第 5，在城市经济效能方面表现良好，位居第 4；但香港在其他维度的表现一般，维度排名普遍在中游波动，致使香港在全球城市综合排名中位列第 9。

吉隆坡在 2016 全球城市排名中位列第 20，是地处发展中国家的新兴城市，值得注意的是，它在城市经济效能维度分组中位列第 6，排名微弱于纽约，说明其在未来经济发展环境中具有一定的潜力；但由于多年来经济底子薄弱，技术成熟度不够，人口结构和宜居性维度较弱，健康、安全和治安环境亟待提高，同时也降低了对它可持续性和自然环境维度的评估，导致综合排名相对滞后。

中国大陆城市北京和上海分部位居全球城市排名的第 19 位和第 21 位。中国经济体量庞大，国际政治和经济地位不断提高，北京和上海作为中国对外交往的重要门户城市，具有深刻的经济影响力，因此，北京在门户城市维度和经济影响力维度分别位列第 3，上海在这两个维度分别位列第 7。但北京和上海这两座城市的其他维度排名均靠后，特别是在成本维度，北京和上海分别位列倒数第 1 和第 2，说明在中国超一线城市的生活成本很高。北京和上海的房价高昂、人口密度高，城市人均配套资源紧缺，由此进一步影响了一座城市的可持续性和自然环境、公共交通和基础设施建设，以及健康、安全和治安等方面。

整体来看，亚洲上榜的主要城市在经济效能方面表现良好，经济发展水平较高，虽然在城市生活质量和生活成本等方面的表现相对欠佳，导致排名整体后移，但未来发展实力仍不容小觑。

（五）社会发展依赖的工具是城市恢复能力的重要基础

在当今全球化和知识型社会依赖的工具（智力资本和创新、技术成熟度、门户城市）分组中，伦敦再次名列第 1，同时，在 3 个分组中均位列前 10 的城市还包括新加坡、多伦多、纽约和旧金山，充分表现了伦敦均衡发展的实力；也由此证明了城市的发展是社会软实力和经济硬实力相结合的综合发展（见图 7-3）。

巴黎和阿姆斯特丹在社会发展工具组中分别位列第 2 和第 3，这两座城市在欧洲遭遇金融风暴近十年后，经济实力大打折扣，在城市经济效能组位居 10 名开外，但在这组维度中跻身前列；日本首都东京虽然在"失去的 20 年"里经济停滞不前，在城市经济效能组仅位列第 19，但在该分组中位列第 6。这 3 座城市在社会发展工具组中的优秀表现，充分体现了它们坚实的社会发展基础，以及以此带来的出色系统性恢复能力。

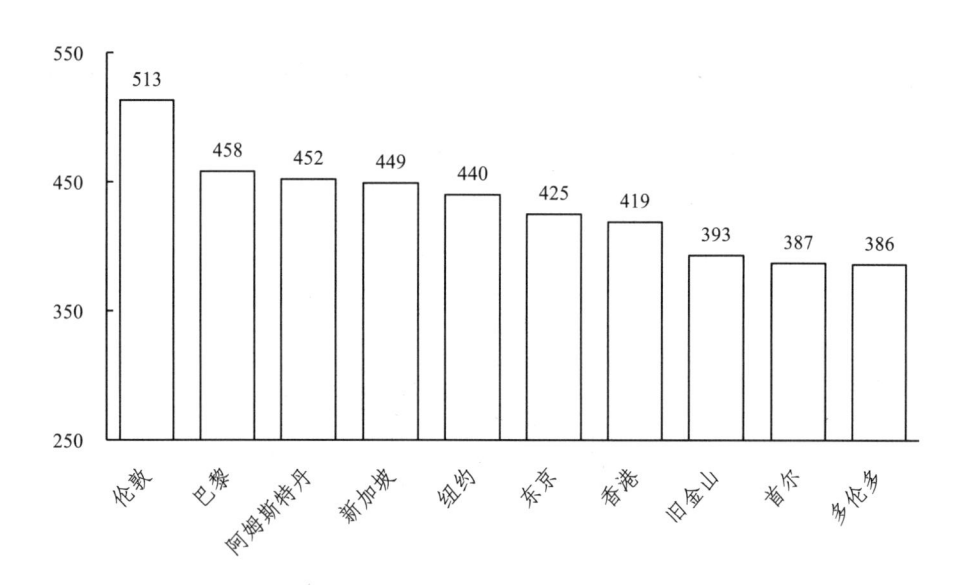

图 7-3 《机遇之都》社会发展工具分组排名前 10 强

数据(伦敦 513、巴黎 458、阿姆斯特丹 452、新加坡 449、纽约 440、东京 425、香港 419、旧金山 393、首尔 387、多伦多 386)

三 《机遇之城》与中国城市评价

(一) 定义中国"机遇之城"

在中国版《机遇之城》中,普华永道的研究团队认为,中国幅员广阔、地貌复杂,文化多样,在产业结构、人文传统、自然资源、区域影响力方面各有千秋,因此,仅从人口规模、经济发展水平、金融特征等角度来选择并不适宜。中国版城市排名遵循两大选择:经济区域中的重要性和数据披露是否充分。在东北、西北、华北、华中、华东、西南、华南七大经济区域中,从直辖市、计划单列市和省会城市中寻找合适的观察对象(见表 7-6)。

表 7-6 《机遇之城》历年城市一览表

年份	城市数量	城市名单	新增	减少
2014	15	天津、沈阳、大连、南京、杭州、厦门、青岛、郑州、武汉、广州、深圳、南宁、重庆、西安、乌鲁木齐		

续表

年份	城市数量	城市名单	新增	减少
2015	20		长春、哈尔滨、福州、成都、兰州	
2016	24		苏州、宁波、长沙、昆明	
2017	28		济南、太原、石家庄、无锡、珠海、贵阳	南宁、长春
2018	30		北京、上海	

2015 年，第 2 期《机遇之城》加入了哈尔滨、长春、兰州、福州和成都 5 座城市，东部地区增加 2 城，西部增加 3 城，长江以北增加 2 城，长江以南增加 3 城。当年调研城市的地理分布为秦岭南北各半、沿海 12 城市内陆 8 城。在选择城市时，除了考虑到城市在经济区域中的重要性，还有一个重要的选择标准：数据披露是否充分。在区域经济中的重要性是综合的评判角度，一定程度上带有研究团队的主观判断因素。相对而言，数据披露是一个影响较大的因素。由于普华永道的研究方式并非现场研究和观察，因此，能否及时、准确地采集到具有权威性和可比性的数据也是城市能否成为观察对象的重要条件。2016 年，同样依据这套标准，东部地区增加了苏州、宁波两座计划单列城市，因为它们的城市功能发挥与全国省会的平均状况综合比较处于同一水平。中部地区新增湖南省会长沙，西南地区新增昆明，提高了该报告在中、西部地区的研究权重。

（二）北上广深一线城市相对稳定

纵观历年数据，《机遇之城》排名前两位的城市位次基本稳定，广州自 2016 年超越深圳后蝉联第 1，深圳退居第 2；在《机遇之城 2017》中，广州在智力资本和创新维度、区域重要城市维度、健康、安全和治安维度名列第1；在技术成熟度维度、经济影响力维度和宜商环境维度均位列第2；在可持续发展维度排名第3；在除了成本以外的其他维度中也排名靠前。2017年，深圳在技术成熟度维度、交通和城市规划维度、可持续发展与自然环境维度、经济影响力维度和宜商环境维度均名列第1；在成本维度位居倒数第1；在其他维度也均排名靠前；两座城市的整体实力差距较小，排名分数接近（见图7-4）。

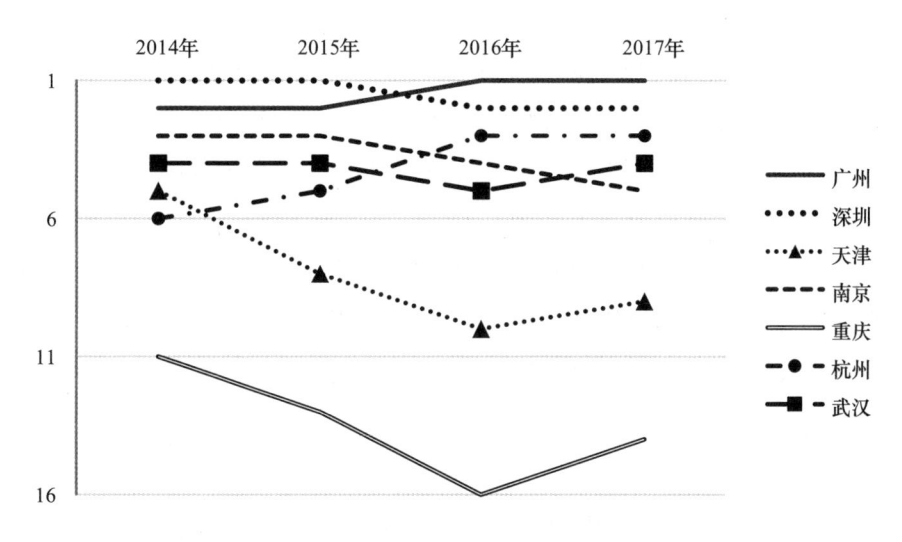

图7-4 2014—2017年《机遇之城》中国核心城市排名

由《机遇之城》历年研究城市的变化情况不难看出，城市会经历不同的发展阶段，为了显现城市发展的特征，研究报告所考量的城市从中国主要的省会城市，慢慢发展到中国的经济发达城市，进一步延伸到对中国的经济区域发展有重要作用的城市，对象是一个逐年增加的过程。《机遇之城2018》的最新城市研究报告发现，中国的城市发展已经进入了一个新的时期，北上广深是中国4个最有代表性的城市，它们已经迈入了全球城市的序列。过去在考量中国的全球城市时，《机遇之都》通常会选择北京、上海、香港为考量对象；现在北上广深这4座城市都将被列入全球城市的考量范围。同时，考虑到北上广深的体量和影响力,《机遇之城 2018》将北京、上海、广州、深圳单独分列排序,其余 26 城市依序列队,以显示出未来中国城市发展的趋势变化。

(三)"新一线"城市竞争激烈

在《机遇之城 2017》排名中,除广深之外,近年来排名靠前的有杭州、武汉、南京、成都、天津、厦门等城市。杭州排名逐年提升,从第 1 期的第 6 名提升到第 3 期的第 3 名,并在 2017 年维持了自己的位次;南京与武汉则在上年交换了第 4 与第 5 的位置;成都自 2015 年入榜以来一直稳居第 6;天津在 2015 年滑出前 5 后排名一直在前 10 徘徊;厦门从 2014 年的第 7 落至 2016 年的第 9,在 2017 年再次回升至第 7;西安 2016—2017 年这两年的排名相对稳定在第 8,与 2014 年的初始排名相比前进了一位;苏州自 2016 年入榜的第 7 名跌至 2017 年的第 10 名(见表 7-7)。总体来看,"新一线"城市排名波动较大,发展竞争激烈,时有排名被替代的风险。

表 7-7 **2014—2017 年《机遇之城》排名前 10 的城市**

排名	2014 年	2015 年	2016 年	2017 年
1	深圳	深圳	广州	广州
2	广州	广州	深圳	深圳
3	南京	南京	杭州	杭州
4	武汉	武汉	南京	武汉
5	天津	杭州	武汉	南京
6	杭州	成都	成都	成都
7	厦门	西安	苏州	厦门
8	沈阳	天津	西安	西安
9	西安	厦门	厦门	天津
10	大连	青岛	天津	苏州

排名靠前的新一线城市多位于东部沿海发达省份，与周边城市形成的经济辐射力较强，能够较好地实现可持续的整合发展。杭州在智力资本维度位列第2，仅次于广州，在技术成熟度和经济影响力维度位列第3，在可持续发展与自然环境维度与成都并列第4，除了在成本维度排名倒数第3以外，在其他维度的排名均靠前，说明杭州的整体经济实力较强。南京在文化与居民生活维度与福州并列第2，在智力资本维度、交通和城市规划维度分别排名第3，在宜商环境和技术成熟度维度均排名第4，在经济影响力维度排名第5，说明南京在经济发展能力上比较突出；但南京在健康、安全与治安维度和可持续发展维度与自然环境维度的排名相对靠后，分别位列第17位和第20位，在未来发展过程中还应有进一步的提升空间。

厦门是"小而美城市"的代表；厦门的经济体量规模不大，但人文环境、宜商环境较突出，在交通和城市规划维度、文化与居民生活维度排名第5，在可持续发展与自然环境维度与珠海并列第6，具有独特的城市特色，与全球城市研究报告中排名前列的多伦多具有相同特点。多伦多的经济体量和人口规模并不突出，但它的人文性、宜居性等环境特点凸显了未来城市发展的合理性，使城市综合排名提高。

武汉、成都和西安这三座虽居内陆，但分别是华中、西南、西北的副省级区域中心城市，是区域资源的主要集中地。武汉在2017年各维度中的排名相对均衡，除了在宜商环境维度和成本维度分别排名第13和第14外，在其他维度上的排名均位居前8；其中，武汉在可持续发展维度位列第2，排名仅次于深圳；在健康、安全与治安维度排名第3；说明武汉的综合发展实力较好，未来可持续发展潜力大。成都的经济发展实力相对其他排名前列的城市较弱，但在健康、安全和治安维度和可持续发展与自然环境维度表现突出，分别位列第2和第3，是西南地区经济发展较好的宜居城市。西安在区域重要城市维度排名第

5，在其他多个维度均比较稳定的排在前10，在可持续发展和自然环境维度、文化与居民生活维度排名第21和第15，说明西安作为区域重要城市的经济发展实力较好，但在人文和宜居方面还有待进一步提升。

（四）中国城市群发展成效初现

在《机遇之城2017》中国重要城市分布地图中，一个省或地区出现两个或以上主要城市的区域，都能够看到城市群的影子；目前已经明显成型的城市群包括以广州、深圳、珠海等地为主要城市的珠三角城市群，以上海、杭州、南京、苏州、宁波、无锡等地为主要城市的长江三角洲城市群，以及以北京、天津、石家庄等地为主要城市的京津冀城市群。这三个城市群均有一两个中国核心发达城市，且城市群整体发展水平较高，内部联系紧密，同城一体化趋势明显。

福建、山东、辽宁三省在中国主要城市排名中均占了两座城市，分别是福州和厦门、济南和青岛，以及沈阳和大连；它们都是省会城市或副省级港口城市；其中，厦门的城市排名高于其他城市。由此可见，这三个区域都存在较为优越的地理条件和城市发展基础；以此折射的是对应的海峡西岸城市群、山东半岛城市群、辽中南城市群的发展初现雏形，只是尚未形成强劲且持久的辐射力和影响力。

"城市群发展"是城市发展的重要考量因素。未来几十年中，中国将会出现更多的区域中心城市，它们对中国的各个经济区域将产生非常深远的影响。过去，城市群的概念相对单一，可能意味着几个城市的叠加。随着中国区域经济不断发展，城市群的概念将变得更加丰富，从而更加关注区域的辐射作用、区域的综合带动，以及平衡发展作用。2018年，普华永道第一次提出"城市群"的理念，更重要的是要把城市群的理念引入城市考量体系。"城市对于城市群的带动作用"将是未来考量一个城市发展潜力的重要核心指标。

四 《机遇之城2017》广州得分具体分析与城市比较

普华永道2018年最新一期的《机遇之城》报告将北上广深以及其他26座城市分开排序，这样虽然显示出未来中国城市发展的趋势变化，但不易与往期进行延续性的对比分析；因此，本书依然以2017年及之前的报告作为主要分析对象。《机遇之城2017》提供了各项维度和具体变量指标的得分，可以对广州各项具体变量进行深入分析。同时，我们选择了天津、重庆、深圳、南京、杭州、武汉6个实力较强的城市作为核心城市与广州进行对比，更全面深入地分析广州的优势和劣势。

根据对《机遇之城2017》的研究与分析，广州在多个维度中得分位居前列，在3项维度中排名第1，包括"智力资本和创新"和"区域重要城市"以及"健康、安全与治安"；排名第2的维度也有3项，包括"技术成熟度""经济影响力"和"宜商环境"，其中在"宜商环境"一项中与苏州并列第2。此外，在"可持续发展与自然环境"排名第3；在"交通和城市规划"中排名第4。广州也在部分维度中表现欠佳，其中在"文化与居民生活"中排名第9，在"成本"中更是排名第27，仅列倒数第2。

2016年广州超越深圳跃居第1，2017年，广州继续领先深圳，但是积分差距不大，仅差7分。深圳在5个维度排名第1，多于广州的3个，但由于部分维度和变量得分过低，总分反而低于发展均衡综合实力更强的广州。尤其在"智力资本和创新""健康、安全与治安"等维度上，广州拉开的差距比深圳在"技术成熟度""宜商环境"领先维度方面的差距更大，这意味着深圳的短板更短。广州均衡发展、重视居民生活质量的发展理念同普华永道所一直倡导的城市发展"以人为本"不谋而合，更符合《机遇之城》对城市未来发展"机遇"的期冀。

(一) 区域重要城市、智力资本、健康领域排名第 1

1. 广州始终是中国"区域重要城市"

中国版《机遇之城》中的"区域重要城市"所对应的国际版维度为"门户城市",报告关注的城市除了是区域流动人口聚集地、经贸往来中心,更是该区域连接外部世界的枢纽(见图7-5)。该维度着重衡量城市带动和辐射周边区域以及联通世界的能力,共有6个变量,包括"星级酒店""国际旅客""会展经济发展指数""飞机起降航班""客运总量",以及2017年新增的"货运总量"。

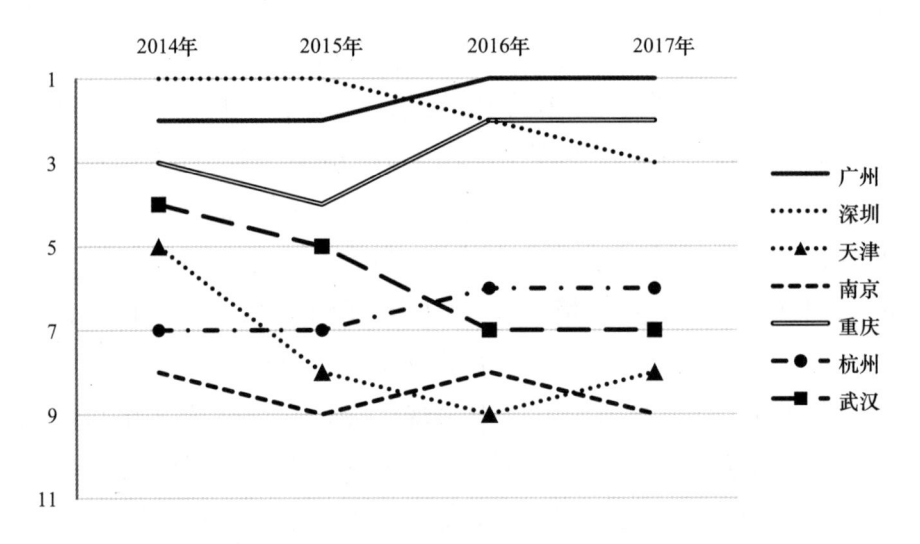

图 7-5 《机遇之城 2017》核心城市在"区域重要城市"维度排名

广州在该维度内优势十分明显,于 2016 年超越深圳后持续排名第 1,在该维度内绝大多数变量也名列前茅。数据表明,广州作为国家综合交通枢纽,功能强大表现突出,无论是"飞机起降航班"还是"客运总量",广州连续四年保持了第 1 的成绩,尤其是客运量上与深圳形成较大差距,2017 年新加入变量

"货运总量"中广州也排名第2。

会展经济是广州的传统优势,会展经济综合指数连续四年位居榜首,"会展之都"的特色仍十分亮眼。在商旅服务方面,作为最早开放的城市,广州率先拥有国内第一家中外合资五星级酒店,星级酒店总量数量庞大,接待"国际游客"也位居前列,这两项指标都排在第2。

因此,广州以三个第1和三个第2,总分165的成绩与排第2的深圳形成14分差距的明显优势在这一维度领先。

2. 广州在"智力资本和创新"的综合优势明显

智力资本和创新能力是现代社会发展的核心动力,关乎每一个城市的未来。《机遇之城2017》对这一维度下的变量进行了较大调整,分为两个方面,一共7个变量。一方面"智力资本"着重考察技术劳动者和科技开发中的投资,包括4个变量,在保留"研究与开发水平"(原名重点大学的研究水平)的同时新增"科技支出比重",衡量基础教育的变量从读写、数理能力改为"专任教师变动率",同时出于对城市创新发展的重要生力军——技术工人的重视,增加了"中等职业教育规模"变量,更加全面衡量城市的"智力资本"。另一方面从创新创业成果考察城市在"双创"的潜力,除原有的"创业环境"和"创新应用"变量外,新增"综合科技进步水平指数"。

在这一维度中,广州始终走在前列,连续三年蝉联榜首(见图7-6)。这种稳定的优势得益于广州在智力资本和创新各方面的均衡发展,在巩固传统教育资源优势的同时积极开发创新领域的未来潜力。广州十分重视中等职业教育,该项变量排名第1,相比而言,深圳则没有很好地兼顾教育资源的多样化,而中等职业教育变量排名最后是深圳非常明显的短板。基础教育原本是广州的优势,但"专任教师变动率"排名仅为第8,可能是由于广州教育资源基础扎实,近年来每年投入增长不明显。

```
       2014年      2015年      2016年      2017年
1
6
11
16
```

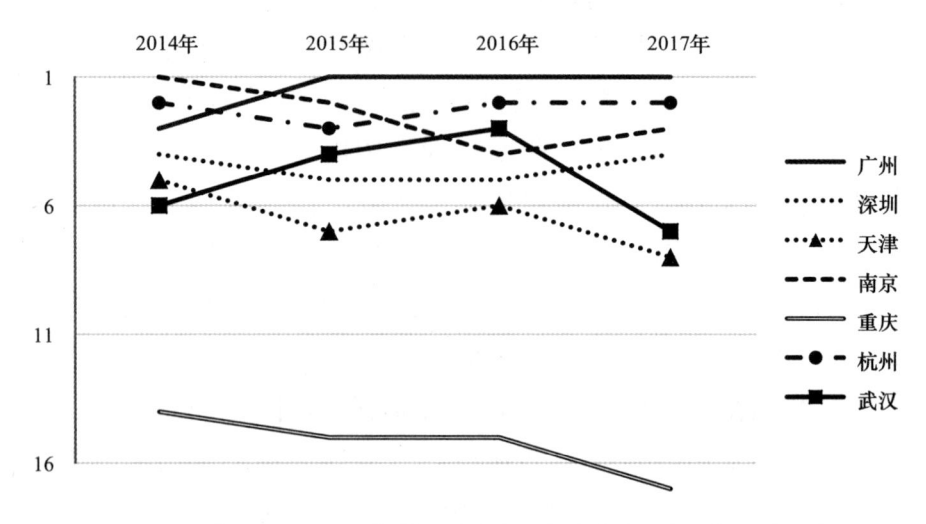

—— 广州
…… 深圳
—▲— 天津
--- 南京
══ 重庆
—●— 杭州
—■— 武汉

图7-6　《机遇之城2017》核心城市在"智力资本和创新"维度排名

在科研投入方面，凭借集聚众多高等院校和科研院所的优势，南京、武汉在"研究与开发水平"方面处于领先地位，广州位列第3。在"科研支出比重"变量中，珠海异军突起位列第1，广州仅为第5，还有较大提升空间。

创新方面的领头羊非常明显，深圳在"创业环境"和"创新应用"两项上都位居第1，杭州位居第2，广州屈居第3。这说明深圳和杭州的创新创业特色仍然较为突出，广州总体水平在前列，但是仍有一定差距。而"综合科技进步水平指数"由天津拔得头筹，广州仅为第5。

在"智力资本和创新"维度中，各个城市的竞争非常激烈，7个变量中有6个城市分别获得第1（包括两个城市并列）。广州仅有一项指标第1，但是胜在综合实力均衡，因此以175分力压存在短板的杭州、南京、深圳获得第1，杭州和深圳的短板是中等职业教育规模（尤其深圳的排名仅为倒数第1，严重抵消了在3个变量中排名第1的优势），南京的短板是专任教师变动率。

3. "健康、安全与治安"排名大幅跃升至第1

普华永道研究团队认为，资金的流动反映城市对外的作用，而人员的流动则是城市的内生动力,因此,城市是否能为居民提供健康、安全的生活环境成为重中之重。对于健康与安全的定义,"机遇之城"系列主要从医疗健康服务和城市治安水平两个方面进行衡量,共5个变量。保留变量包括"医护资源""医疗设施""养老服务""城市交通安全指数",但实际计算方式有了较大改动,"医护资源"取消了对医疗机构床数的计算,仅保留每万人拥有执业(助理)医师的数量;原"医疗体系服务水平"更改为"医疗设施",仅保留对三甲医院数量的计算,取消了原有公众对城市医疗卫生服务满意度的计算;原变量"城市安全指数"变为"城市交通安全指数",取消了居民对城市公共安全满意度的计算,仅保留道路交通万车死亡率。此外,综合国际版《机遇之都》提出"城市恢复力"(resilience)的概念,"灾害损失"成为新的变量,城市安全的含义进一步扩大。

广州在该维度的进步十分瞩目,从2016年的第10跃居第1,主要原因在于"医疗设施"排名的提高和新增变量"灾害损失"的排名较好(见图7-7)。广州在"医疗设施"变量排名从2016年的第9进步到2017年的第1,部分原因在于变量衡量方式的变化——仅计算三甲医院数量,取消了居民对医疗卫生服务的满意度。反过来看,广州有20家三甲医院,领先优势毋庸置疑,但在服务水平上或仍有可以提高的空间。"养老服务"一直是广州的优势变量,四年来稳步提高,2017年保持了排名第2的水平,说明了广州市基本养老保险推广方面的工作颇有成效,覆盖率相对较高。

新增"灾害损失"变量,通过计算财产保险赔付支出与报废收入的比值来衡量灾害造成的经济损失,广州排名第6,广州受灾害造成的经济损失不算太大。"医护资源"历年排名均在10名上下浮动,属中上水准,"医疗资源"由每万人拥有职业(助理)医师数来衡量,广州排名较低的原因可能是由于人口数量庞大,拉低了人均医师的数目。从排名前5的城市类型来

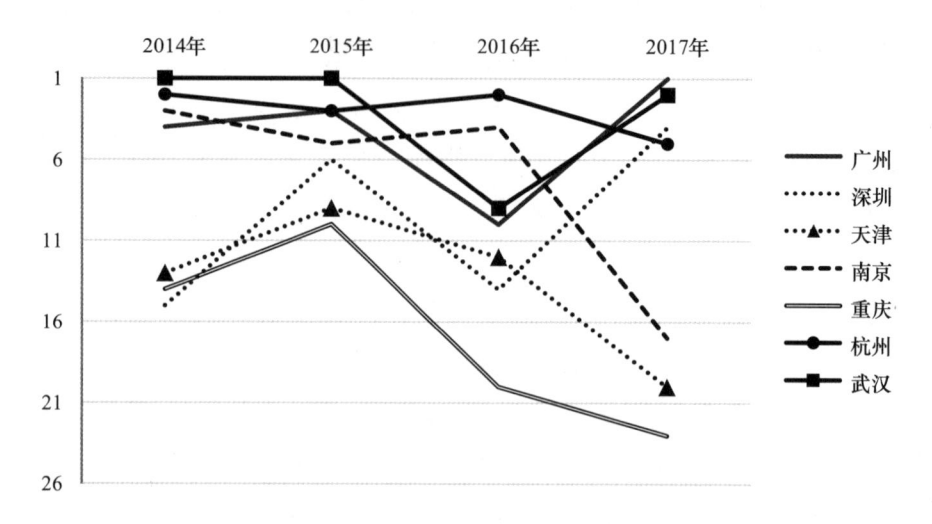

图 7-7　《机遇之城 2017》核心城市在"健康、安全与治安"维度排名

看,这种因素是客观存在的,除杭州外,太原、济南、乌鲁木齐与昆明的流动人口规模均较小,医疗资源需求的压力远低于广州。

安全相关指数是广州存在较多问题的变量,2016 年"城市安全指数"倒数第 1,2017 年变量改为"城市交通安全指数",减少了居民对城市公共安全满意度的计算,但广州仍是倒数第 3。安全指数较高的城市多是经济发展较好的二线城市,如 2015 年第 1 的青岛,2016 年第 1 的厦门,2017 年的郑州、长沙、厦门等。深圳在该变量中排名第 5,广、深的车流量基本属于同一量级,深圳道路安全事故死亡率较低,值得广州学习改进。

总体来看,各城市在"健康、安全与治安"维度的表现差异非常大,五个指标分别由不同的城市获得第 1,且分布非常分散,没有明显的地域差别,同时也没有表现特别突出的城市。广州以 100 分超过成都和武汉获得该维度的第 1,但是各变量平均得分仅 20 分,远低于广州另两项排名第 1 维度的变量平均分。

(二) 技术成熟度、宜商环境、经济影响力有一定优势

1. 高新科技发展趋于成熟

"技术成熟度"主要衡量城市的高端技术产业状况,"机遇之城"系列采用了四个变量衡量各个城市的技术成熟度,包括"互联网+""技术市场规模""数字经济"和"与多媒体设计",偏重衡量以创新带动的互联网经济发展水平。"互联网+"代替了原本的"互联网普及率",不仅统计了互联网使用率,还考虑到移动互联网、云计算、大数据、物联网等与现代制造业相结合的情况,代表了城市创新实力和技术对外开放水平。

广州在该维度内的排名较为稳定,总体排名连续三年第2,各个排名基本位于前5,反映了广州推动经济结构转型、大力发展高新科技的战略成果(见图7-8)。广州在"互联网+"和"数字经济"上排名第2,说明广州的互联网应用范围和普及程度较高,电子商务发展迅猛。"软件与多媒体设计"连续三年排名第4,广州软件业收入发展较为平稳,发展规模有序扩大。"技术市场规模"略逊一筹,排名第6,在高新技术成果转化和高新产业孵化服务能力方面,广州仍有较

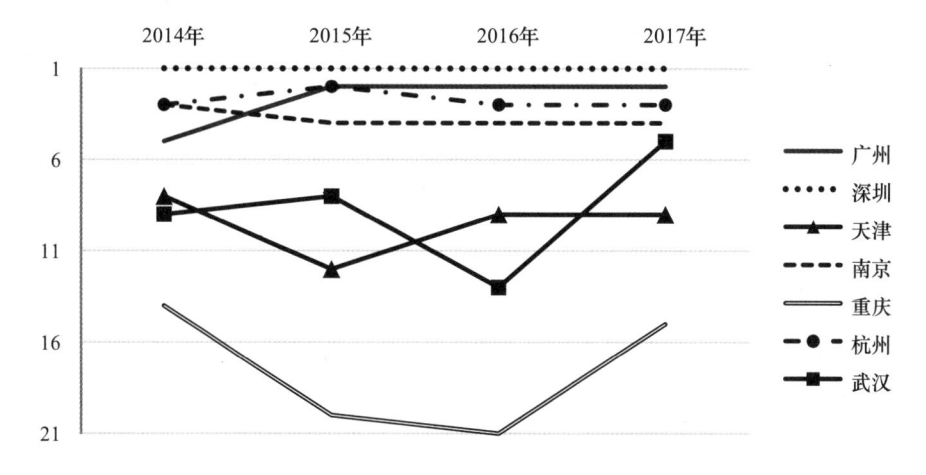

图7-8 《机遇之城2017》核心城市在"技术成熟度"维度排名

大的进步空间。

深圳在该维度连续四年排名第1,并在两个变量上保持第1,优势非常明显。近年来广州加大对技术和创新的重视和投入,取得了可喜的效果,从2014年排名第5进步到第2,并稳定在这一水平,以102分落后深圳5分。杭州以95分位居第3,但是在数字经济变量上排名第1,反映出杭州凭借阿里巴巴在电子商务发展的领先地位。广州在"技术成熟度"维度上没有排名第1的变量,也说明广州特色不够突出,后续发展存在隐忧。

2. 宜商环境具有较强吸引力

城市的宜商环境是吸引国内外企业入驻并支撑当地企业发展的"软实力"。《机遇之城》从投资者的角度对城市宜商环境进行观察,并从以下7个变量对城市经济环境做出评估,包括:"创业便利性""员工管理风险""物流效率""资本市场参与度""商业运营风险""财政收支平衡度"和"外贸依存度"。与上年相比,本期"宜商环境"维度取消了"市政建设投资"和"保护股东权益的能力"两个变量,并将"市政建设投资"变量中的"人均道路面积"指标独立为单一变量,移动到"交通和城市规划"维度中去,进一步根据城市发展状况梳理简化城市宜商环境的评估机制。

广州虽然在"宜商环境"维度排名第2,但是各个变量排名差异较大(见图7-9)。得益于良好的商贸产业基础、电子商务业务的发展带动、贸易流通体制改革,广州在"物流效率"变量上连续三年排名第1。在"资本市场参与度"上排名第2,金融机构实力较强,金融市场规模庞大。在"创业便利性"上排名第4,创业环境优良。

但是,广州也在好几个变量上表现欠佳,包括"外贸依存度"(第9)、"财政收支平衡"(第16)和"员工管理风险"(第23)。其中,"员工管理风险"用每万名就业人员劳动争议

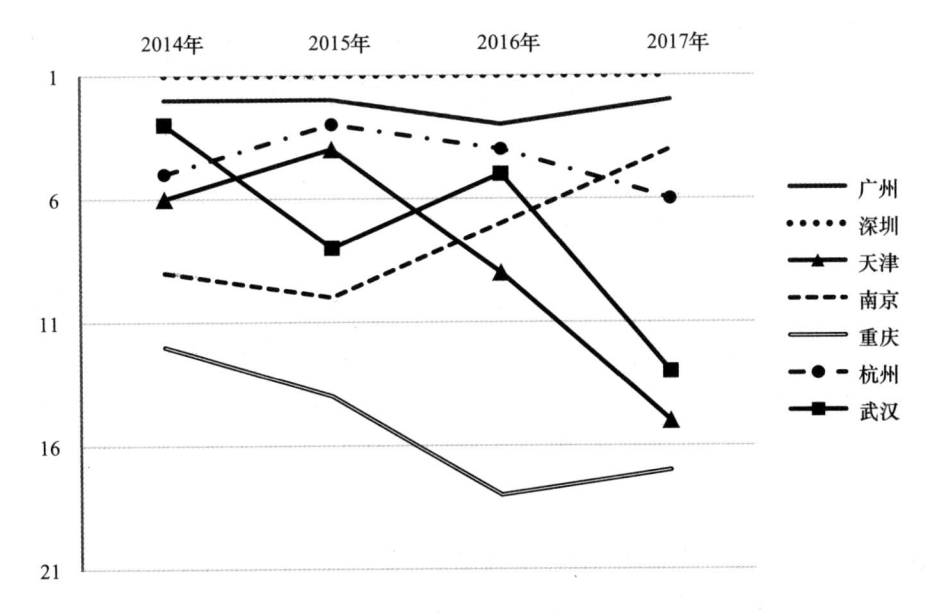

图7-9 《机遇之城2017》核心城市在"宜商环境"维度排名

案件受理数来衡量。各城市在此变量上的排名显示不仅广州的劳动争议案件较多，其他东部发达城市如深圳、杭州、珠海、天津等也多有这个问题，而该变量中排名在前的城市多位于中西部或东北部工业区城市，这种情况的产生可能由于东部发达城市的劳动者的维权意识和维权手段更为先进，在遇到问题时，更倾向于通过法律途径解决纠纷。

这个维度上，各个城市的优势和短板都非常明显。因此前四名的城市分数非常接近，深圳尽管在三项变量上排名第1，但在"员工管理风险"和"财政收支平衡"两个变量排名中也表现不佳，以144分排名第1，广州和苏州以1分之差屈居第2，南京又以1分之差位列第4，这也反映了各个城市之间竞争的激烈，仍有进一步发展完善宜商环境的空间。

3. 经济影响力相对稳定

2017年"经济影响力"维度包括6个变量，分别是"知名企业数量""金融从业人员数""吸引外商直接投资""城市服务业比重""地区生产总值名义增长率"和"农业机械总动力"。其中"城市服务业比重"和"农业机械总动力"为新增变量,原"城市生产力水平"变量被取消。考虑到我国城市辐射农村的格局,城市一体化发展的特色,"农业机械总动力"被用于衡量城市内农村区域的现代化程度。

广州在该维度的成绩较为稳定,2016 年曾落在第 3,2017 年又回到第 2(见图 7-10)。这得益于广州在"城市服务业比重"和"农业机械总动力"这两个新增变量上表现较好,"城市服务业比重"排名第 2,说明广州的产业结构从工业主导向服务业主导的转变基本完成;"农业机械总动力"排名第 3,广州的农村地区受城市拉动效果明显,机械化水平领先。同时,广州在"地区生产总值名义增长率"变量上进步较大,从 2016 年的第 18 名提高到第 9 名,尽管排名仍然处于中等水平,但已有了较大突破;西部地区的城市如贵阳、重庆在这个变量上表现更好,广州在地区生产总值总量基数庞大的基础上,在"地区生产总值名义增长率"变量上仍能维持较高

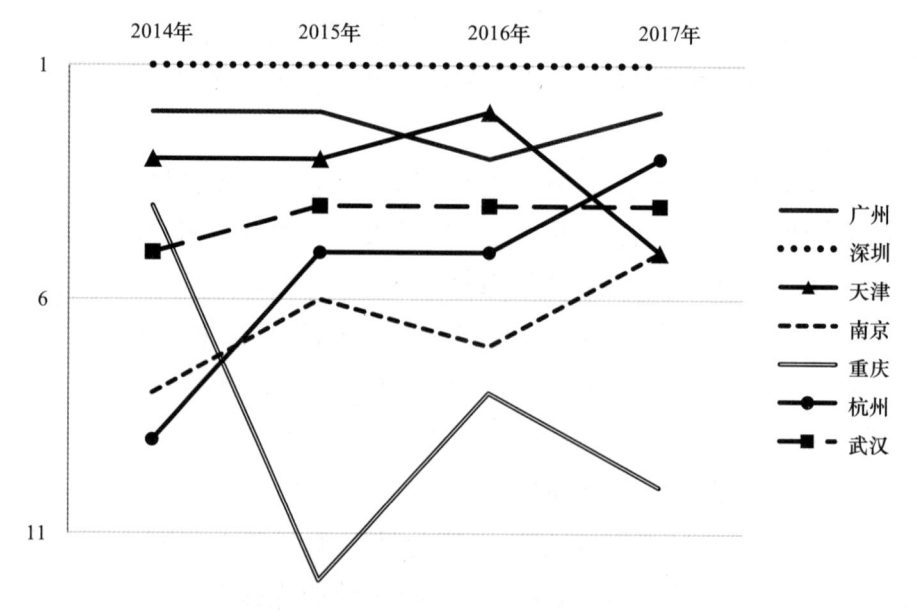

图 7-10 《机遇之城 2017》核心城市在"经济影响力"维度排名

的增长实属难能可贵。

广州其他变量的排名变化不大,"知名企业数量""金融从业人员数"和"吸引外商直接投资"三个变量同2016年的排名一样,分别为第3、第5和第4,在这几个领域,广州的发展较为平稳,但与深圳、天津、杭州相比仍缺少有力的支撑点。

深圳连续四年在"经济影响力"维度保持第1,并以157分的成绩与广州形成9分的差距。广州尽管排在第2,但亮点并不突出,优势也并不明显,还需要采取有效措施进一步缩小差距。

(三) 可持续发展、交通和城市规划方面有待提升

1. 仍需增强对"可持续发展与自然环境"维度的关注

"可持续发展与自然环境"维度下的变量变化反映了普华永道对"可持续发展"概念的进一步深入解读。由于部分城市工业固体废物综合利用率和单位GDP耗水电的数据无法取得,过去"资源利用"变量仅保留"污水集中处理率和生活垃圾无害化处理率"这一项变量,并以此重新命名,同时加入了新的变量"居民人均用水变动率",在过去强调循环利用的基础上,新增"节约"因素的考虑。"流动人口变动率"原为"劳动力供给"的组成变量之一,本期将其变为独立变量,意在强调流动人口对劳动力资源的补充作用是城市可持续发展的重要因素。"碳排放"仍是传统保留变量。"自然气候"和"自然灾害风险"两个变量被剔除,也许是考虑到,随着现代科技的发展,城市先天的自然条件能够在一定程度上被改善,不一定对城市的未来发展机遇产生重大影响。

广州在"可持续发展与自然环境"维度的排名较为稳定,在第3至第6之间波动,2017年略有上升至第3(见图7-11)。从资源的节约和循环利用来看,广州居民的节水意识较好,"人均用水变动率"排名第5。但"污水集中处理率和生活垃圾无害化处理率"欠缺较大,排名倒数(第22位)。广州是最早实

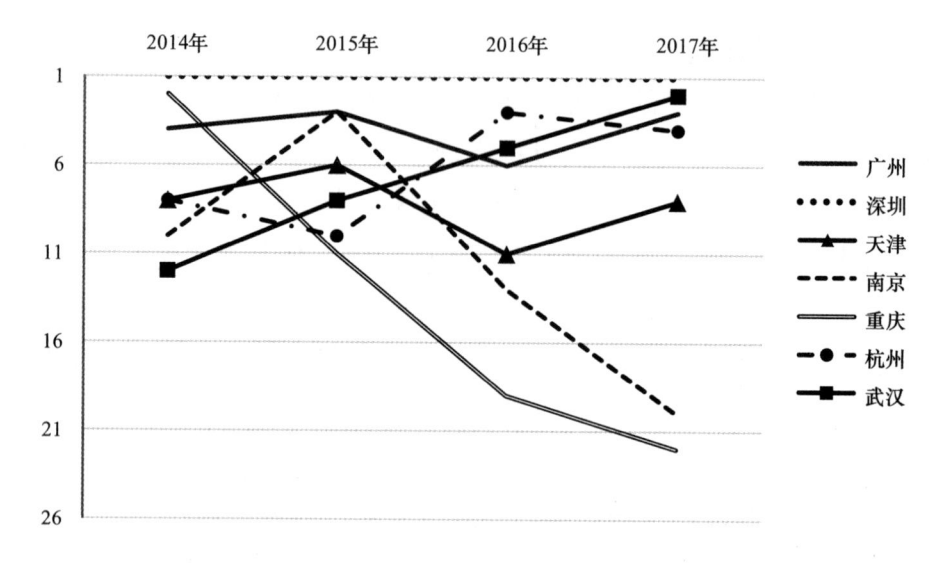

图 7-11 《机遇之城 2017》核心城市在"可持续发展与自然环境"维度排名

行垃圾分类的城市之一,但近年在这方面的发展较为迟缓。2017年,广州市正在积极推进垃圾分类的相关立法,明年该方面或有更好的表现。

广州在"劳动力供给"变量上排名第3,"流动人口变动率"排名第4,较为稳定,流动人口数量较大,外来劳动力供应仍较为充足。"碳排放"变量排名第6,经济集约化发展效果较为明显。

广州以105分在该维度排名第3,除了深圳具有较明显优势长期保持第1外,其他城市的竞争激烈,排名起伏波动较大,广州还需要采取有力措施才能保持目前地位。

2. 交通和城市规划排名有所下滑

"交通和城市规划"维度下的变量进行了较大范围的调整,新增"人均道路面积""城市扩展速度"和"城市流动人口状况"三个变量;取消了"有营业牌照的正规出租车""大型建筑活动"两个变量;"轨道交通覆盖面"以每万人轨道交通运营里程来衡量,取消了对总里程和新增里程的计算;"居民住房保障"不再通过房价收入比来计算,而是以人均房地产开发住宅投资额来衡量,只有"绿化面积"和"公共交通系统"维持原有的计算方式。在2017年报告中,该维度共有7个变量,大量变动同近年城市规划理念与实践不断涌现出的新发展趋势有直接联系。

广州在"交通和城市规划"维度的排名略有下滑,从2016年的第1跌至第4(见图7-12)。主要是由于在新增变量"人均道路面积"中排名较低(第15),部分优势变量排名略有退步,如"公共交通系统"下滑2个名次,从第3跌至第5;轨道交通覆盖面积从2016年的第2下滑到第3。在"人均道路面积"这一变量上,广州面临的问题同"医护资源"接近,即总量可观,但人口基数较大,人均数字较低。而"公共交通"和"轨道交通覆盖面"方面排名的下降,同其他新兴城市地铁建设的兴起有所关联,尽管广州在这两个方面的建设速度放缓,但其服务能力未必有明显退步。"居民住房保障"以人均房地产开发住宅投资额为考察对象,广州在该变量上排名第18位,排名较低。在这一变量上排名较低是大部分经济影响力排名靠前的城市区均要面对的问题,例

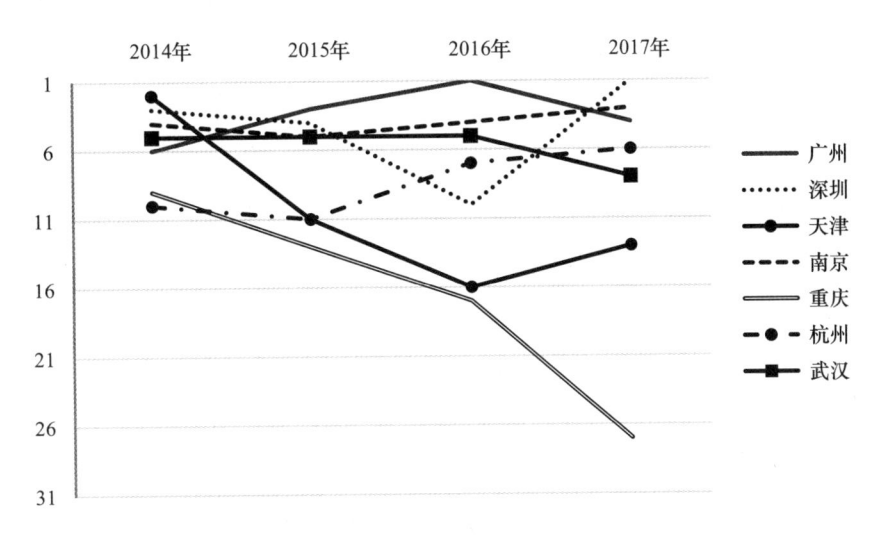

图7-12 《机遇之城2017》核心城市在"交通和城市规划"维度排名

如深圳（第24）也面临同样的问题。

"绿化面积"的排名2017年上升1位至第4，体现了广州重视居民生活环境的城市规划理念。广州在"城市扩展速度"上排名居中（第8），可能由于广州作为先行发展城市，已经过了盲目快速扩张时期，城市向外扩散步调减缓，以期巩固现有城市区域的发展建设。广州在"城市流动人口状况"变量上的排名情况与在"城市扩展速度"变量上的排名基本类似，同排第8；随着广州产业结构的转型，劳动密集型企业的减少，流动人口的数量在逐渐减少。

珠海和深圳都属于新城市，在城市规划与建设方面的负担较小；尤其珠海的城市常住人口总量较小，在多个人均指标的变量排名中名列前茅，因此综合排名第1。广州以142分排在第4，但在这个维度上改进有不小的难度。

（四）广州在成本、居民生活方面存在明显短板

1. 成本较高是经济发达城市的通病

"成本"维度的变量设计不仅要从居民角度考虑衣食住行的成本，同时也要考虑投资者的投资成本，因此该维度从"职工平均工资""公共交通成本""商业用地成本""住宅价格指数""食品价格""生活服务价格"这6个变量对人力成本、生产经营成本和生活成本3个方面进行综合衡量。各城市在该维度的变量取值越低得分越高。

"成本"维度的城市排名同"经济影响力"以及"总排名"中的城市排名基本相反；经济影响力高、总排名较好的城市，其生活成本大多居高不下。由于2014年以来《机遇之城》研究增加了一些规模相对不大的城市，使得广州、深圳、杭州等城市在"成本"维度的绝对排名几乎直线大幅下降，2017年在该维度排名前三位的城市分别是太原、昆明和石家庄，都是近两年新增的城市（见图7-13）。

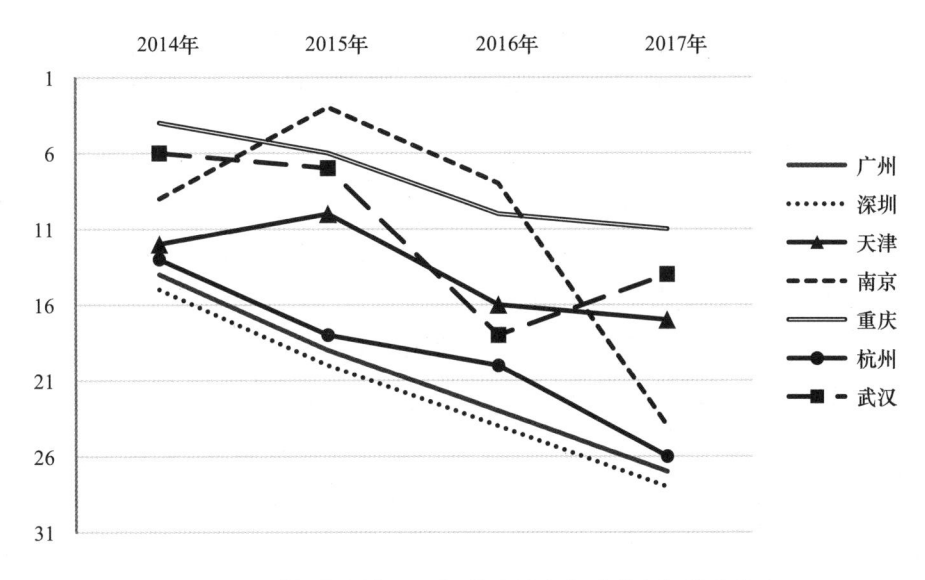

图 7-13 《机遇之城 2017》核心城市在"成本"维度排名

整体而言，广州的各项生活、生产成本都居高不下。"公共交通成本"和"商业用地成本"均为最高；"职工平均工资""食品价格""生活服务价格"排名倒数第 2；仅有"住宅价格指数"相对较好，排名倒数第 5，略好于深圳、厦门、杭州和南京。值得一提的是，在过去两期中，用于衡量居民工资的变量为"iPhone 指数"，即购买一部 iPhone 6 手机需要耗费的工作时间。广州在"iPhone 指数"上的排名始终居于前列，由此可见，尽管广州的生活成本较高，但工资水平相对而言基本能够匹配在穗的生活支出。

在成本维度，广州连续四年倒数第 2，情况仅好于深圳，2017 年得分仅为 13 分，仅比排名最后的深圳高 1 分。但广、深两城的总积分同其他城市差别较大，同排名倒数第 3 的杭州相差 20 分，可见广深成本相对于其他城市明显高出一截。在这方面，广州可以改进的措施不多，只能争取尽量不让情况进一步恶化。

2. 广州在"文化与居民生活"方面的排名下降较快

"文化与居民生活"维度下的大多数变量为复合变量，即单个变量包含多重数据变量，因此，尽管该维度只有"文化活力""交通拥堵状况""空气质量"和"生活质量"4个变量，但背后包含的数据则更为复杂。如"文化活力"以城市文化体育与传媒产业的财政支出及文化、体育、娱乐从业人员占比两方面来衡量各城市文化产业规模，而"生活质量"则是人均社会消费零售总额和居民人均用电量的组合。

从整体排名来看，广州在"文化与居民生活"维度下的排名逐年下滑，2017年排名跌至第9（见图7-14）。广州主要在"文化活力"方面退步最大，从第5降至15，因此，广州仍需在文化体育方面投入更多的关注与资源。此外，广州的"交通拥堵状况"进一步恶化，从第16退步到第24，结合之前有关交通安全的变量思考，广州急需改善城市公路交通网络，缓解拥堵和车祸较多的问题。

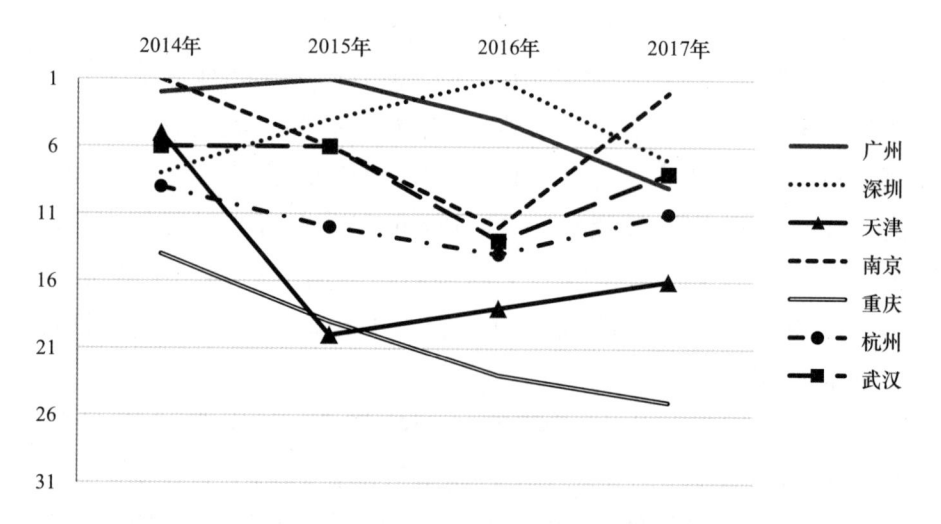

图7-14 《机遇之城2017》核心城市在"文化与居民生活"维度排名

2017年，广州在"生活质量"上的优势进一步巩固，从排名第5上升至第1，说明广州居民生活的舒适程度较高，购买力较强。广州在"空气质量"方面维持第7名的成绩，比大多数综合靠前的城市更佳，成为一个亮点。

"文化与居民生活"维度涵盖的内容跨度较大,不同城市的优势也各不相同,四个变量有五个城市分列第1(包括两个并列)。综合排名前三的也是珠海、南京、福州等在其他大部分维度中并不突出的城市。广州以60分位居第9,在这方面仍有较大的提升空间。

(五)广州优劣势分析与城市比较小结

从具体变量来看,无论是在优势维度还是劣势维度上,广州都有表现亮眼的变量,也有问题突出的变量(见表7-8)。排名第1—2的变量大部分属于广州的传统优势领域;排名第3—5的变量说明广州在这些方面的相对优势较大,仍有进步空间;排名第6—19的变量可以作为下一步改善的重点领域,而排名20开外的变量大多很难改善,应争取不要让问题进一步恶化。

广州的传统优势领域包括教育资源、旅游服务、客货运输、医疗服务、电子商务及相关的几大领域,广州的居民消费能力较强,因此生活质量普遍较高。此外,广州在"双创"能力与服务、公共交通建设、节能环保、投资环境、劳动力可持续发展方面也基本保有稳定优势,可以维持相关政策的计划和施行。

在排名第6—9的变量中,广州部分软性指标的改善相对更具可行性,如通过资金、政策的倾斜增加中小学专任教师、医护人员的聘用,改善"专任教师变动率""医护资源"等人均指标的落后;加大文化、体育与传媒产业的财政支出、吸引文娱从业人员来穗,激发"文化活力"。而在城市硬件设施方面,建设灾害防御设施以减少灾害损失、增加人均道路面积、提高居民住房保障、改善空气质量等问题则很难在短时间内有较大提高;但这些仍是城市未来建设的讨论重点,在城市的未来规划中应着重考虑。

表 7-8　　　普华永道报告中广州的优劣势变量分析

	排名第 1 的维度	排名第 2—5 的维度	排名第 6 以后的维度
排名第 1—2 的变量	中等职业教育规模；星级酒店；国际旅客；飞机起降航班；客运总量；货运总量；会展经济发展指数；医疗设施；养老服务	互联网+；数字经济；城市服务业比重；物流效率；资本市场参与度	生活质量
排名第 3—5 的变量	科技支出比重；研究与开发水平；综合科技进步水平指数；创业环境；创新应用	软件与多媒体设计；公共交通系统；轨道交通覆盖面；绿化面积；居民人均用水变动率；劳动力供给；流动人口变动率；知名企业数量；金融从业人员数；吸引外商直接投资；农业机械总动力；创业便利性；商业营运风险	
排名第 6—19 的变量	专任教师变动率；医护资源；灾害损失	技术市场规模；人均道路面积；城市扩展速度；城市流动人口状况；居民住房保障；碳排放；地区生产总值名义增长率；财政收支平衡度；外贸依存度	文化活力；空气质量
排名 20 以后的变量	城市交通安全指数	污水集中处理率和生活垃圾无害化处理率；员工管理风险	交通拥堵状况；职工平均工资；公共交通成本；商业用地成本；住宅价格指数；食品价格；生活服务价格

广州排名 20 以后的变量基本集中在几个领域，如市内交通领域涉及 3 个排名靠后的变量——城市交通安全、交通拥堵状

况和公共交通成本；而城市的交通安全度较低同交通拥堵、公共交通成本均有着直接或间接的联系，需要从城市道路的整体设计进行调整，很难在短时间内实现，需要较长时间的规划调整。污水、生活垃圾的无害化处理则是近期很有可能改善的领域，正如前文提到，广州正在积极推动有关方面的立法，或许可以在今后几年看到成效。而其他排名20开外的变量均集中在城市生活成本方面；国际、国内大城市的高生活成本是经济发展的必然结果，行之有效的解决方法仍在多方探索之中。作为一线城市来说，广州在地价、房价方面的控制已属全国较为成功的案例，保持这一态势已属不易。

第八章　英国 Z/Yen 集团"全球金融中心指数"与全球城市发展趋势

一　全球金融中心指数报告背景与研究方法

（一）全球金融中心指数的背景

英国 Z/Yen 集团位于伦敦，是世界著名的商业性智库，为商业、科技、非政府部门提供一系列管理、运作、评估以及对策的相关分析报告。全球金融中心指数由 Z/Yen 集团在伦敦金融城支持下共同编制，是"长期金融"（Long Finance Initiative）项目下的重要组成部分，也是目前被国际金融业界最广泛使用的针对金融中心城市的评价体系。Z/Yen 集团于 2005 年起开展"长期金融"项目，计划对 100 年内的全球金融市场变化做出跟踪观察，并通过创新工具进行分析和判断。从 2007 年 3 月开始，该指数开始对全球范围内的金融中心进行评价，每半年发布更新一次，于每年 3 月和 9 月定期更新以显示金融中心竞争力的变化。2018 年 3 月发布的第 23 期报告，共有 96 个金融中心进入正式排名。

（二）客观评价指标

研究团队运用了 5 大维度对全球金融中心进行评价，分别是营商环境、人力资本、基础设施、金融业发展水平及声誉，每个维度分4个主要因素，下设103个特征指标，来评价金融中心的竞争力水平（见表8-1）。

表8-1　"全球金融中心指数"的评价维度和因素

维度	因素
营商环境	政治稳定性和法治水平、制度监管环境、宏观经济环境、税收和成本
人力资本	技术型人才可得性、灵活的劳动力市场、教育和发展、生活质量
基础设施	建筑设施、信息和通信技术设施、交通基础设施、可持续性
金融业发展水平	产业集聚深度和广度、资金可得性、市场流通性、经济输出
声誉	城市品牌和吸引力、创新水平、文化多样性、与其他金融中心的比较定位

特征指标中的数据来源于联合国、世界银行、经济合作与发展组织、世界经济论坛、经济学人智库等众多国际组织和知名机构发布的研究评价报告（见表8-2）。

表8-2　与总评分相关度较高的特征指标

领域	特征指标	来源
营商环境	营商环境排名	经济学人集团
	经合组织（OECD）国家风险分级	经合组织
	金融保密指数	税收公平网络
	政府效力	世界银行
	工资比较指数	瑞士联合银行
	运营风险评级	经济学人集团

续表

领域	特征指标	来源
人力资本	城市生活成本调查	美世（Mercer）
	本土居民购买力	瑞士银行
	人类发展指数	联合国发展项目
	基础教育完成率	世界银行
基础设施	物流绩效指数	世界银行
	道路质量	世界经济论坛
	地铁网络长度	世界地铁数据库
	信息与通信技术发展指数	联合国
	能源可持续发展指数	世界能源委员会
金融业发展水平	开放式基金净资产总额	投资公司协会
	银行业提供的国内信贷占GDP比重	世界银行
	全球联通性指数	DHL公司
	股票交易额	世界证券交易所联合会
声誉	物价水平	瑞士银行
	世界竞争力排名	瑞士洛桑国际管理学院
	全球竞争力指数	世界经济论坛
	IESE城市活力指数	IESE商学院
	创新型城市指数	2thinknow智库
	全球城市指数	科尔尼公司

在全球金融中心指数103个特征指标中，与总评分相关程度最高的30项特征指标，全部集中营商环境领域。各项特征指标有的是使用统一的国家数据，适用于该国的各个具体城市，有的指标是以城市为单位，直接衡量各个城市之间的差异。

（三）评价调查

同时，研究团队结合GFCI网络问卷对受访者进行金融中心的评价调查。问卷主要由两部分组成，第一部分由Z/Yen列举世界主要的金融中心，让受访者对有认同感的金融中心进行1—10（1为最差，10为最好）的得分评价；第二部分为受访者自由发挥部分，由受访者对近期全球性事件对金融中心的影响、自己所处的金融中心发展状况进行评估。为保证网络问卷调查的及时性和客观性，研究团队在网络问卷中提出"有哪些金融中心在未来2—3年有可能出现？"，如果某个金融中心有超过5次以上的问卷反馈，该城市将被加入下一期的正式金融中心列表中；只有在过去24个月中得到150份来自非本地受访者的在线问卷提及时，才可正式加入全球金融中心指数榜单；如果在24个月内提及不足50份，则将被移出榜单。第23期全球金融中心指数总共用了103个特征指标来编制指数，这些量化指标均由第三方提供，包括世界银行、经济学人智库、经济合作与发展组织和联合国等，还对2340位受访者进行了GFCI在线问卷调查。

（四）金融中心的分类

繁荣的金融中心最重要特征之一是与其他金融中心保持密切的联系，"联系性"代表一个金融中心城市在世界范围的知名度，以及非本地金融从业人员如何评价该城市同其他金融中心城市的联系紧密程度，可以用从其他金融中心收到评价数量和给予其他金融中心评价数量进行衡量。全球金融中心指数将加权平均评分中有50%以上来自其他金融中心的城市为"全球性"金融中心，"联系性"最为突出，如伦敦、纽约、香港等；如果40%以上来自其他金融中心，那么该城市属于"国际性"金融中心，如广州、波士顿、洛杉矶等；如果不足40%，则被归为"本土性"金融中心，如大阪、惠灵顿、雅加达等（见表8-3）。

在考虑城市"联系性"基础之上，进一步评价城市的金融行业特性，是趋于"多元化"还是"专业性"。"多元化"强调一个金融中心城市的业务广度，也就是其所包含的金融产业是否足够丰富。报告采用了多样性指数进行评分，评分越高说明城市金融服务品种多样化，评分较低则说明其金融服务较为单一。"专业性"强调金融中心城市细分金融行业的发展质量和深度，如投资管理、银行业务、保险业务、专业服务和政府监管等。报告用细分行业得分与综合得分之差来衡量，数值越大则专业性越强。因此，根据金融中心的联系性，服务的广度和深度，可以将金融中心划分为不同的类别。

表8-3　　　　　全球金融中心指数对金融中心的分类

	多元化专业性兼备	多元化	专业性	新兴竞争者
全球性	全球性顶尖	全球多元型	全球专业型	全球性竞争者
国际性	成熟的国际型	国际多元型	国际专业型	国际性竞争者
本土性	成熟的参与者	本土多元型	本土专业型	进步中的中心

（五）金融中心多方面评价体系

由于全球金融中心的格局正在发生演变，全球金融中心指数报告也非常关注哪些金融中心在未来有望进一步提升影响力，在问卷调查中设置了关于金融中心发展潜力的问题，受访者被问及哪些金融中心在未来几年会取得显著发展。

金融中心的声誉优势基于主观和客观两类评分的差异，得分既包括基于特征指标的客观数据计算的得分，也包括由问卷调查得出受到全球金融领域专业人士的评价得分，全球金融中心指数的评估模型用问卷调查平均得分与最终综合得分之间的差异来衡量金融的声誉。

每期全球金融中心指数均会根据过往六个月的金融发展态势选出40个"稳定发展的金融中心"。该榜单并非按照城市在全球金融中心指数上的排位决定，而是根据城市自身的金融发展代表性做出选择。该榜单分为"稳定金融中心""活力发展的金融中心"和"难以预计的金融中心"三大类。

全球金融中心指数通过建立统计模型,并运用不同相关行业受访者们的问卷调查数据,进行分类分析得到行业分类指数。五大行业分别为银行业、投资管理、保险业、专业服务和政府监管。

深入研究全球金融中心指数可以把握金融市场的长期走势,进一步了解全球金融系统的长期运作变化。

二 全球金融中心的发展趋势

(一) 北美、欧洲和亚太地区逐渐形成三足鼎立趋势

金融中心的数量从第 1 期的 46 个增加至第 23 期的 96 个,且分布区域并不集中在发达国家,新兴国家的金融中心逐渐后来居上,例如卡萨布兰卡、曼谷和吉隆坡等。表 8-4 说明了金融中心分区域情况,包括每个大区包含的国家和顶级金融中心。表 8-5 显示了每个地区排名前 5 位的顶级金融中心的平均得分变化情况。

表 8-4　　　　　　　　金融中心分区域情况

地区	国家	顶级金融中心
西欧	英国、瑞士、法国、德国、瑞典、丹麦等	伦敦、苏黎世、巴黎、法兰克福、卢森堡等
亚洲/太平洋	新加坡、中国、澳大利亚、日本、韩国等	新加坡、香港、悉尼、东京、上海等
北美	美国、加拿大	纽约、多伦多、旧金山、芝加哥、波士顿等
东欧及中亚	波兰、土耳其、捷克、匈牙利、俄罗斯、爱沙尼亚等	华沙、塔林、布拉格、塞浦路斯、伊斯坦布尔等
中东及非洲	阿联酋、摩洛哥、以色列、毛里求斯、南非等	迪拜、阿布扎比、卡萨布兰卡、多哈、特拉维夫等

续表

地区	国家	顶级金融中心
拉美及加勒比	墨西哥、巴西、巴哈马、巴拿马等	开曼群岛、百慕大群岛、维京群岛、巴哈马、圣保罗等

表8-5　　　　地区排名前五位城市平均得分情况

	亚洲/太平洋地区	东欧及中亚地区	拉美及加勒比地区	中东及非洲地区	北美地区	西欧地区
第1期	598	456	450	570	638	653
第2期	597	446	434	508	644	672
第3期	601	435	513	538	645	669
第4期	623	434	528	561	649	674
第5期	596	389	495	544	641	665
第6期	671	461	545	544	664	682
第7期	689	509	570	575	678	685
第8期	681	512	561	567	677	679
第9期	682	521	561	567	678	677
第10期	698	583	602	611	696	687
第11期	710	591	606	615	700	696
第12期	697	594	606	624	695	696
第13期	724	608	637	660	716	726
第14期	724	573	627	652	716	724
第15期	729	608	653	685	725	729
第16期	725	629	653	684	722	717
第17期	724	613	650	689	721	718
第18期	732	638	665	687	727	725
第19期	731	621	636	673	724	719
第20期	730	622	646	663	733	721
第21期	738	626	637	673	733	722
第22期	726	644	652	671	710	715
第23期	752	575	624	667	738	721

从长期来看,各地区的顶级金融中心得分都呈不断上升趋势,但是区域间表现各异。西欧地区在2009年之前的前6期排在第1位,然而从2014年的第16期开始落后于亚洲/太平洋地区和北美地区,到第23期时得分排名第1位的亚洲/太平洋地区差距仅有8分。亚洲/太平洋地区在2007年的第1期排在第3位,但是在最近几期逐渐升至第1位。北美地区保持稳定上升趋势,一直排在第2位。西欧地区、北美地区和亚洲/太平洋地区逐渐形成三足鼎立的趋势,与排名后3位的地区拉开差距。

排名第4位的中东及非洲地区从2009年的第6期开始迅速攀升,在第2014年的第16期的时候与西欧地区的得分差距仅33分。拉美及加勒比地区和东欧及中亚地区得分都呈波动上升的趋势,且都在2017年的第22期开始呈下降趋势。另外,值得注意的是2008年金融危机对亚洲/太平洋地区、拉美及加勒比地区和东欧及中亚地区影响较大,在2009年3月的第5期分别下降27分、33分和45分。

(二)顶级金融中心相对稳固

伦敦、纽约、香港、新加坡和东京一直位于全球金融中心的领先地位,从第1期开始,十多年来变化不大,排名位次稍有改变。然而,伦敦和纽约的优势逐渐减弱。由于受到金融危机的影响,伦敦和纽约的评分均有所下降,而香港、新加坡的评分不断上升,传统的顶级金融中心与新兴金融中心评分的差距越来越小。

第23期报告指出排名前10位的金融中心都保持稳定,目前排名前5的金融中心评分差距已经不到50分。伦敦和纽约继续保持在第1位和第2位,但是它们之间的评分只相差1分。香港仍然保持第3的金融中心地位,评分较第22期上升,与排在第

4位的新加坡拉开差距。旧金山和波士顿分别大幅跃升9位，排名挤进前10，替代了北京和苏黎世。悉尼、北京、墨尔本和蒙特利尔评分都有大幅上升，但是排名都下降1位。

近几期以来，排名前25的金融中心评分均有所上升且保持稳定，人们更偏向于强大和成熟的全球顶级金融中心。同时排名后50位的金融中心评分都出现下降，且平均降幅远大于排名前列金融中心的升幅。

传统金融中心评分波动不定。西欧金融中心仍然不稳定，一部分原因是英国脱欧引起的不稳定性。欧洲城市中汉堡、慕尼黑、摩纳哥以及马德里排名都有大幅提升，然而法兰克福、卢森堡、日内瓦、阿姆斯特丹排名都大幅下降。北美地区的金融中心整体评分和排名均有所上升，但是也有例外，比如华盛顿的排名下滑20位。

（三）亚太区金融中心城市排名普遍上升

近年来随着亚太地区经济持续高质量发展，以及受英国脱欧、美国贸易保护势力抬头等因素影响，国际金融专业人士普遍更加看好亚太地区金融中心的发展。

亚太地区的顶级金融中心评分和排名都呈上升趋势，逐步"赶超"欧美的传统金融中心。前10位顶级金融中心中亚太地区占了5位，且广州、曼谷、吉隆坡和釜山排名均有显著提升。天津和新德里首次进入全球金融中心体系，以香港和新加坡为代表的亚太地区顶级金融中心，在全球金融市场上影响力不断提升。本期香港金融中心的评分大幅上升了37分，与排名榜首的伦敦仅相差14分。

全球金融中心指数每期报告会就世界各重要分地区的排名较前的主要金融中心情况进行汇总比较，2017年（第21期）和2018年（第23期）全球金融中心指数中亚太地区排名前15的金融中心如表8-6所示。

表8-6　　　　亚太地区排名前15的金融中心与变化情况

城市	2018年（第23期）		2017年（第21期）		较上年变化	
	排名	得分	排名	得分	排名	得分
香港	3	781	4	755	↑1	↑26
新加坡	4	765	3	760	↓1	↑5
东京	5	749	5	740	0	↑9
上海	6	741	13	715	↑7	↑26
悉尼	9	724	8	721	↓1	↑3
北京	11	721	16	710	↑5	↑11
墨尔本	12	720	21	702	↑9	↑18
深圳	18	710	22	701	↑4	↑9
大阪	23	692	15	712	↓8	↓20
首尔	27	679	24	697	↓3	↓18
广州	28	678	37	650	↑9	↑28
台北	30	673	26	689	↓4	↓16
青岛	33	662	38	649	↑5	↑13
曼谷	37	643	36	659	↓1	↓16
吉隆坡	40	632	35	659	↓5	↓27

从排名情况看，亚太地区金融中心呈现稳中有升状态，接近榜首位置的领先金融中心如香港、新加坡和东京保持排名相对稳定，多个城市（上海、北京、墨尔本、深圳、首尔、广州）排名上升。亚太地区金融中心的得分大部分有所上升，其中香港、上海、墨尔本、广州得分大幅上升，分别上升26分、26分、18分和28分。同时，大阪、首尔、曼谷和吉隆坡的得分出现较为明显的下滑。值得注意的是，广州是亚太地区这一年来得分和排名跃升最快的城市。从国家和地区来看，中国和澳洲普遍上升，东南亚地区和韩国普遍下降，日本的两个金融中心表现出现分化，东京评分有所上升，但是大阪排名和得分均有

大幅下降。

(四) 各地区的金融中心表现出分化

第23期报告指出,除了塞浦路斯、伊斯坦布尔和莫斯科上升之外,东欧和中亚的金融中心评分都有所下降。中东及非洲金融中心只有迪拜和阿布扎比的得分有所上升,但是毛里求斯、利雅得和卡萨布兰卡的排名都有所提高。拉美及加勒比海地区的金融中心排名靠前的均为离岸金融中心,如开曼群岛、百慕大群岛、巴哈马和维京群岛。其中,开曼群岛从第21期以来排名跃升9位,得分大幅提升30分,处于拉美及加勒比地区的领先地位;巴哈马是该地区排名跃升最大的金融中心,从第21期的第83位升至第23期的第59位,但是得分仅仅提高了14分;百慕大群岛排名与得分均保持稳定,维京群岛的排名波动很大,但总体呈下降趋势,从第21期的第51位、至第22期的第37位再至第23期的第60位。

三 中国城市在全球金融中心指数中的表现

(一) 中国进入金融中心指数的城市增多

自第1期全球金融中心指数起,中国城市就已出现在正式排名的榜单中,随着中国金融改革的推进和金融产业的发展壮大,中国金融中心的竞争力不断提升,进入全球金融中心指数的中国城市也不断增多,除了持续列入排名的香港和台北之外,截至2018年3月中国大陆共有8个城市被列入正式排名,分别是上海、北京、深圳、广州、青岛、天津、成都、大连(见表8-7)。有鉴于中国金融业在国际上的影响力和重要性与日俱增,第23期全球金融中心指数选择将中国青岛作为海外发布城市,进一步加强了中国城市与世界金融业的联系,有助于让更多的中国城市成为在国际上拥有影响力的金融中心。

表 8-7 中国城市近 3 年在全球金融中心指数中排名变化

城市	第 18 期	第 19 期	第 20 期	第 21 期	第 22 期	第 23 期
香港	4	3	4	4	3	3
上海	21	16	16	13	6	6
北京	29	23	26	16	10	11
深圳	23	19	22	22	20	18
广州				37	32	28
台北	26	24	21	26	27	30
青岛		79	46	38	47	33
天津						63
成都					86	82
大连	41	31	48	75	92	96

香港自 2007 年第 1 期全球金融中心指数后长期保持在前 5 名，是排名最高的中国城市。上海自 2007 年第 1 期起进入榜单，最高排位为第 5 名（2011 年），最低排位为第 35 名（2009 年），是排名最高的中国大陆城市，在第 23 期中排名第 6 位。北京自 2007 年第 1 期起进入榜单，最高排位是 2018 年最新的第 11 名，最低排位为第 59 位（2013 年）。深圳于第 6 期首次进入榜单，并曾获得全球第 5 名的亮眼成绩，在接下来的第 15 期中，均进入榜单，排名介于第 9 位至第 38 位之间，2018 年最新排名为第 18。广州于第 21 期起首次进入全球金融中心指数榜单，排名第 37 位，在第 22 期上升 5 位至第 32 位，在第 23 期中排名又上升 4 位至第 28 位。

大连在第 16 期进入备选榜单，在备选榜单中排名低于广州（第 4 位），自第 17 期起开始进入正式榜单，最高排位为第 31 位（2016 年），最低排位为第 92 位（2017 年）。青岛的情况比较特殊，没有进入备选榜单，而是自第19期起直接进入正式榜单，排第79位，并迅速跃升。大连和青岛进入排名的时间较短，且波动较大。天津在第23期中首次进入全球金融中心指数正式榜单，当前排名在第63位。

除了上述已经在全球金融中心排名中取得一席之地的城市外，中国其他城市也大力发展金融业，逐渐融入全球金融业的整体发展。杭州也进入了备选金融中心榜单，后续很可能将进入正式榜单。由此可见，中国金融业在迈进全球的发展过程中，将与国际市场更加同步，深度参与并积极推动全球金融业发展。

（二）中国金融中心普遍被看好

根据问卷调查结果，从第21期至第23期的3期中前15位有望进一步提升影响力的金融中心中来自中国的金融中心占了1/3（见表8-8）。其中，上海连续3期排在第1位，这充分说明了受访者对中国金融中心未来发展的前景非常看好。

表8-8　　　　　　　　有望进一步提升影响力的金融中心

第21期		第22期		第23期	
金融中心	排名	金融中心	排名	金融中心	排名
上海	1	上海	1	上海	1
新加坡	2	青岛	2	青岛	2
迪拜	3	新加坡	3	新加坡	3
香港	4	都柏林	4	法兰克福	4
青岛	5	卡萨布兰卡	5	卡萨布兰卡	5
深圳	6	深圳	6	香港	6
卡萨布兰卡	7	法兰克福	7	北京	7
都柏林	8	香港	8	都柏林	8

续表

第21期		第22期		第23期	
金融中心	排名	金融中心	排名	金融中心	排名
卢森堡	9	成都	9	阿斯塔纳	9
多伦多	10	纽约	10	古吉拉特国际金融科技城（GIFT）	10
直布罗陀	11	首尔	11	卢森堡	11
北京	12	北京	12	成都	12
釜山	13	卢森堡	13	首尔	13
伊斯坦布尔	14	多伦多	14	迪拜	14
阿布扎比	15	阿布扎比	15	多伦多	15

（三）以中国城市为代表的亚太城市声誉优势明显

在声誉方面具备比较优势的前十大金融中心中，第21期有7个都在亚太地区，第22期和第23期有6个在亚太地区，而中国城市又分别占据了4席、3席和3席，其中青岛的声誉优势最明显，显示出中国城市的声誉优势（见表8-9）。

表8-9　　　　声誉优势排前10的金融中心

第21期前十城市	声誉优势	第22期前十城市	声誉优势	第23期前十城市	声誉优势
新加坡	74	青岛	146	华盛顿	158
青岛	72	纽约	111	青岛	158
纽约	69	新加坡	109	新加坡	86
东京	62	香港	86	天津	83
香港	58	东京	84	卡萨布兰卡	73
伦敦	58	华盛顿	77	纽约	67
悉尼	49	成都	76	惠灵顿	64
多伦多	42	悉尼	75	伦敦	57
上海	41	伦敦	72	香港	55
深圳	36	波士顿	72	悉尼	55

中国的多个金融中心在问卷调查中得到的评分高于最终综合得分,说明在受访者心目中的竞争力或受欢迎程度高于仅仅基于客观指标测算出来的竞争力,这很可能是由于开展良好的市场宣传推广获得,使得受访者对该城市金融中心的总体印象较佳,青岛的表现最为突出。

(四) 中国的金融中心竞争力的分项表现出现差异化

全球金融中心指数模型中所使用的特征指标可以归纳划分为五类,也就是分项的竞争力,包括营商环境、人力资本、基础设施、金融业发展水平及声誉。为了评估金融中心在各个领域的表现情况,GFCI 23 要素评估模型同时也对金融中心竞争力五个分项指标的每一项都进行单独评估,并列出排名前 15 的金融中心。

中国城市在基础设施方面普遍表现亮眼,金融业水平、人力资本和声誉尚可,在营商环境方面表现相对不足(见表8-10)。

表8-10 中国大陆金融中心竞争力各分项指标排名

城市	营商环境		人力资本		基础设施		金融业发展水平		声誉	
	排名	得分	排名	得分	排名	得分	排名	得分	排名	得分
上海	20	680	13	700	5	742	11	704	13	704
北京	22	669	18	687	13	718	13	693	18	693
深圳	19	681	15	696	48	616	17	683	24	685
广州	33	656	31	652	22	677	38	652	33	670
青岛	34	655	30	653	29	654	30	663	11	709
天津	66	601	94	481	46	621	45	640	60	611
成都	93	526	83	572	95	444	87	551	95	467
大连	96	487	96	424	96	349	95	510	96	366

从 5 个分项竞争力的具体表现来看，中国城市在金融业发展水平、基础设施、人力资本和声誉领域中都有 3 个城市进入前 15 位。其中，香港和上海在这 3 个领域均进入前 15 位，北京在金融业发展水平和基础设施领域排在 13 位，深圳在人力资本领域排在 15 位，青岛在声誉及综合排在 11 位。中国城市在营商环境领域，除香港排名第 3 以外，没有其他城市进入前 15。广州与上海、北京、深圳相比，在各分项竞争力上还存在较大差距，未能在任何一个领域内挤进全球前 15 名，还有很大的提升空间。

（五）中国城市在金融业不同行业中优势出现差异化

第 23 期金融中心指数报告中的行业分类指数包括：银行业、投资管理、保险业、专业服务、政府监管五大领域。并列出了五大行业指数中排名前 15 位的金融中心，除了香港在各项行业指数中都保持较高的名次之外，中国的金融中心在五大行业指数中的排名呈现差异化的特征。

从行业分类指数方面看，中国城市表现也相当突出（见表 8-11）。香港在第 23 期全球金融中心指数中均进入了所有行业分类全球前 15 的排行榜，稳居一线金融中心地位；上海除"政府规管"一项外也悉数进榜；北京除"专业服务"和"政府规管"两项外也悉数进榜；深圳则进入"银行业"和"保险业"的前 15 位，分别排在第 15 位和第 13 位。由此可见，中国城市如香港、北京、上海、深圳等重要金融中心通过多领域的全方位均衡发展，不断提升其在全球金融体系中的地位。但是，政府监管是中国大陆的金融中心表现最不足的行业领域，没有大陆城市排名进入前 15 位，这表明政府监管是中国城市建设金融中心的普遍短板。

表 8-11　金融中心行业分类指数排名前 15 位的中国城市

银行业	投资管理	保险业	专业服务	政府监管
香港（3）	香港（2）	香港（1）	香港（3）	香港（3）
上海（5）	上海（9）	上海（5）	上海（14）	
北京（7）	北京（12）	深圳（13）		
深圳（15）				

总的来看，亚太地区的顶级金融中心评分均有所上升，与欧美传统金融中心的差距也在不断缩小。中国大陆的城市进入金融中心指数榜单逐渐增多，且排名呈上升趋势，以中国城市为代表的亚太城市声誉优势明显。从竞争力的 5 个分项指标来看，中国城市在金融业水平、基础设施、人力资本和声誉及综合领域具有优势，但是在营商环境方面还需要提升。从行业细分来看，中国城市表现也相当突出，但是政府监管领域还有待进一步加强。

四　广州全球金融中心地位的特征分析

广州自 2017 年正式进入全球金融中心指数榜单后，连续两期排名和得分双提升，这是对广州金融中心建设成绩的肯定。同时也应看到，广州金融行业发展同国内先进国际金融中心城市相比仍有一定差距。通过分析全球金融中心指数的具体特征指标，我们认为广州仍有很多不足和较大的进步空间。

（一）广州在全球金融中心指数中的排名情况

自第 16 期全球金融中心指数（2014 年）起，广州开始进入备选榜单，一直居于备选榜单的首位；于 2017 年 3 月第 21 期全球金融中心指数中进入正式排名榜单，排名全球第 37 位；2017 年 9 月，广州排名大幅跃升 5 位，排名全球第 32 位；2018 年 3

月，广州排名大幅跃升4位，排名全球第28位（见表8-12）。

表8-12 广州在全球金融中心指数中的历年表现

年份	报告	排位	问卷反馈（份）	指标得分
2014	第16期	备选第1位	133	—
2015	第17期	备选第1位	169	—
	第18期	备选第1位	194	707
2016	第19期	备选第1位	162	685
	第20期	备选第1位	167	677
2017	第21期	正式排名第37位	211	650
	第22期	正式排名第32位	293	668
2018	第23期	正式排名第28位	353	678

从"问卷份数"看，广州在第16—20期均未能获取足够问卷反馈，因而未能进入正式排名；然而，在第16—20期，在备选名单中，广州均以最多反馈问卷数排名第1位，并于第18期（2015年）中获得194份问卷，仅以6份问卷之差未能进入正式榜单。第21期起，广州以收获超过200份问卷正式进入全球金融中心指数排名，并在短短一年间从211份问卷上升至353份问卷，在全球金融行业中的显示度大幅提升，作为全球金融中心的地位受到越来越多的肯定。

从"指标得分"看，自第18期起广州得分均高于650分，对比整体金融中心得分情况来看，处于中上水平，位于37—46位之间。2017年，广州金融业增加值接近2000亿元，占全市GDP的比重达9.3%，GDP贡献率为11.3%。在金融总量上，广州与排名前列城市之间的距离正逐步缩小；在活跃度上，广州也成为全国直接融资最为活跃的地区之一。广州在这一期金融指数的得分和排名大幅跃升，是世界对广州在发展金融业方面做出巨大努力的肯定，更是对广州在未来全球金融市场发挥更重要作用的期许。

(二) 广州的全球金融中心层级不断提升

全球金融中心指数在分析金融城市"联系性"的基础上，对其金融行业的特征倾向于"多元化"还是"专业性"进行划分，并由此对金融中心进行分类。中国的香港、北京和上海属于全球性顶尖金融中心，深圳的联系性弱于北京和上海，但专业性同样特色鲜明，因此属于全球性专业型金融中心（见表8-13）。这些城市定位与上期没有变化。

表8-13　　　　　GFCI 23 中金融中心的分类结果

	多元化专业性兼备	多元化	专业性	新兴竞争者
全球性	全球性顶尖 16个 纽约、伦敦、巴黎、香港、北京、迪拜、上海等	全球多元型 5个 阿姆斯特丹、芝加哥、米兰、莫斯科、华盛顿	全球专业型 2个 卢森堡、深圳	全球性竞争者 1个 青岛
国际性	成熟的国际型 12个 日内瓦、广州、洛杉矶、旧金山、里约热内卢等	国际多元型 8个 波士顿、布鲁塞尔、哥本哈根、约翰内斯堡等	国际专业型 7个 英属维尔京群岛、卡萨布兰卡、成都等	国际性竞争者 3个 大连、多哈、新德里
本土性	成熟的参与者 7个 曼谷、汉堡、大阪、墨西哥城等	本土多元型 10个 雅典、孟买、惠灵顿等	本土专业型 11个 布宜诺斯艾利斯、摩纳哥、马尼拉等	进步中的中心 12个 雅加达、马耳他、天津、圣彼得堡等

全球金融中心指数对广州的定位不断提升。第21期全球金

融中心指数将广州定位为"国际性竞争者",与孟买、巴哈马等城市并列,位于全球金融中心分层的中下端;第 22 期全球金融中心指数将广州定位为"国际专业型金融中心",与卡萨布兰卡、开曼群岛等城市并列,进入全球金融中心分层的中阶;第 23 期全球金融指数将广州列为"成熟的国际型金融中心",与日内瓦、洛杉矶等城市并列,对比第 22 期的定位有所提升。

(三) 广州再次入选全球金融中心的稳定指数

广州在 2017 年的第 22 期全球金融中心指数报告中首次入选"稳定发展的 40 个金融中心",并被归类为"活力发展的金融中心"行列。但广州的位阶相对靠后,在"活力发展的金融中心"大类中仅以微弱优势领先都柏林和惠灵顿。广州在 2018 年的第 23 期全球金融中心指数报告中再次入选"稳定发展的 40 个金融中心",但是在"活力发展的金融中心"大类中依然排名靠后。

(四) 广州金融中心竞争力各分项指标仍有较大提升空间

广州金融中心竞争力各项指标仍有较大的提升空间,在 5 个分项竞争力指标中均未排到前 15 位,5 个指标中除了"基础设施建设"外排名均低于广州的综合排名。

1. 营商环境

"营商环境"包含政治稳定性和法治水平、制度监管环境、宏观经济环境、税收和成本,具体指标有营商环境排名、经合组织国家风险分级和金融保密指数等。广州在"营商环境"指标中排名第 33 位,是广州近年来大力营造市场化法治化国际化营商环境的成果。在金融领域,广州着力帮助中小微企业解决融资难题,降低企业融资成本。广州地区金融机构新发放贷款平均利率 5.11%,同比下降 0.38 个百分点,比全省低 0.32 个百分点。2017 年,广州印发《广州市促进风险投资市场规范发展管理办法》,推动广州私募基金市场快速发展。此外,市金融局获得了省金融办将融资性担保公司设立、变更审批，以及小额贷款公司设立审批等职权的委托实施，减少了审批流程，提升了审批效率。

2. 金融业发展水平

"金融业发展水平"包含产业集聚深度和广度、资金可得性、市场流通性、经济输出，具体指标有股票交易总值、股票交易量、开放式基金总值等。广州在"金融业发展"指标中位列第38名。据统计数据，2017年广州金融业增加值达1998.76亿元，同比增长8.6%，占全市GDP的9.3%。目前，广州金融业总资产突破7万亿元，金融从业人员达16万人，类金融机构超过2万家，成为国内金融产业链条最为完善的城市之一。广州建设风险投资之都取得重大进展，在国内首次建设风投大厦和创投小镇，全市创业及股权投资机构数量在一年内激增近3000家，管理资金规模增长116%。2017年，广州成功争取中证机构间报价系统南方运营中心落户广州，标志着两所（沪深交易所）、两系统（全国股转系统、中证报价系统）在京沪广深形成四足并立之势。另外，广州设立了金融风险监测防控中心，是全国首家地方金融风险监测防控机构。

3. 基础设施

"基础设施"包含建筑设施、信息和通信技术设施、交通基础设施、可持续性，具体指标有通信技术设施发展指数、房地产透明指数等。广州在"基础设施"指标中排名第22位，高于综合排名，与其他中国城市相似，在基础设施领域的表现相对突出。2017年，广州白云国际机场旅客吞吐量达6583.69万人次，同比净增长超600万人次，增幅达10.2%。全年旅客吞吐量位列全球第13位，比2016年上升2个位次。在全球客流量排名前15位的机场中，无论是旅客净增长量还是增长速度都排名第1。广州港2017年集装箱吞吐量突破2000万标准箱，成功跨入2000万标准箱的港口行列，位列世界第7。

4. 人力资本

"人力资本"包含技术型人才可得性、灵活的劳动力市场、教育和发展、生活质量，具体指标是健康指数、全球人才排名、高净值人才数量等。广州在"人力资本"指标中排名第31位，主要得益于广州不断加强对人才的培养和对金融机构的扶持力度。广州高层次金融人才支持项目实施三年以来，累计评出金融领军人才3名，金融高级管理人才236名，金融高级专业人才528名。美世每年发布的城市生活成本调查是人力资本指标中与得分相关度较高的指标，调查包含货币波动、货物服务成本膨胀率和住宅价格的不稳定性，城市排名越高，在该城市生活的成本越高。在2016年的报告中显示，广州排名第18，下降了3个名次，深圳排名第12，上升了2个名次；上海和北京分列第7和第10。相比其他进入列表的中国城市，广州的生活成本控制较好相对较低，这是广州城市发展的优势。

5. 声誉

"声誉"包含城市品牌和吸引力、创新水平、文化多样性、与其他金融中心的比较定位，具体指标有全球创新指数、全球城市指数、全球竞争力指数等。在"声誉"指标上，广州排第33位。2017年，广州多次举办国际性高端论坛，例如《财富》全球论坛、国际金融论坛、第19届中国风险投资论坛、第6届中国（广州）国际金融交易·博览会等国际活动，大幅提升广州在金融领域的国际影响力。另外，广州金融发展得到国际媒体的高度关注，美国《华尔街日报》和英国《金融时报》都报道了广州的金融发展情况。

声誉指标中与得分相关度较高的指标有IESE商学院全球活力城市指数、科尔尼公司全球城市指数和2thinknow智库全球创新城市指数等。广州在全球城市中的总排名104，得分59.78，表现属中等（average）水平。相比而言，北京排名92，得分63.53，上海排名93，得分63.35，均属于表现相对较好（relative high）的城市类型。深圳同广州同属于中等活力城市，排名130，得分54.23。中国城市的排名普遍较低，长远来看，广州在这方面仍有较大的改进空间。

可以看出，除了成本因素，广州在全球金融中心指数的多个特征指标上，与国内的北京、上海、深圳形成了一定的差距，在世界范围内的排名也不算太高。

第九章 澳大利亚2thinknow智库"全球创新城市指数"与全球城市发展趋势

一 "全球创新城市指数"背景与研究方法

(一) 澳大利亚2thinknow与"全球创新城市指数"

2thinknow智库于2006年在澳大利亚墨尔本成立,是全球第一家以"创新"为研究主题的专业智库。该智库认为创新不是一个独立的产业,而是一个综合发展的过程,"全球创新城市指数"背后的理念就是致力于寻找一种创新发展的基本模板和整体思路。

"全球创新城市指数"的实质是一个包含1500多个城市各类发展指数的数据库,每年根据源数据的最新情况实时更新。2007年4月,2thinknow智库在波士顿首次发布"全球创新城市指数"排名,公布了排名前8的城市,同时列出了14个待观察城市。2008年对外发布的排名榜单城市数量上升到95个,2009年上升到256个,2010年为289个,2011年为331个,2012年起为445个,连续三年未变后,在2016—2017年的报告中将榜单城市数量扩大到500个。排名榜单选择城市时主要考虑各个城市的健康、财富、人口和地理等因素的基本情况,每年排名榜单发布的时间基本维持在3月份左右,一年或两年发布一次。

（二）评价维度和变量

"全球创新城市指数"的框架从宏观到微观分为四个层次：3大核心因素（Factors）—31个领域（Segments）—162个指标（Indicators）—1200个数据点（Data Points）（见表9-1）。

表9-1　全球创新城市指数指标的3大因素以及31个领域

文化资产： 历史建筑与建筑规划；艺术与文化；商业；环境与自然；饮食与酒店招待；音乐与演出；咨询、媒体与出版；信仰、宗教与慈善；体育与健身		
人力基础设施+文化资产： 时尚；机动性、汽车、自行车与运输	人力基础设施+网络型市场+文化资产： 文化交流；旅游观光；经济状况	网络型市场+文化资产： 人口
人力基础设施： 基础服务和供水；商业与金融；教育、科学和大学；健康与医疗；政府与政治；劳工、就业和劳动力；法律与治理；物流、运输与港口；公共安全；资源、采矿、石油与天然气；零售与购物；创业与企业家；技术与交流	人力基础设施+网络型市场： 工业与制造业	网络型市场： 外交与贸易；地理位置；军事与国防

2thinknow智库认为，创新是一种逐渐培育发展的过程，而3大核心因素——文化资产、人力基础设施、网络型市场——是创新过程的基本理念。文化资产强调一个城市的创新发展需要基于丰富的文化财富，而这种文化财富并不是狭义上的文化产业，而是涵盖范围更加广泛的文化生活，甚至包含一定的政治生活，通过艺术社区、公民组织、博物馆、音乐活动、展览会、政治游行活动、书籍、媒体、信息和体育等多个方面衡量。人力基础设施因素强调对于居民的服务以及

对于人才的吸引能力，涵盖的领域包括公共交通、金融行业发展、高等教育、健康医疗、铁路交通、道路交通、法律保障和服务、宜商环境、"双创"环境、电信等软硬件基础设施。网络型市场则是基于有关城市国际联结度高低的考量，从地理因素、进出口经济、市场规模、地缘政治和外交等方面衡量城市的全球影响力。

在3大因素的宏观框架下，162个具体的评价指标被归类为31个领域。该维度介于顶层设计3大因素和基层数据162个指标之间，基于3大因素的核心理念，对种类多样、纷繁复杂的具体指标进行综述和总结。大部分领域隶属于单一因素的概念之下，少部分领域横跨2个甚至3个核心因素概念。

（三）全球创新城市指数评价体系与方法

全球创新城市指数在31个领域下，共有162个指标用于衡量城市的创新程度和潜力，而这162个指标是通过1200个数据点进行正态分布计算后合并得来。每一个数据点在计算时，将城市依照正态分布曲线进行排列：从左至右分别是优异城市、超基准城市、全球竞争力城市、次基准城市、较差城市、失败城市，每一个层级内的城市数量依照正态分布的比例进行分配，得分从左往右依次递减，最高得分5，最低得分0（见表9-2）。

举例说明，假如2thinknow智库以"城市内的商学院数量"作为数据点，用于衡量"教育、科学和大学"领域下"商业教育"这一指标的发展状况，那么各个城市会依照所拥有的商学院数量进行排名。在共有454个城市进入排名榜单的情况下，排名前12的城市得分为5，排名13—68的城市得分为4，以此类推。

表9-2　　　　　　　城市数据点正态分布得分表

城市类型	城市数量	指标得分
优异城市	12	5
超基准城市	68	4
全球竞争力城市	236	3
次基准城市	103	2
较差城市	28	1
失败城市	7	0

在162个指标中，每一个指标下含有4—10个通过正态化分布计算得分的数据点。162个指标均为单个10分制，通过1200个数据点按比例转化计算而来。162个指标的得分再经过比例加成后计算得出总得分，2007—2011年为30分制，2012年之后则是60分制。

2009年开始，2thinknow智库开始对城市进行分级评价，最早共有五个级别：核心城市（Nexus）、枢纽城市（Hub Cities）、节点城市（Node Cities）、影响力城市（Influencer）和起步城市（Upstart）。2012年以前，2thinknow智库并未发布城市评级的具体算法与评价体系。2012年城市得分改为60分制后，从历年评级与得分的对应关系中可以分析得出，总积分50及50分以上为核心城市，45分及以上为枢纽城市，40分及以上为节点城市，35分及以上为影响力城市，34分及以下为起步城市。

表9-3　　　　　　全球创新城市指数城市评级与得分段

	2012—2015	2016—2017	城市表现
核心城市	50—60	46—60	在经济、社会层面的多个行业拥有创新领先优势

续表

	2012—2015	2016—2017	城市表现
枢纽城市	45—49	41—45	在经济、社会层面的核心、关键行业拥有创新优势
节点城市	40—44	32—40	在很多行业中的表现较有创新竞争力
影响力城市	35—39		2016年后取消该评级
起步城市	0—34	0—31	尚不具备全球竞争优势，但在多个领域有较大提高

2016—2017年版的"全球创新城市指数"再次对城市评级做出了较大调整：第四评级（影响力城市）和第五评级（起步城市）进行了合并，统称为起步城市，取消了原有的第四评级。城市得分与评级的对应关系改为：46分及以上为核心城市，41分及以上为枢纽城市，32分及以上为节点城市，31分及以下为起步城市。

表9-4 历年核心城市、枢纽城市、节点城市、影响力城市数量

年份 城市	2009	2010	2012—2013	2014	2015	2016—2017
核心城市	25	65	35	40	47	53
枢纽城市	50	30	112	97	89	125
节点城市	150	162	163	166	178	260
影响力城市	23	20	93	91	86	*46

注：*该数量为起步城市数量。

二 "全球创新城市指数"与全球城市发展状况

（一）总体情况

进入榜单的全球城市数量呈逐年上升的趋势，从2009年的256个城市，到2011年的331个城市，再到2014年的445个城

市，直到最新一版 2016/2017 年的 500 个城市。

2010 年，亚洲中心城市的排名上升，是因为这些城市的铁路和基础建设投资得到更新，由此可见基础建设投资对促进亚洲城市经济发展与排名提升的作用。首尔和上海在这一年第一次成为全球核心城市。欧洲城市继续在前 30 名中占据多数（17 个）；德国在欧洲国家中拥有最多数量的核心城市；整体来说法国和英国城市在节点城市中排名较高。

2011 年，进入"全球创新城市指数"的中国城市数量明显增加，这也是中国经济蓬勃发展的证明。武汉、成都均首次上榜。东京排名下降至 22 名，上海则稳定保持在 24 名。欧洲城市表现持续稳定。巴塞罗那排名 19，米兰排名 16，马德里排名 52，都灵排名 80，这与西班牙、意大利的落后的国家发展趋势反向而行，说明了城市排名和国家表现有可能相互分离。大多数入榜美国城市是节点城市或以上评级，显示出美国城市强大的全球创新竞争力。南非的开普敦成为非洲第一个枢纽城市，孟买成为印度的第一个枢纽城市。

2012—2013 年，枢纽城市中的大多数城市来自美国和加拿大。许多南欧城市排名下滑，迪拜和以色列的特拉维夫第一次进入核心城市位置，首尔也从枢纽城市跃升为核心城市。

2014 年，美国硅谷地区获胜排名第 1，这也是硅谷地区强大的科技创新企业实力的体现。首尔首次赢得亚洲第 1 名。在澳洲，悉尼首次击败长期冠军墨尔本赢得该国第 1。在中国，该年度上海超过北京荣膺第 1。南京、苏州、广州排名上升而其他中国城市排名下降。在欧洲，伦敦取代了之前的欧洲冠军巴黎和维也纳荣升第 1。迪拜则仍然领先于阿布扎比成为阿联酋的创新首都。

2015 年，首尔首次进入全球前 10，北京、巴塞罗那、圣彼得堡、台北、马德里、都柏林、孟买等城市排名快速上升。北美城市在前 100 名中数量占比降至 31%，而亚洲城市数量占比则第一次在前 100 名中升至 19%。

在最新一期的 2016—2017 年，东京复兴，排名上升至第 3 名。核心城市中有 9 个在亚洲，包括首尔、悉尼、北京和大阪。底特律和雅典现在重新复苏，雅典排名从 2015 年的 297 名攀升到 2016—2017 年的 74 名，上升了 223 位，底特律从 2015 年的 233 名上升到 2016—2017 年的 77 名，上升了 156 位。

（二）欧美持续全球领跑

从 2007 年到 2008 年，欧洲的维也纳占据榜首位置，从 2009 年开始则是波士顿和旧金山分别获得第 1 名。2015 年到 2016/2017 年度，伦敦击败了美国城市得到第 1 名的位置（见表 9-5）。

表 9-5　　　　　　　　全球创新城市指数历年前 10 名

年份	2007	2008	2009	2010	2011	2012—2013	2014	2015	2016—2017
1	维也纳	维也纳	波士顿	波士顿	波士顿	波士顿	旧金山	伦敦	伦敦
2	波士顿	波士顿	维也纳	巴黎	旧金山	纽约	纽约	旧金山	纽约
3	巴黎	巴黎	阿姆斯特丹	阿姆斯特丹	巴黎	维也纳	伦敦	维也纳	东京
4	纽约	纽约	巴黎	维也纳	纽约	旧金山	波士顿	波士顿	旧金山
5	莱比锡	莱比锡	旧金山	纽约	维也纳	巴黎	巴黎	首尔	波士顿
6	布拉格	布拉格	伦敦	法兰克福	阿姆斯特丹	慕尼黑	维也纳	纽约	洛杉矶
7	罗马	罗马	汉堡	旧金山	慕尼黑	伦敦	慕尼黑	阿姆斯特丹	新加坡
8	墨尔本	墨尔本	纽约	哥本哈根	里昂	哥本哈根	阿姆斯特丹	新加坡	多伦多
9	旧金山	柏林	东京	里昂	哥本哈根	阿姆斯特丹	哥本哈根	巴黎	巴黎
10	柏林	旧金山	里昂	汉堡	多伦多	西雅图	西雅图	东京	维也纳

从榜单排名前10名的历年变化可以看出，最初五年是欧洲国家的核心城市占多数，随后两年则是欧洲、美国城市各自占据半壁江山。值得一提的是直到2015年以前东京是亚洲唯一排名前10的核心城市，到了2015年，首尔、新加坡的上升才改变了这一状态。

美国始终是全球最具创新实力的国家，波士顿和旧金山两座美国城市在2009—2014年轮流坐庄第一名，纽约也始终维持在全球排名前10的位置。三座核心城市横跨美国东西两岸，产业结构各有特色，形成了相互支持的格局。除这三座城市以外，还有洛杉矶、达拉斯、芝加哥、西雅图、休斯敦等16个核心城市，43个枢纽城市，59个节点城市，共118个城市在2016年上榜，当之无愧创新实力第一的国家。

对比2010年的核心城市名单和2016年的核心城市名单，欧洲城市的整体实力逐渐逊于美国。2010年，30个全球核心城市中欧洲城市占17个，美国城市5个。到了2016年，全球核心城市总数增长到53个，其中欧洲城市22个，美国城市16个。换言之，在新增的23个核心城市中，美国城市占11个，欧洲城市占5个。在2016年排名前30的城市中，欧洲城市9个，而美国城市有11个。尽管欧洲整体实力略低于美国，但英国伦敦的创新实力在逐年稳步提升。伦敦在2009年正式登上2thinknow智库的排名榜单，经过五年的努力在2015年成为全球排名第1的城市，并在2016—2017年的排名中蝉联第1。

（三）东亚地区发展迅速

自始至终，全球顶尖创新城市大多来自欧洲和北美，欧美城市占据全球核心城市总数的70%以上，但亚洲地区的城市近年来进步同样十分迅速。日本东京是最早成为核心城市的亚洲城市，于2009年以25分排名全球第9。2010年，除东京以外，又有6座亚洲城市成为核心城市，分别是香港、上海、京都和首尔、悉尼、墨尔本。在这6座亚洲城市中,香港排名第1。2012—2013年,香港蝉联第1,新加坡成为第6个亚洲的核心城市。2014年,大阪成为核心城市,亚洲的核心城市数量增长到9个,首尔排名第1。2015年,首尔蝉联亚洲第1,北京成为新的亚洲核心城市,亚洲核心城市增加到10个。2016—2017年,日本京都降级为枢纽城市,亚洲的核心城市数量成为9个(见表9-6)。

表9-6　　　　　　　　亚洲核心城市增减表

年份	城市数量	城市名单	新增	减少	国家分布
2009	1	**东京**、墨尔本、悉尼			日本:1 澳大利亚:2
2010	7	**香港**、东京、上海、京都、首尔、悉尼、墨尔本	香港、上海、京都、首尔		中国:2 日本:2 韩国:1 澳大利亚:2
2012—2013	8	**香港**、东京、上海、京都、首尔、新加坡、墨尔本、悉尼	新加坡		中国:2 日本:2 韩国:1 新加坡:1 澳大利亚:2
2014	9	**首尔**、东京、香港、上海、京都、新加坡、墨尔本、大阪	大阪	悉尼	中国:2 日本:3 韩国:1 新加坡:1 澳大利亚:1
2015	10	**首尔**、东京、香港、上海、京都、新加坡、大阪、北京、墨尔本、悉尼	北京		中国:3 日本:3 韩国:1 新加坡:1 澳大利亚:2
2016—2017	9	**东京**、香港、上海、首尔、新加坡、大阪、北京、悉尼、墨尔本		京都	中国:3 日本:2 韩国:1 新加坡:1 澳大利亚:2

注:加粗为当年亚洲排名第1的城市。

东亚地区的创新城市发展较为平稳,除日本京都外,近年来新增进入核心城市队列的东亚城市未有降级情况。日本是亚洲地区创新竞争力发展较早的国家,入榜城市较多,尽管京都被降级,但大阪跻身于核心城市队列,且东京作为最早成为核心城市的亚洲城市,其创新竞争力始终领跑亚洲,2016年居于亚洲首位。首尔曾连续两年居于亚洲城市排行榜首,2016年亚洲排名第3,但韩国入榜城市仅有1个,国家的创新实力整体仍需加强。

中国已经是亚洲地区拥有最多核心城市的国家,香港也曾连续两年蝉联亚洲第1,尽管香港2016年的位次有所下降,但北京、上海发展较为平稳,尤其是北京,已成为亚洲排名第5的创新城市。广州同深圳处于十分接近核心城市的分数和排名,有望在未来较短时间内跻身核心城市的行列,而北京与上海维持现有发展势头,有望成为亚洲地区领先的创新城市,使我国整体创新实力位居亚洲第1。

(四) 其他区域波动后平稳

在亚洲其他区域,阿联酋的迪拜2008年第一次出现在"全球创新城市指数"(以下简称指数)中,得分20分,同年卡塔尔的多哈也出现在指数中,得分18分。阿联酋的阿布扎比2009年第一次成为枢纽城市,排名第50名。到了2010年阿布扎比和迪拜双双进入评级,前者为枢纽城市,后者为节点城市。2011年,两座城市双双成为枢纽城市。沙特阿拉伯的吉达首次进入评级成为节点城市。孟买成为印度的第一个枢纽城市。2012—2013年度,迪拜得分50分超越阿布扎比(47分)第一次成为核心城市。2014年,迪拜继续保持核心城市的成绩,得分52分,全球排名第28名,成长为具有全球创新重要性的城市之一。多哈成为节点城市,土耳其的伊斯坦布尔首次成为该国唯一的枢纽城市,吉达则创新竞争力下降降级进入影响力城市名单。到了 2015 年,阿布扎比终于进入核心城市名单,迪拜排名全球第 23 位。在最新一期 2016—2017 年名单中,迪拜得分下降为 49 分,但仍然保持核心城市地位,而阿布扎比再次下滑成为枢纽城市。

非洲区域,以开普敦为代表,是非洲大陆第一个得到评级的城市。整个非洲大陆没有城市被评为核心城市。2009 年,开普敦得分 20 分首次上榜成为非洲首个节点城市,2012—2013 年度得分 45,全球排名 119 名,成为非洲首个枢纽城市,此后一直保持枢纽城市地位。2016—2017 年度,埃及的开罗得分 38 分评级上升成为节点城市。总体而言,成为枢纽城市、节点城市的非洲大陆城市数量极少,这与非洲大陆的普遍经济发展落后程度是息息相关的,这也意味着创新竞争力的落后。作为非洲大陆最发达的国家,南非的开普敦成为非洲大陆唯一评级为枢纽城市的城市也顺理成章。而南非的另一大城市约翰内斯堡虽然也出现在了指数中,但表现则不如开普敦,最好成绩为 2016—2017 年度的 36 分节点城市。

中东地区,以色列的特拉维夫一枝独秀,是榜单的常客。2010 年,特拉维夫成为枢纽城市,排名全球城市第 50 名。此后特拉维夫的排名一直上升直到 2012—2013 年得分 52 分,全球排名第 28 名,成为核心城市并一直保持,是中东地区唯一得到此成绩的城市。中东地区,以色列的国家发展一直表现得非常强劲,创新实力较强且有长足发展,故而特拉维夫在指数中表现突出也属自然。

总体来看,有三个现象值得注意。第一,城市排名与国家表现的相分离,这一点在欧洲城市上尤为突出,城市的排名与国家的整体表现是分开的,国家整体表现不佳并不代表城市排名就一定不好。这一点从西班牙、意大利的主要城市排名表现优异而这两个国家的创新发展趋势不尽如人意中可以看出。第二,以硅谷为代表的美国拥有强大的科技创新实力,大部分的美国城市都具有全球创新竞争力,这一点毋庸置疑。第三,城市基础建设投资给亚洲城市带来的经济发展与排名提升,突出了基础建设投资对亚洲城市的重要性。

三 广州与中国城市在"全球创新城市指数"中的表现

(一)中国城市在"全球创新城市指数"中的整体表现

随着中国整体创新实力的增强,进入"全球创新城市指数"的中国城市逐年增加。2010年有12个中国城市进入前500名的指数排名榜单,除香港、澳门、台北以外,有9个大陆城市上榜,分别为北京、上海、广州、南京、深圳、东莞、苏州、青岛、厦门。2011年和2012年两年,上榜的大陆城市分别增加了6个和9个,截至2015年,中国大陆地区上榜城市稳定在24个。中国大陆地区的上榜城市爆炸性增长发生在2017年,增速超过50%,上榜城市数量达到40个。由此可见,2016—2017年,中国城市的整体创新潜力被深度激发,创新实力高速增长,创新前景值得期待(见表9-7)。

表9-7 中国主要大陆城市历年排名、得分及评级

城市	年份	2010	2011	2012—2013	2014	2015	2016—2017
北京	排名	53	53	53	50	40	30
	得分			48	48	50	49
	评级	枢纽	枢纽	枢纽	枢纽	↑核心	核心
上海	排名	24	24	29	35	20	32
	得分			51	50	53	49
	评级	核心	核心	核心	核心	核心	核心

续表

城市	年份	2010	2011	2012—2013	2014	2015	2016—2017
深圳	排名	181	93	71	74	75	69
	得分			47	47	47	44
	评级	节点	↑枢纽	枢纽	枢纽	枢纽	枢纽
广州	排名	208	232	256	190	193	97
	得分			41	43	43	43
	评级	节点	节点	节点	节点	节点	↑枢纽
南京	排名	167	150	166	127	121	223
	得分			45	45	39	44
	评级	节点	节点	节点	↑2	2	↓节点
天津	排名		207	225	234	238	249
	得分			42	42	42	39
	评级		节点	节点	节点	节点	节点
苏州	排名	230	205	224	182	184	262
	得分			42	43	43	39
	评级	节点	节点	节点	节点	节点	节点
成都	排名		224	196	189	192	263
	得分			43	43	43	39
	评级		节点	节点	节点	节点	节点

早在2010年，大陆地区仅有上海、北京两座城市分别入围核心城市和枢纽城市，广州、深圳、南京、苏州等城市均位列第三层级的节点城市，而青岛、厦门尚属于起步城市。2011年，深圳率先升级，从第三层级升级为第二层级的枢纽城市；北京则于2015年正式成为第一线的核心城市；广州也在2016—2017年的最新排名中升级为枢纽城市。截至2017年的最新排名，中国大陆地区共有2个核心城市、2个枢纽城市，除汕头是最新加入排名的起步城市外，其他城市均为节点城市。

（二）北京、上海核心地位稳固

上海是中国大陆地区最早的核心城市，但近年来排名略有浮动，得分起伏不定，但整体而言，仍然是中国大陆地区最有创新竞争力的城市之一。北京的创新实力历年来稳步提升，2014年成为中国大陆地区第二座核心城市，并在最新的排名中超过上海，成为中国城市中的排名第1。北京、上海的城市积分同为49分，说明两个城市的差距不大，目前仍是中国最具有创新实力的城市，这也是广州下一步努力的目标。

（三）广州跃级枢纽城市，排名大幅上升

广州是近年来中国大陆地区排名进步速度较大的城市之一。2010年广州排名全球208，得分41，尚属于第三类的节点城市。2011—2013年几年间，由于进入排名的城市数量增多，在正态分布评分体系的影响下，广州排名出现了一定程度的下滑。但自2014年起，广州的创新能力进入快速发展时期，自2012—2013年的256名跃升至190名。2016—2017年，尽管全球创新指数排名新增50多个城市，但在正态分布计算得分的情况下，广州上进百名，跃居全球97名，成功晋级为第二层级的枢纽城市。

从广州历年总得分来看，城市的创新能力有着稳定的提升。广州在2009年首次进入排名榜单，30分制中得分19。2010年城市得分由于2thinknow智库未公布暂不可考。2011年（30分制）广州得分20。2012年（60分制）广州得分41。可以说，自2009年起，广州保持了每年进步约1分的成绩。2013年，广州得分上升至43分，并将这个成绩持续保持至2017年。单纯从数值上看，广州得分变化并不明显，但需要注意的是，2thinknow智库采用的是正态分布的计分方式，得分的变化同进入榜单的城市总数息息相关。2009年入选排

名榜单的城市是256个，2010年为289个，2011年为331个，2014—2015年为445个，而2016—2017年则是500个。考虑到城市总数的不断增加，六年间几乎翻了一倍，广州变动不大的分数实际上代表着广州市创新能力始终在高速发展、紧跟国际创新能力的变化和潮流，始终属于在国际上具有较强创新竞争力的枢纽城市。因此，尽管广州的总分没有太大变化，但在榜单上的排名一路攀升。

现阶段，深圳与广州同属于枢纽城市，广、深共同组成中国创新城市的第二梯队，仅次于北京和上海。深圳比广州更早进入枢纽城市的层级，2016年以前广州同深圳的差距较大。2012—2015年，深圳得分稳定在47分，排名始终领先广州百名以上，部分年份排名差距超过150名。最新一期（2016—2017年）中，尽管深圳得分略有降低（44分），但考虑到正态分布计分方式和城市总数增加的因素，深圳的创新实力实际上有所增加，因而排名上升至69名，领先广州28个位次。同上一期广州落后深圳118名相比，广州同深圳在创新能力上的差距在2017年急剧缩小；从得分上看，广深之间仅有1分之差（43分与44分）。从最新的数据来看，广州近些年重点发展城市创新竞争力的努力已初见成效，同深圳之间创新方面的差距逐渐缩小。比较而言，广州创新人员投入强度具有比较优势，深圳创新综合规模、创新产出效率和质量占优势。

（四）其他城市排名出现波动

南京、天津、苏州和成都均为中国大陆地区上榜较早的城市，现阶段基本稳定在第三类的节点城市队列。它们都曾在排名和得分上领先于广州，但近年来创新方面的发展逐渐减缓，排名与得分均有所下滑。尽管这些城市在国内仍属于排名较前的创新城市，但随着其他国家越来越多的创新城市兴起，它们的创新竞争力在全球范围内有所滑落。

以南京为例，2014年以前其创新竞争力属于上升时期，2014年从节点城市升级为枢纽城市，尽管2015年的得分略有下降，但排名仍然上升了6个名次。然而，仅仅在2015—2016一年间，南京得分上升至44分，但排名下落至223名，再次降级为节点城市。一方面，得分上升排名反而大幅下降的原因是积分算法略有变动；另一方面则充分说明创新在全球范围的竞争十分剧烈，逆流而上不进则退，发展速度不够快也无法维持一定的全球竞争力。

全球越来越多的城市开始关注创新能力，培育创新人才，扶持创新产业，因此，要成为国际领先的创新城市，就必须拥有领先全球的创新发展速度。不同于基础设施等经济建设可以维持较长的竞争优势，创新竞争力的更迭换代更加迅速，要求城市在创新领域有着高速且持续的发展态势。尽管广州2017年在创新能力的培育和发展方面表现不俗，但全球创新能力的竞争在未来必将更加激烈，广州必须巩固现有的"双创"培育资源，加强城市智力资本建设和储备，才能继续维持优势地位。

第十章 广州建设引领型全球城市的实力与愿景

改革开放以来,广州抓住发展机遇,城市实力不断提升。在全球化进程逐步深化、国际政经格局深刻变化的背景下,广州遵循当前的发展模式和道路,进一步迈向未来的全球城市。

一 经济总量形成规模,全球城市基础奠定

经济总量形成规模是全球城市的发展基础,因为城市规模有利于推动高层次活动的发展,从而增加城市功能。全球城市具有全球协调功能,其中的一个主要表现就是具有雄厚的经济实力,是世界经济、贸易、金融中心。从经济全球化发展趋势来看,未来世界生产总值和人口将进一步聚集在全球城市中。

(一) 经济总量持续增长

城市的经济总量是奠定全球城市的基础,全球城市作为商品、资金、信息、服务的全球流通节点,与其他区域竞争,需要一定规模的经济总量作为支撑。联合国的统计数据显示,当前全球城市生产总值约60%都集中在排名前1/3的城市里。根据数据预测,到2035年,这些城市的人口将增加5亿,生产总值将增加32万亿美元,按照2015年价格和汇率测算,相当于美国2017年地区生产总值的1.6倍。从区域发展趋势来看,未来的10—20年,全球城市的发展增速会有巨大差异,发展中国

家城市的城市化进程要明显高于其他地区，尤其是亚洲地区发展中国家城市。

从2013年我国经济进入新常态发展开始，广州地区生产总值增速保持稳定，近五年增速保持在7%以上。2017年，面对经济下行的压力，广州加快推进创新驱动发展，优化经济结构，振兴实体经济，经济社会保持平稳健康发展，地区生产总值首次超过2万亿元，达到21503.15亿元，按可比价格计算比上年同比（下同）增长了7%，增速比上年有所回落，高于全国0.1个百分点，但低于全省0.5个百分点。与主要城市相比，广州GDP增速高于北京（6.7%）、上海（6.9%）、天津（3.6%），低于重庆（9.3%）、深圳（8.8%）。

根据牛津经济研究院的数据预测，到2035年，亚洲城市将占据全球城市经济活动的一半，超越欧洲和北美城市的生产总值。从具体城市表现来看，纽约、东京、伦敦和洛杉矶的地区生产总值依旧保持在全球城市前列，中国的城市表现优异，会有更多城市进入前列，其中广州的地区生产总值将上升至第8位。

（二）经济活力不断增强

广州在改革开放中一直扮演着重要的角色，在当前我国经济转型过程中表现尤其令人瞩目。2017年广州新登记市场主体32.77万户，增长33.9%，注册资金本金1.79万亿元，增长1.2倍；质量和效益稳步提升，广州完成一般公共预算收入1533.06亿元，同比增长10.9%，企业经营情况良好，规模以上工业企业实现利润总额同比增长11.8%，增速比2016年提升3.3个百分点，规模以上服务业企业营业利润同比增长34.7%，表现出广州经济不断增强的活力与潜力。

（三）产业结构优化升级

全球城市的经济结构正在发生改变，生产性服务业快速发展,而第二产业的比重在不断下降,从而促进专业化的全球服务业的蓬勃发展(赵云伟,2001)。转变经济增长方式,提高金融、贸易、商务等现代服务业以及高新技术产业在经济结构中的比重,是全球城市产业发展的必然走向。

从产业结构上来看,2017年广州第三产业增加值为15254.37亿元,增长8.2%。第一产业增加值233.49亿元,下降1.0%;第二产业增加值6015.29亿元,增长4.7%;第三产业对经济增长的贡献率达79.3%,比上年提高2.3%,服务业对经济的支撑作用进一步增强。自2013年以来,广州的第一产业和第二产业占地区生产总值比重逐年下降,第三产业占地区生产总值逐年上升,到2017年,第三产业占比首次超过70%。广州第三产业比重一直保持较高水平,与国内一些主要城市以及全国平均水平的51.6%相比,服务经济所占比重具有领先优势,产业结构趋向高端化协调发展。北京第三产业增加值比重为80.6%,排名全国第1,广州排名第2,略高于上海的69.0%。总体而言,广州产业发展呈现出产业结构保持基本稳定、制造业向高端化发展、现代服务业带动服务业继续较快发展等态势。

在经济发展新常态的大背景下,广州的经济总量不断增长,经济实力得到提升,经济活力持续增强,这将为广州进一步建设全球城市夯实基础,支撑广州成为全球资本、技术、商品、信息等流通的重要节点。广州的产业结构也正在不断升级,向高端化协调发展,符合全球城市生产性服务业蓬勃发展的主要特征。

二 竞争实力不断增强,全球城市动能集聚

全球城市的形成和发展需要强大的动能。从现代世界经济体系的发展来看,全球城市的发展动能体现为企业吸引力、商品流通力、资本集聚力和创新推动力等综合竞争力上,全球动

能的结构转变反映了全球经济的发展变化,同时也在影响着全球城市的发展历程。

(一) 总部经济发展迅速,企业吸引力不断增强

总部经济是指跨国公司、国内大型企业总部在区域中心或中心城市高度集聚,并通过发挥调度资本、管理输出、技术创新和人力资源调配等总部功能,对周边区域甚至全球范围产生强烈辐射带动效应的经济形态。弗里德曼(1986)在《世界城市假说》中提到,世界城市是跨国企业总部或地区总部的所在地,由金融、贸易等生产性服务业的快速发展提供支撑。近年来,广州总部经济增长迅速,城市国际竞争力提升,推动广州成为亚太地区最具活力的"总部之都"。

1. 总部企业加速集聚

近年来,广州成功举办《财富》全球论坛、中国(广州)国际投资年会等高端活动,积极参加夏季及冬季达沃斯论坛、中国发展高层论坛、博鳌亚洲论坛等,加大对世界500强、央企、跨国公司和大型民企等招商力度,取得显著成效。截至2017年底,已有297家世界500强企业在穗投资近800个项目,总部或地区总部设在广州的就超过120家。2017年,富士康10.5代显示器全生态产业园、思科智慧城、GE生物产业园、日立集团IT中国总部、中远海运散货运输总部、中国汽车技术研究中心华南基地等一批重大项目纷纷落户广州,显现出"千年商都"历久弥新的吸引力。

2. 释放战略性新兴产业"引力波"

广州把产业结构调整的着力点放在实体经济上,重点发展壮大战略性新兴产业,特别聚焦于IAB(新一代信息技术、人工智能、生物医药)和NEM(新能源、新材料)产业领域。依靠培育和引进"双轮驱动",加速产业新旧动能转换步伐。初步统计,2017年广州市已落户重大企业(项目)54个,总投资超

过 2500 亿元。其中，中电科华南电子信息产业园、粤芯 CIDM 协同式芯片制造、景池科技总部、美国冷泉港实验室、亚信数据全球总部、百济神州、云从科技、宝能新能源汽车等 IAB 和 NEM 企业（项目）26 个，中证报价南方总部、中国铝业华南总部等其他产业企业（项目）28 个。此外，网易、唯品会、优视、欢聚时代、酷狗音乐、多益网络、达安基因、冠昊生物、金发科技等一批本土 IAB、NEM 总部企业持续快速成长，广州还在智能无人机、卫星导航、第三方医学检验等新兴领域培育出了亿航、海格通信、泰斗微电子、金域检验等行业领先企业，供给侧结构性改革持续发力。

3. 区域投资环境不断完善

2017 年，广州新批外商直接投资企业 2459 家，同比增长 39.95%；合同外资金额和实际使用外资金额分别达到了 133.91 亿美元和 62.89 亿美元，同比分别增长了 35.35% 和 10.31%。从广州各区来看，各区结合自身优势发挥特色形成集聚效应。已有 600 多家大企业到黄埔区洽谈合作事宜，其中宝洁、滴滴等 50 多个重大项目已正式开工或完成签约，30 多个总部项目正洽谈推进。南沙区充分发挥自由贸易试验区优势，积极打造广州城市副中心，吸引总部企业向灵山岛尖和蕉门河中心区集聚，仅 2 年就增加了 2.4 万家企业。目前已有包括中国中铁、中国交建、中远海运、中国铁建、中化集团、中船集团等央企巨头在内的 74 家世界 500 强企业投资项目落户南沙。天河区出台"1+1+8"产业政策，加快推进天河中央商务区（广州国际金融城）"大 CBD"建设。海珠区依托自身区位优势，重点打造琶洲互联网总部创新集聚区及会展总部经济区，集聚了阿里巴巴、小米、欢聚时代等一批互联网总部企业。

4. 营商环境持续优化

广州近年来大力营造市场化法治化国际化营商环境。在金融领域，广州着力帮助中小微企业解决融资难题，降低企业融资成本。广州地区金融机构新发放贷款平均利率5.11%，同比下降0.38个百分点，比全省低0.32个百分点。2017年，广州印发《广州市促进风险投资市场规范发展管理办法》，推动广州私募基金市场快速发展。此外，市金融局获得了省金融办将融资性担保公司设立、变更审批，以及小额贷款公司设立审批等职权的委托实施，减少了审批流程和手续，大大提升了审批效率。

自20世纪90年代以来，跨国公司和跨国经济活动迅速增长，在全球贸易中的占比持续上升。这改变了由国家作为资源配置中心的状态，跨国企业更多地依托全球城市扩大经济活动的范围（周振华，2006）。广州近年来不断吸引世界500强企业总部或者地区总部落户，积极改善投资环境和营商环境，这对于广州聚集全球高端资源，建设全球城市都起到了助推作用。

（二）进出口平稳向好，商品流通力不断增强

2017年，全球经济回稳向好与国内经济稳健发展带动进出口持续增加，中国外贸利好因素增多，外贸发展潜力逐步得到释放。随着"一带一路"建设深入推进，中国与世界各国的互利合作进一步深化，外贸有了更加广阔的发展空间。广州外贸也在加速发展，显示出良好的成长趋势。

1. 进口、出口均实现持续增长

随着全球经济复苏，促进外贸增长的各项政策措施渐显成效，2017年全国货物贸易进出口总额比2016年增长14.2%，出口增长10.8%，进口增长18.7%，不仅扭转了连续两年下降的局面，而且创下2012年以来外贸增长新高。广东省本年度进出口总额增长8%，出口总额增长6.7%，进口总额增长10.1%。2017年广州对外贸易进出口总值9714.4亿元人民币，同比增长了13.7%。其中，出口总值达到5792.2亿元，同比增长12.3%，进口总值达到3922.2亿元，同比增长16%。整体而

言,在宏观因素利好的情况下,广州对外贸易实现新突破,增速较2016年大幅上升。

2. 一般贸易势头良好,新兴贸易迅速增长

在外贸增速回升的同时,中国外贸发展的质量和效益进一步提升,中国一般贸易进出口持续增长,到2017年占进出口总值的比重为56.4%。广东省也逐渐形成以一般贸易为主导的外贸格局,2017年一般贸易占比首超加工贸易9个百分点,达到46.1%。从2013—2017年的广州对外贸易趋势来看,进口一般贸易呈持续上升态势,出口持续下降;加工贸易整体呈下降趋势,其中出口降幅大于进口降幅;进口和出口的其他贸易都有所上升,且增幅逐渐扩大。

整体而言,广州对外贸易结构不断优化,从传统劳动密集型的加工贸易升级到一般贸易和新兴贸易。2017年,一般贸易进出口有所增长,其中进口取得大幅增长;加工贸易进出口略有下降,但好于2016年负增长的态势,出口降幅也有所收窄;新兴贸易整体保持上行趋势,且增速从2016年的15.38%上升至27.37%,增长十分迅速。广州的跨境电商进出口总额连续四年排名全国第1,这部分得益于广州在全国率先实施"清单核放、汇总申报"跨境出口监管模式创新。2017年跨境电子商务进出口227.7亿元,增长55.1%,占全市进出口总值的2.3%。

3. 外贸多元化格局更加明显,与"一带一路"沿线国家贸易活跃

2017年,广州与传统五大主要贸易伙伴的贸易情况差异较大,对美国、东盟、日本和欧盟进出口总额分别增长11.06%、20.11%、10.67%和22.75%;对香港出口总额下降11.57%。出口方面,除了对香港和日本分别下降12.85%和1.69%外,对其他主要传统贸易伙伴均实现增长,且增速较2016年大幅增长,其中东盟增长相对较快,达到20.35%,逆转2016年负增长态势。进口方面,广州对传统五大贸易伙伴均实现2位数增长,日本是进口第一来源地。自国家提出建设"一带一路"重大倡议以来,广州与"一带一路"沿线国家贸易往来日益活跃,对"一带一路"沿线国家合计进出口2579.05亿元,增长19.67%,增速较2016年的0.8%大幅提升。

4. 机电、高新技术产品出口快速增长

从商品结构看,机电产品是广州主要进出口商品。2017年机电产品出口2982.97亿元,增长11.09%,占全市出口总值的51.50%,首次超过半壁江山,进口887.26亿元,增长10.33%,增幅均有所扩大。高新技术产品出口993.21亿元,增长7.19%,占全市出口总值的17.15%,比2016年继续提升0.2个百分点,其中汽车零配件208.02亿元,增长20.47%,与广州汽车等相关产业迅速发展有关;此外,广州进口飞机37架,比去年同期增加15架。

5. 民营企业出口增速领先

从近几年的发展趋势来看,广州的出口方面,民营企业逐年上升,外资企业和国有企业都逐年下降;进口方面,外资企业保持稳定,每年占比都在50%以上,民营企业呈上升趋势,国有企业呈下降趋势。从企业性质看,民营企业是出口增长龙头,国营、民营企业进口增长迅猛。民营企业出口2933.75亿元,增长26.83%,占全市出口总值的50.65%,首次占据了广州出口额的一半以上。外资企业出口2093.45亿元,增长3.57%,占全市出口总值的36.14%;国有企业出口759.06亿元,下降6.60%,占全市出口总值的13.10%。外资企业进口2048.02亿元,增长5.68%;民营企业进口1119.56亿元,增长27.08%;国有企业进口681.12亿元,增长23.10%。

在全球化进程中,城市的决策范围扩大,随着贸易自由化发展,城市的对外贸易额迅速上升,变成全球经济中的独立单位(周振华,2006)。广州作为正在崛起的全球城市,有能力吸引更多的外来投资,更深入地参与国际贸易,开展与其他地区

的经济合作。

(三) 金融中心建设成效显著,资本集聚力不断增强

金融业是现代经济的核心,也是全球城市竞争的主要战场之一,金融中心已经成为金融业的核心场所。金融业一直被认为是广州的短板,然而,近年来广州不断完善现代金融服务体系,区域金融中心建设取得明显进展。2017年广州金融业快速发展,金融业增加值达到1998.76亿元,同比增长8.6%,占地区生产总值比重达9.3%。金融业附加值占地区生产总值比重逐年上升,在过去五年里增长了133%,增速高居全国大城市第1位。

1. 金融业国际影响力进一步提高

从国际影响力来看,广州金融业有明显提高。2017年,被誉为金融界"F20"的国际金融论坛(IFF)在广州成功举办了第14届全球年会,并永久落户广州。本届年会是广东省、广州市有史以来承办的最具国际影响力的金融论坛盛会,是向世界展示广州城市形象和金融底蕴的重要契机,也是广州吸引全球高端金融资源和要素的重要平台。获得这一会议的永久主办权,充分证明广州金融业受到国际认可。

2. 金融机构发展迅速

据统计,广州金融业总资产已经突破7万亿元,金融从业人员达16万人,各类金融机构超过2万家,成为国内金融产业链条最为完善的城市之一。广州建设"风险投资之都"取得重大进展,在国内首次建设风投大厦和创投小镇,全市创业及股权投资机构数量在一年内激增近3000家,管理资金规模增长116%。2017年,中证机构间报价系统南方运营中心落户广州,标志着两所(沪、深交易所)、两系统(全国股转系统、中证报价系统)在京沪广深形成四足并立之势。另外,广州设立了金融风险监测防控中心,这是全国首家地方金融风险监测防控机构。

3. 加强金融业人才培养

广州不断加大对人才的培养和对金融机构的扶持力度。广州高层次金融人才支持项目实施三年以来，累计评出金融领军人才 3 名，金融高级管理人才 236 名，金融高级专业人才 528 名。广州正在加强金融智库建设，推进落地 5 家高端金融智库，包括国家金融与发展实验室广州基地、国际金融论坛学院、粤港澳大湾区（广州）金融研究院、清华五道口金融学院华南分院、亚洲金融协会智库。

（四）高新科技产业快速发展，创新推动力不断增强

创新作为全球城市应对困境、实现经济可持续发展的共同选择，是城市国际化进程中的关键要素。广州建设全球城市，必须着重提升创新能力。

1. 高新科技爆发式增长

广州全力建设国家创新中心城市和国际科技创新枢纽，创新产业增长迅速。2017 年，广州高新技术产品产值增长 9%，战略性新兴产业增长 10%，产业向高端高质高新发展迈出一大步。从企业数量来看，广州新增科技创新企业 4 万家，总数突破 16.9 万家，其中，高新技术企业呈爆发式增长，净增近 4000 家。广州科技创新企业也有高质量发展，广州 10 家企业入选 2017 中国最佳创新公司 50 强，数量仅次于北京；13 家企业入选 2017 德勤高科技高成长中国 50 强。如今，金发科技、微信、海格通信、金域医学、酷狗音乐等一大批拥有自主知识产权和知名品牌的创新性广州企业已经崛起，成为行业内的龙头骨干企业。

2. 推进新型研发机构建设

广州的新型研发机构建设加快推进。2017 年省级新型研发机构达 44 家，规模以上工业企业设立市级以上研发机构比例提高至26%，年主营业务收入5亿元以上企业设立市级以上研发机构比例提高至56%。科技金融支撑作用持续提升，广州市科技信贷风险补偿金池新增授信金额逾38亿元。产业孵化能力稳步增强，新增科技企业孵化器26家，新增孵化面积28万平方米，新增众创空间29家，在孵企业（项目）累计超过11000个。科技创新成效显著，成为首批国家知识产权市创建市，发明专利申请量和授权量增速居全国前列。

3. 与国外高端科研机构深化合作

2017年底，总规模约100亿元的冷泉港广州生物医药产业基金在广州开发区签约落户，基金公司同步揭牌。美国冷泉港实验室被誉为世界生命科学圣地、"分子生物学摇篮"，是世界著名的生物医学技术研究院，该实验室在分子生物学领域一共诞生了8位诺贝尔奖得主。广州还将与美国冷泉港实验室进一步合作，设立冷泉港价值创新园，就广州本土科研平台、产业龙头、产业资本，科研、金融等板块开展全面合作。广州斯坦福国际研究院在2017年宣告落户黄埔区广州开发区，并将引进斯坦福国际研究院、斯坦福大学的先进研发成果，推动本地优秀项目的创新孵化。同时还将设立首期基金规模高达10亿元的广州斯坦福创新成果转化基金，重点投向新一代信息技术、人工智能、生物医药、新材料、新能源等领域的初创企业和高成长性企业。

全球城市不仅是世界经济活动高度集中的节点和金融机构等专业服务机构的聚集地，也是高新技术产业的生产和研发基地以及产品创新的市场。创新可以解决全球城市产业升级和资源的瓶颈问题，进一步增强发展动力。全球化使得产品、信息等可以自由流通，同时全球化使得创新的过程扩展到全世界，只有创新的公司才能占领市场先机。近年来，广州加大招商引资力度，产业结构转型升级，不断深化对外合作，持续优化营商环境，这些都将为广州加快聚集全球资源打下良好基础，推动广州全球竞争力进一步提升。

三 软硬环境建设提速，全球城市支撑有力

在经济全球化、政治多极化、文化多元化、社会信息化的大格局、大背景下，全球城市在资源配置、社会治理、对外交往、文化交流等多方面协同推进，不断加强在全球范围的主体和要素联动，软硬环境建设均加快推进，为全球城市发展提供有力支撑。

（一）打造大交通枢纽，不断优化全球城市硬环境支撑

随着全球化、信息化持续深入推进，城市交通网络的重要性逐步提高，城市的枢纽带动力和网络联通性直接决定城市的国际影响力和竞争力。近年来，广州从海、陆、空全方位构建与全球顶尖城市匹配的交通网络体系，枢纽型网络城市建设加快成型。

1. 打造国际航空枢纽，建设全球引领型航空大都市

广州围绕建设国际航空枢纽目标，推进基础设施建设，加快临空产业聚集，国际航空枢纽进入全面建设阶段。2017年，广州白云国际机场旅客吞吐量达6584万人次，同比净增长超600万人次，增幅达10.2%。白云国际机场在全球客流量排名前15位的机场中，无论是旅客净增长量还是增长速度都排名第1，标志着世界级航空枢纽建设进入快车道（见表10-1）。在经济全球化的大背景下，城市网络和航空运输业成为衡量全球城市行使权力的重要手段（胡笑寒、何田、彭宇聪，2016），建设国际航空枢纽可以加强广州与其他城市的连接，让广州成为全球城市网络的重要节点。

表10-1　2016—2017年全球旅客吞吐量前15位机场的排名情况

城市	机场	旅客吞吐量（万人次）	同比增长（%）	2017年排名	2016年排名
亚特兰大	哈茨菲尔德-杰克逊	10390	-0.3	1	1
北京	首都	9579	1.5	2	2
迪拜	迪拜	8824	5.5	3	3
东京	羽田	8496	6.6	4	5
洛杉矶	洛杉矶	8456	4.5	5	4
芝加哥	奥黑尔	7980	1.9	6	6
伦敦	希斯罗	7799	3.0	7	7
香港	香港	7266	3.6	8	8
上海	浦东	7000	6.1	9	9
巴黎	夏尔·戴高乐	6947	5.4	10	10
阿姆斯特丹	史基浦	6852	7.7	11	12
达拉斯	达拉斯-沃斯堡	6710	2.2	12	11
广州	白云	6584	10.2	13	15
法兰克福	法兰克福	6450	6.1	14	13
伊斯坦布尔	阿塔图尔克	6373	5.8	15	14

从运营方面来看，白云国际机场航线网络已覆盖全球210多个通航点，其中国际及地区航点近90个，2017年新开及复航国际航线23条，其中客运22条、货运1条，涉及东南亚、南亚、非洲、大洋洲、中美洲等14个沿线国家和地区。近年来，白云国际机场已奠定了面向东南亚及澳洲的第一门户枢纽地位，以亚太、大洋洲和非洲地区为主，逐步强化欧美等全球地区的航线网络布局已经初具雏形。

另外，2017年广州首个商务航空服务楼正式启用，标志着广州在通用航空的发展上迈出了重要一步。随着商务航空服务楼的发展和完善，更多通用航空，包括商务航空公司将在广州建设基地，一方面吸引更多高端商务人士来穗，另一方面也为普通市民提供医疗急救、观光旅游等方面的服务。

2017年广州白云机场货邮吞吐量达178万吨,同比2016年增长7.8%,位列全国第3。货邮吞吐量相对上海还有相当的差距,但与北京机场差距逐年减少,较其他城市领先优势明显。

2. 全方面多方位推进国际航运中心建设

近年来,广州港围绕广州国际航运中心和国际航运枢纽建设,牢牢抓住"一带一路"、粤港澳大湾区、广东南沙自贸区建设等重大机遇,巩固广州国家重要中心城市地位和国际性综合交通枢纽建设。

从运营方面来看,广州港2017年集装箱吞吐量排在第7位,达到2010万标箱,同比增长7.7%(见表10-2)。集装箱航线由2016年底的168条上升至2017年底的197条,其中国际集装箱班轮航线由78条升至91条。目前,广州港已与马士基、中远海运等航运巨头强强联手,形成集装箱运输合力。世界前20位班轮公司已进驻南沙港区开展业务,开辟了欧洲、美洲、亚洲、非洲、澳洲、中东等91条国际远洋干线班轮航线。受到全球贸易向好势头的影响,广州对世界主要港口集装箱业务持续增长,其中亚洲港口尤其是中国港口表现突出,前10位港口全部是亚洲港口,中国港口占了7位。

表10-2　　2017年世界港口集装箱吞吐量排名

名次	集装箱吞吐量前十位港口	所属国家	吞吐量(万标箱)	同比增长(%)
1	上海港	中国	4018	8.4
2	新加坡港	新加坡	3367	9.0
3	深圳港	中国	2525	5.3
4	宁波—舟山港	中国	2464	14.3
5	釜山港	韩国	2140	10.0
6	香港港	中国	2076	4.5
7	广州港	中国	2010	7.7

续表

名次	集装箱吞吐量前十位港口	所属国家	吞吐量（万标箱）	同比增长（%）
8	青岛港	中国	1830	1.4
9	迪拜港	阿联酋	1544	4.5
10	天津港	中国	1504	3.6

广州的航运配套服务不断优化。海上丝绸之路国际海员中心落户南沙，广州国际航运仲裁院、广州海事法院广东自由贸易区巡回法庭、广州国际航运研究中心、广州安特卫普港口教育咨询有限公司等相继成立。珠江航运指数已累计发布96期，"广州价格"话语权增强。海外联络网不断扩大，已建成内陆无水港及办事处33个，覆盖全国8省30市；国际友好港新增3个；广州港集团海外办事处从无到有，设立了欧洲和美洲办事处。

3. 推进陆路交通网络建设

广州加快推进国际铁路、高速铁路、城际轨道和地铁的建设，不断强化陆路运输能力。2017年，广州南站旅客到发量达1.35亿人次，比2010年的966万人次增长近13倍，增幅居全国高铁站首位。到2020年，广东将在珠三角地区建设以广州为中心的16条城际轨道线路，连通区域内所有地级市和主要城镇，促进广州辐射作用增强，构建珠江三角洲城市群互联互通的交通大网络。2017年，广州地铁线网里程达到390.6公里，居中国内地第3、世界前10，日均客流量预计达820万人次，客流强度全国第1。

2017年，广州国际货运班列稳定发展，广东首列中越班列（广州—越南河内）也于8月成功开通，全程1200公里。中越班列在运输效率上较海运节省1周时间，在运输成本上比公路低50%。自2016年广州首趟中欧班列开通后，广州中欧班列已经实现了"一周一列"的常态化运作，并基本实现满载运行。

国际铁路网不断扩大,对广州增强交通枢纽功能,促进国际贸易具有重要意义。

(二) 深入推进全方位对外交往布局,不断优化全球城市软环境支撑

近年来,广州从友好城市、国际重大活动、国际组织机构、文化交流、对外宣传、服务环境等方面共同发力,持续深入拓展城市对外交往格局,优化全球城市的软环境支撑。

1. 全方位拓展友城关系,开展务实交往合作

2017年,广州继续实施友城拓展战略,推动友城国际交流合作务实开展。2017年全年新增6个友好关系城市,友好城市和友好合作交流城市总数达70个,友城数量居中国内地城市第3,仅次于北京、上海;截至2018年1月,广州友好港口达41个。2017年全年派出30批176人次出访友城,53批635人次友城政府、企业、教育、文化、艺术代表团访问广州,推动合作发展。

广州与友城交往合作的平台、机制建设不断取得新进展:在友城网络基础上,探索搭建了友城合作创新平台"广州—奥克兰—洛杉矶三城经济联盟",通过每年定期举办"广州—奥克兰—洛杉矶三城经济联盟"峰会,在创新创业、旅游合作、跨境电商、数字创意、高等教育、生物医药、影视动漫、城市规划与设计、食品与饮料等领域广泛合作,取得多项合作成果。

2017年,广州驻美国硅谷、波士顿和以色列特拉维夫办事处正式成立,助力对外交流合作;与德国法兰克福、法国里昂、英国伯明翰、以色列特拉维夫等城市建立国际友城青少年足球交流合作指导委员会联席会议机制,"广州国际友城足球交流学校""广州国际友城文化艺术团"挂牌成立,艺术团前往瑞典林雪平、芬兰坦佩雷开展巡演,传播岭南文化。自1998年以来,广州已成功举办十届中外友人运动会,2017年吸引来自70多个

国家和地区的1118名选手踊跃参与，为在穗工作和生活的中外友好人士扩大"朋友圈"、促进交流、增进了解提供了良好平台。广州的友城工作获得了全国友协高度肯定，在2016中国国际友好城市大会上荣获"国际友好城市交流合作奖"。

2. 密集举办国际会议，打造国际会展之都

广州坚持以国际会议牵引推动国际交往中心建设，在穗举办国际会议和活动的数量日益增多，规格和规模不断提高。仅2017年，广州《财富》全球论坛、从都国际论坛、中国广州国际投资年会、广州国际创新节、金砖国家运动会、中国创新创业成果交易会、广州国际旅游展、国际金融论坛第14届全球年会、第4届全球治理高层政策论坛及广交会、海交会、金交会等47场次国际会议和展会在穗举行，呈现出种类多、规格高、层次高、专业性强、影响力大的特点，有效提升了广州重大活动举办能力与国际化决策、管理和执行能力。

2017年12月6—8日，2017广州《财富》全球论坛成功举办，成功打造《财富》全球论坛历史上规模最大、企业总数最多、最具显示度和影响力的一次世界盛会。2017广州《财富》全球论坛以"开放与创新：构建经济新格局"为主题共举办55场活动，习近平总书记致贺信，国务院副总理汪洋同志出席开幕式并发表主旨演讲，加拿大总理贾斯廷·特鲁多、巴布亚新几内亚总理彼得·奥尼尔等6名外国政要及前政要出席会议，共计1100多名国内外嘉宾参会。共计89家境内外媒体、420多名记者参与论坛会时报道，境内外主流媒体报道量近2.4万篇次，转发转载量6万多篇次，总体覆盖人群近20亿。此外，广州《财富》全球论坛吸引参会企业388家，世界500强企业152家，其中包括苹果、思科、沃尔玛、阿里巴巴、腾讯等巨头；在1100多名参会嘉宾中，CEO级别嘉宾超过300人，世界500强企业全球副总裁以上高层代表118人，参会的世界500强企业数量和与会嘉宾数量都突破论坛历史最高纪录。364位世界

500强和行业领军企业高层参加了"探索广州"的商务考察活动，近距离接触和体验广州的汽车制造、VR技术、互联网创意、智能制造等产业，参观南沙自贸试验区、琶洲互联网创新集聚区等园区。论坛期间，阿里巴巴、蚂蚁金融、保尔森基金会等纷纷与广州市政府签订战略合作框架协议，阿里云工业互联网总部确定落地广州开发区，阿里巴巴和蚂蚁金服还将在广州投资建设阿里巴巴华南运营中心和广州总部，总规模约100亿元的冷泉港广州生物医药产业基金正式签约落户，"财富"效应显著。

广州还相继取得2018年第24届世界航线发展大会、2019年第31届世界港口大会、2020年世界大都市协会第13届世界大会的举办权，并实现《财富》国际头脑风暴科技大会（现名《财富》国际科技论坛）、中国创新创业成果交易会永久落户，有力推动了国际会展之都、国际会议目的地建设。

3. 对接全球高端资源，积极参与引领全球城市治理创新

广州高度重视国际组织对城市国际化的促进作用，不断提升在国际组织机构和国际事务中的参与水平，积极引领全球城市治理创新。作为世界大都市协会（Metropolis）的创始会员和世界城地组织（UCLG）联合主席城市，广州持续举办好广州国际城市创新奖系列活动，成功获得2020年世界大都市协会第13届世界大会主办权，世界大都市协会亚太区联络办公室建设进入新阶段。广州将承担起统筹64个亚太城市国际交往网络的重要责任，继续深化与城市间国际组织及组织内各成员城市的交往，不断增强城市国际话语权。

广州还与C40城市气候领导联盟、联合国专业机构国际劳工组织（ILO）、世界卫生组织（WHO）总部、倡导地区可持续发展国际理事会（ICLEI）、城市与区域规划师协会（ISOCARP）等知名国际组织和专业机构进一步加强合作，在城市创新、城市国际化等方面深化研究，推进全球资源共享。

4. 对外文化交流更加频繁，文化国际影响力不断扩大

2015年到2017年，广州市先后组织共计343个团组、5093人次开展国际文化交流，"广州文化周""我们，广州"等重点对外文化交流项目持续不断开展，品牌效应进一步放大，成为对外讲好广州故事、传播好广州声音、展示好广州形象的重要载体，为促进中外民心相通起到积极作用。2017年至今，广州对外文化交流重点品牌活动已出访20个国家和地区，举办推介文艺演出20场、非遗互动4场次，达成洽谈战略合作意向2笔，逐步形成地方政府间文化交流合作的常态化机制。广州还积极借助达沃斯论坛等重大国际活动举办"广州之夜"等对外文化展示活动，促进城市国际形象展示与文化对外交流。

经过多年积累，广州已经形成了中国（广州）国际演艺交易会、广州艺术节（广州国际戏剧节）、羊城国际粤剧节、中国国际漫画节、中国（广州）国际纪录片节、中国国际儿童电影节、广州大学生电影节、中国音乐金钟奖及广州国际艺术博览会九大国际性、全国性文化会展品牌活动。2017年，广州全面整合全市现有重要文化会展资源，形成覆盖演艺、广播电视、电影、出版、版权、动漫游戏、音乐、艺术收藏等多个门类和领域的综合性会展联合体"广州文交会"。2017年广州文交会共签约重大项目21个，吸引100多个国家和地区、近千家机构、近千台演出剧目、近5000部影视作品、2万件艺术品参展参映，累计参观人数近百万，成交逾20亿元，协议或意向成交约80亿元，成果丰硕、亮点纷呈。随着首届"广州文交会"成功举办，广州文化会展活动将在文交会品牌统筹下形成合力，国际知名度和影响力不断扩大。

5. 塑造国际化城市形象，创新开展城市对外宣传

广州积极借助博鳌亚洲论坛、中国发展高层论坛、冬夏季达沃斯论坛、广州国际投资年会等国内外重大活动平台做好城市形象展示，实现了城市外宣全年高潮不断、精彩纷呈的效果。

2017年，为配合《财富》全球论坛海外路演，广州精心制作了《花开广州·盛放世界》城市形象宣传片，并在《财富》全球论坛纽约和华盛顿路演期间连续1周亮相纽约时代广场，传播效应显著。广州一直以"花城"著称，近年来，"广州过年，花城看花"金字招牌越擦越亮，为广州带来了井喷式增长的外来游客和媒体曝光度，也为进一步打造"世界花城"形象夯实了基础。

广州积极加强与境内外主流媒体和新媒体合作，形成境内境外、线上线下、动态深度等相互补充的全方位、立体化传播格局。2017年以来，广州先后组织了世界主要华文媒体看广州、2017"一带一路"沿线国家主流网络媒体看广州、世界主流财经媒体广州行等活动，吸引了国内外600多名记者来穗采访。全市新闻采访线工程水平不断提升，精心培育一批城市采访示范点，截至2017年底已成功打造50个采访线工程精品示范点，并在《财富》全球论坛期间精心策划组织了8条综合性采访线，积极主动服务国内外新闻媒体，打造宣传广州的重要载体。在脸谱、推特等境外社交媒体上建立了"中国广州"英文和阿文官方独立账号，积极推送广州文化、投资环境、美食、旅游等方面的服务性信息，"中国广州"账号粉丝数接近20万人，发布贴文近700篇，阅读量近1500万。《华尔街日报》、《华盛顿邮报》、BBC、CNBC、《人民日报》、新华社、《中国日报》等境内外50多个国家的主流媒体积极刊播广州信息，向世界展示真实、立体、全面的广州形象。

6. 统筹提升涉外服务环境，完善涉外服务管理水平

一直以来，广州都是我国对外交流合作的重要窗口。来穗外国人总量多年来稳居全国各大城市第3位，仅次于上海、北京，覆盖世界六大洲220多个国家和地区。截至2017年12月25日，全市实有在住外国人82714人；从广州各口岸入境的外国人288万人次，同比增加7.1%；办理外国人住宿登记239万人次，同比增加6.2%；共接待海外游客900.48万人次，累计增长4.5%。

广州高度重视涉外服务管理工作，紧紧围绕"更干净、更整洁、更平安、更有序"的总体要求，不断优化提升涉外服务环境。从2003年开始，广州市建立了"一套组织架构、一个信息系统和一支执法队伍"的大外管格局。在政府层面构建了由44个政府职能部门组成的"外国人管理工作联席会议"架构，建立起多项完善的工作规范和机制，形成各部门责权明确、运转高效的协调联动体系。搭建社会翻译、全员培训和督导检查"三个平台"，有效提高了各单位涉外服务管理能力。强化人力资源、信息化建设"两项保障"，推进出入境窗口服务"标准化、便捷化、国际化"建设。落实公安部支持广东自贸区建设和创新驱动发展16项政策，以更加开放包容的姿态，为海外高层次人才创造更优良的服务。在全市居住200名以上外国人的街镇和重点社区建立了75个外管服务站，整合公安、房管、工商、税务等部门资源，为辖内外国人提供一站式服务；在居住外国人50人以上的社区开展创建"和谐家园"活动，引导外国人共同参与社区建设和管理，充分融入社区。作为中国较大的外国人聚集地，涉外管理服务水平的提升为广州吸引集聚国际人才创造了有利条件，也为进一步建设"活力全球城市、美丽宜居花城"奠定了扎实根基。

在建设全球城市的进程中，广州逐步健全完善城市的软硬环境支撑。一方面，广州持续深入推进建设城市交通网络，发挥城市的枢纽带动作用，进一步完善升级航空、航运、陆运能力，为广州建设全球城市打造坚实、成熟的硬环境支撑。另一方面，广州努力强化同全球范围各类主体和要素的联动，在深化友城合作、举办国际会议、对接国际组织、强化人文纽带、提升城市外宣和优化涉外服务等方面不断做出努力，为全球城市建设提供有力的软环境支撑。

四 各项排名持续跃升,全球城市地位巩固

近年来,在各个权威机构发布的全球城市排名中,广州的表现突出,包括首次进入 GaWC "世界城市分级" Alpha 类,在科尔尼"全球潜力城市指数"中名次大幅飞跃,在普华永道"机遇之城"排名表现突出,并正式进入 Z/Yen 集团"全球金融中心指数"榜单等(见表10-3)。

表10-3 广州在主要全球城市排名中表现一览表

机构与排名		2008年	2010年	2012年	2014年	2015年	2016年	2017年	2018年	排名意义
GaWC	世界城市分级	Beta-(73)	Beta(67)	Beta+(50)	—	—	Alpha-(40)	—	—	进入"世界一线"城市序列
科尔尼	全球城市指数	52	57	60	66	71	71	71	71	保持内地城市第3位
	全球潜力城市指数	—	—	—	—	76	78	56	59	上升速度第1
IESE	活力城市指数	—	—	88	104	104	102	109		
普华永道	机遇之城	—	—	—	2	2	1	1	—	—
Z/Yen	全球金融中心指数	—	—	—	—	—	—	37—32	28	十年来首次入选,一年内上升9位
2thinknow	全球创新城市指数	—	208	256	190	193	—	97		成为创新"枢纽城市"

作为全球城市网络中具有重要国际影响力的区域性枢纽城

市，广州正逐步进入世界城市体系划分中的第一层级，步入迈向全球城市的发展轨道。

（一）综合优势较为突出

1. 城市各领域均衡发展

从广州当前发展情况来看，在雄厚资源和良好基础上的综合、均衡发展，是广州面向未来的最大竞争力所在。在普华永道《机遇之城》中广州2016年、2017年连续两年位列第1，主要胜在均衡、综合的发展特色。根据对《机遇之城2017》的研究与分析，广州在多个维度中得分位居前列，在3项维度中排名第1，包括"智力资本和创新"和"区域重要城市"以及"健康、安全与治安"；排名第2的维度也有3项，包括"技术成熟度""经济影响力"和"宜商环境"，其中在"宜商环境"一项中与苏州并列第2。此外，在"可持续发展与自然环境"中排名第3；在"交通和城市规划"中排名第4。虽然深圳在同一榜单5个维度中均居首位，但广州各项维度得分更为均衡，除3项维度居首外，3项维度位居第2，仅有一项维度排名未进前10，以综合得分优势取代深圳成为"最有机遇"城市。由此可见，广州作为重要的综合性国家中心城市，综合和均衡发展是其面对竞争和挑战的最大竞争力；建设综合性全球城市，也应是广州面向未来的发展建设目标。

2. 传统优势始终保持

作为华南地区传统的经济、文化中心，广州在总体经济实力、教育、医疗、交通运输、商务贸易、科技创新等方面有传统优势。2017年广州GDP突破2万亿元，增速超过7%。国际机构普遍看好广州的经济发展。2017年广州在全球潜力城市指数中排名跃升，主要归功于经济水平维度进步明显；广州历年在活力城市指数中的经济维度排名稳步攀升，2018年排名全球第55位；牛津经济研究院预测到2035年广州GDP总量将排名世界城市前8名。广州高层次人才及科研成果转化水平居于全国前列，2017年广州市专利申请量118332件，同比增长33.3%，首次突破10万件。根据不完全统计，我国往年国内发明专利授权率为30%—40%，而广州则多年稳定在50%左右，远高于全国平均水平。教育资源、旅游服务、客货运输、医疗服务、电子商务及相关的几大领域，广州居民生活质量普遍较高。在"双创"能力与服务、公共交通建设、节能环保、投资环境、劳动力可持续发展方面也基本保持稳定优势。

中国主要城市在全球城市网络中的重要性不断增强，以城市群的方式向领先的全球城市方向迈进并逐渐成为其稳定成员。广州抓紧这一机遇奋力发展，城市综合实力及传统优势的稳定保持为其全球城市的建设提供了坚实强劲的动力基础，使其在近20年中保持着良好的增长态势，在不断的提高和发展中逐渐稳固全球城市的地位。

（二）未来发展潜力巨大

1. 国际一流的营商环境满足外资发展需求

广州作为重要的国家中心城市、珠三角城市群核心城市，依靠友好、便利的经商政策与环境，成为最受国内外投资者青睐的城市之一，因此吸引外资进步明显。近年来，广州着力打造全球最优的营商环境，尤其在开办企业、执行合同、财产登记等管理机制简政放权方面成效显著，营商软环境表现突出，成为众多全球企业投资兴业的首选地。尤其2016年以来，吸引了以思科为代表的总部企业以及富士康等巨无霸项目先后落户广州。粤港澳大湾区研究院发布的《2017年中国城市营商环境报告》中，广州又荣登中国城市营商环境指数榜首。

2. 人才资源集聚提供发展保障

人才是发展的第一资源。广州一向重视人才引进和人才服务，为全球人才提供了优渥的发展环境和政策支持。2016年以来，相继推出了更大力度的产业人才"1+4"政策、实施鼓励海外人才来穗创业的"红棉计划"等，对行业领军人才、高层次人才等发放"人才绿卡"，提供高额的创业项目资助以及住房保障、医疗保障、子女入学、配偶就业、创新创业服务五类政策保障。在广州举办的中国海外人才交流大会（以下简称"海交会"）已经成功举办19届，成为广州向全球招贤纳士的金字招牌。

通过为全球企业和人才提供稳定良好的发展制度环境和优厚的政策倾斜，广州不断累积全球资源配置力升级所需的势能。在基于综合评价体系的对城市发展前景进行预测的科尔尼"全球潜力城市指数"中，广州最新表现十分突出，在香港、北京、上海、苏州、南京等城市排名基本维持不变的情况下实现跃升，表明近一两年来广州正在登上未来飞跃发展的高速快车，遵循当前的发展模式和道路，广州面向未来的全球城市目标不再遥远。

（三）金融实力明显增强

1. 积极补齐自身金融业发展短板

金融业被各种研究认为是广州发展的短板；然而，近年来广州围绕完善现代金融服务体系和建设区域金融中心，大力发展"五大金融"，金融环境持续优化，2011年到2016年金融业增加值增长133%，超过北京的108%，上海的113%和深圳的84.1%，2017年广州金融业增加值1998.76亿元，同比增长8.6%，占地区GDP比重达9.3%，金融业已发展成为广州第五大支柱产业，城市金融实力显著增强。

广州当前金融业发展水平在全球金融中心指数中得到了客观反映。2017年是该指数从2007年发布以来，首次将广州纳入正式榜单排名第37位，并在2018年的第23期中提升至第28位，表明广州金融业发展成就获得了国际金融行业的充分肯定，广州已成为全球金融中心的后起之秀。《华尔街日报》也在2017年3月14日发表"金融企业聚焦中国南部"的报道，指出广州正在迅速崛起为现代化金融中心。由此可见，广州金融业发展已经取得长足进展，对全球金融资源的配置功能逐年增强，已成为广州全球区域枢纽城市地位不断巩固和提升的重要推动力量。

2. 得益于国际金融中心格局深度调整

金融业是现代经济的核心，也是全球城市竞争的主要战场之一。政治和社会动荡不断，对金融服务极易造成不稳定影响，加速形成新的地区均势。如英国脱欧、特朗普当选美国总统以及中东局势不稳定对伦敦、纽约、伊斯坦布尔等多个金融中心造成显著的负面影响，传统金融中心影响被削弱，新兴金融中心趁势发展壮大。欧洲金融中心城市从英国脱欧中受益，亚太地区也由于地区局势平稳使得金融中心城市发展迅猛。随着中国金融改革的推进和金融产业的发展壮大，中国金融中心的竞争力不断提升，进入全球金融中心指数的中国城市也不断增多。近几期全球金融中心指数的受访者普遍对东亚尤其是中国金融中心未来发展的前景非常看好，是广州金融业发展千载难逢的机遇。

在先进服务业当中，金融业创新性强，有很高的附加值。金融业对其他的商业服务（如广告、法律、咨询等）起到了铆定的作用，使其成为先进服务业之首。只有全球化的城市具备良好的技术、劳动力和良好的企业基础设施，开展知识交换，才能吸引金融业的集聚。广州金融业的迅猛发展，一方面印证了金融业对广州全球城市地位的认可，另一方面也使广州通过金融业的国际化将其与国际其他城市进行更好的连接，为城市经济的全球发展注入持续动力。

（四）创新枢纽地位凸显

创新是引领发展的第一动力，是现代城市在国际竞争中赢得主动的关键因素，是引领全球城市持续发展的重要手段。要成为国际领先的创新城市，就必须拥有领先全球的创新发展速度。

1. 科技创新支撑城市创新竞争力显著增强

一直以来，广州的创新能力与北京、深圳等城市相比有待提高；近几年来，随着国家创新中心城市和国际科技创新枢纽建设的加快推进，广州在创新领域的进步快速，增强城市创新竞争力的努力成果已开始显现。广州在"全球创新城市指数"中的表现，从2012年来以近百名次的增幅持续跃升，创新进步快速，2017年则被给予"创新枢纽城市"的评级。"全球创新城市指数"基于"创新不仅是一个独立的产业，更是城市综合发展的过程"理念，因此更能反映一个城市的综合创新实力和未来发展潜力。由此出发，可以认为广州在创新领域虽然与北京、上海等城市尚有较大差距，但进步显著，综合创新竞争力与深圳之间的差距越来越小；按照当前的发展趋势有望实现向"核心创新城市"的攀升。

2. 城市治理创新在国际舞台崭露头角

城市创新的范畴不仅在于科技创新的实力，也在于城市管理、社会治理等城市软实力的创新。作为世界观察中国改革开放的重要窗口，广州十分重视城市治理创新与科技创新并重。近年来，广州运用独特的方式，联合世界大都市协会、世界城市及地区政府联合会，设立"广州国际城市创新奖"，鼓励和推动城市治理创新实践的国际交流，并从中汲取城市发展及管理创新的经验，完善本地区的发展规划及社会治理。

无论是综合性还是单项的全球城市排名研究，对广州在全球城市体系中所处的位置判断都大致相同，即广州近几年来全球化发展迅速并取得了显著进步。虽然与顶尖全球城市相比尚有较大差距，但从中国内地城市发展格局来看，"第三城"地位稳固；从世界范围来看，在全球资源配置、生产要素空间流动中的"枢纽"地位初步显现。广州资源雄厚、发展均衡，动力充沛、前景良好。

综上所述，可初步判断，广州作为全球城市网络中具有重要全球影响力的区域性枢纽城市，正逐步进入世界城市体系划分中的第一层级，步入全球城市的发展轨道。

五 广州建设引领型全球城市的发展愿景

习总书记对新时代新起点开创广东工作新局面提出了明确要求：在构建推动经济高质量发展体制机制、建设现代化经济体系、形成全面开放新格局、营造共建共治共享社会治理格局上走在全国前列。作为国家重要的中心城市、广东省省会城市、粤港澳大湾区核心枢纽城市，在未来加快社会主义现代化建设的新征程上，广州要深入贯彻习总书记重要指示精神，务实进取、创新突破，以更高标准、更高品质、更优结构和更高水平走在全球城市发展前列。

（一）总体定位：引领型全球城市

随着枢纽型网络城市建设的全面铺开，广州在全球城市网络中的重要节点功能不断升级，当前已初步具备了"世界一线城市"地位，发展成为具有重要全球影响力的区域性枢纽城市。面对全球城市体系重心东移等重大机遇，把握国家新一轮对外开放，特别是"一带一路"倡议、自贸试验区和粤港澳大湾区融合发展等国家战略的实施，广州亟待以更高的标准、更远的视野审视自身在全球城市网络和周边区域的角色定位。广州要进一步扩大自身优势，不断升级网络枢纽功能，将全球资源的通过能力进一步向引流能力、配置能力提升，以建设引领型全球城市为总体定位，为全球化进程的持续深入发挥更重要的作用。

（二）功能定位

在建设引领型全球城市的目标愿景指引之下，广州要认清自身优势，把握全球城市发展趋势，重点打造全球资源配置中心、全球科技创新枢纽、国际交往中心、世界级综合交通枢纽、国际宜居花城，成为各领域全球网络的重要枢纽和风向标。

1. 全球资源配置中心

发挥千年商都优势，着力推进更高层次开放型经济建设，打造全球资源配置中心。通过产业网络、要素网络和交通网络等网络紧密联结，巩固粤港澳大湾区核心增长极地位，在湾区城市区域系统支撑下，对国际高端要素资源的吸引力、影响力和竞争力大幅增强，全球资源配置能力凸显，城市决策与控制能力大幅提升，确立航运、航空、商贸、金融、信息和文化的全球资源配置中心地位。

2. 全球科技创新枢纽

把握知识产权、资本、技术、人才等各种形式的科技资源跨国流动日益频繁的趋势，高效对接全球科技创新资源，打造全球科技创新枢纽。争取科技创新国际合作和技术转移的体制机制改革权限，科技创新政策、人才、资源支持体系日臻完善，国际一流的产业技术创新平台、国际风投创投平台、科技成果转化及知识产权平台搭建成型，成为向全球发展汇聚和输送科技创新前沿技术的发动机。

3. 国际交往中心

发挥友好城市网络和国际组织等城市外交资源优势，构建特色突出、形象鲜明、影响深远的国际交往中心。通过不断扩大官方至民间各层面友好交往，多领域国际交往平台的功能全面升级，参与国际事务的水平不断提升，在全球城市治理领域具备较强的国际影响力，形成与全球城市地位相匹配的国际交往新格局，主动承担构建人类命运共同体的全球城市职责。

4. 世界级综合交通枢纽

完善大交通网络体系，强化辐射全球的综合交通承载能力，建设世界级综合交通枢纽。充分发挥区位优势，推动航空、航运枢纽扩容提升和基础设施功能配套完善，国际通航网络布局持续优化，国际通达水平和运输负荷能力全面提升。多式联运能力大幅提高，陆海空内外联动的综合交通运载顺畅，成为中国通往世界、世界来到中国的南大门。

5. 国际宜居花城

发掘城市地理文化资源，提升城市管理服务水平，打造国际一流的宜居花城。提升广州繁花似锦的特色景观，持续塑造"世界花城"的城市形象。秉承以人为本的城市建设理念，进一步提升国际化便利化公共服务水平，提高市民的国际化素养，营造更加友好便捷优美宜居的城市环境，打造文明包容的魅力城市。

（三）发展理念

广州要以全球视野、世界眼光谋划建设具有重要影响力的全球城市，树立"全球站位、创新引领、规划先行、系统建设"四大发展理念。

1. 全球站位

置身全球城市发展视域中，对标国际一流的标准和要求，加快经济转型、城市转型、社会转型，积极培育国际合作竞争新优势，推动城市品质提升。全球城市是全球的金融、资本、信息、流通、航空、通信、新闻机构和文化中心，它聚集了众多跨国公司的总部和国际金融服务机构以及世界上最优秀的人才，更要满足其高度的控制、流通、管理、整合能力需求。建设全球城市的每一项任务，都应置于国际视野之下，以开放包容友善的心态，坚持高标准建设、精细化管理、人性化设计，将广州打造成为面向世界的宜居幸福的全球城市。

2. 创新引领

正确审视城市发展过程中遭遇的资源稀缺性问题，完善城市创新体系建设，将创新内化为城市发展的内生驱动力，通过体制机制、产学研、城市系统等重点领域和关键环节的改革突破，培育健全完善的创新生态系统，建设辐射全球的创新枢纽。当今世界从产业和资本竞争进入创新竞争阶段，全球城市不约而同地谋求通过科技创新、文化创意，形成新的增长驱动力。纽约、伦敦、东京等开始从争夺全球经济流量枢纽转向争夺创新优势，以实现从全球财富中心、资本中心向全球科技创新中心的转变。在迈入世界一流城市行列之际，广州更要充分调动自身的创新资源禀赋优势，强化创新策源功能，升级流量枢纽功能，营造城市创新环境，以创新引领驱动广州城市全领域发展。

3. 规划先行

顺应全球城市发展趋势，对接"一带一路"建设，在清晰判断广州当前全球化发展现状和重大历史发展机遇的基础上，以世界性眼光和战略性思维明确"全球城市"发展定位，编制广州面向2050年的城市总体发展战略规划。在当前全球城市进入"质变发展"的阶段，面对未来发展趋势，广州需要从上至下加快理念更新、与时俱进，瞄准第二个"一百年"的伟大目标，编制2050年发展愿景和规划，尽快明确未来30年"全球城市"的发展定位，并在城市规划、城市建设、城市管理、城市文化、城市营销等城市发展的多个维度，高起点、前瞻性地规划城市未来，最终确立广州中长时段的历史地位和全球影响力。

4. 系统建设

全球城市建设是一项长期性的工作，要从系统性、可持续的高度摆正城市发展的心态，综合提高城市的空间布局能力、城市治理能力、城建系统能力、信息技术能力、经济和商业能力、社会能力、文化能力等，使广州城市发展形成良性循环的生态系统，全面提升全球城市的发展质量。作为城市发展的典范，全球城市的发展趋势向世界传递出一个重要的信息，即城市的发展不是就发展论发展，而是为了建设更好的城市为人类创造更美好的未来贡献力量。城市中经济和社会的发展相互联系，应摒弃只注重直接利益的传统发展模式，从整体发展进行布局，通过提供良好的生活质量和经济环境，展现无可抵挡的城市魅力，从而强化对全球人才和资本的吸引力。

第十一章　广州建设引领型全球城市的战略举措

一　建设全球开放的经济体系

广州要发挥经济综合体量大、基础雄厚的传统优势，增加高效优质资源供给，提供宜商宜业宜居的发展环境，吸引集聚高端生产要素，形成国际领先的高新技术产业带，推动广州成为区域乃至国家发展的新动力源、全球高端资源的新吸附器。积极推动构建全面开放新格局，大力发展新一代信息技术、人工智能、生物医药、新能源、新材料和高端装备制造、绿色低碳、数字经济、海洋经济等产业，高水平建设国家创新中心城市，提升国际航运、航空、科技创新枢纽能级。

（一）聚焦生物医药（IAB）重点产业，形成高端高质高新现代产业链条

把握世界科技和产业发展的发展大趋势，瞄准新一代信息技术、人工智能、IAB等新兴产业、新材料、新能源（NEM）等领域，创新资源配置政策、导向和方式，培育和引进世界级创新产业集群和世界一流企业。充分利用《财富》全球论坛为广州建立与全球跨国公司的联系，瞄准全球500强和国内外行业领军企业，加强产业链、价值链、创新链招商。增加高效优

质资源供给，优化资源投入结构，全面提升产业资源的保障能力和配置效率，为广州建设全球城市提供产业新动能。广州需要利用目前对外开放取得的领先优势以及国家继续扩大对外开放的政策红利，进一步扩大关键领域对外开放，抓住国家加快开放竞争性领域对外资准入限制和股比限制的机遇，制定更有竞争力的利用外资政策措施。加快培育本土跨国企业，鼓励大型企业有效利用两个市场两种资源，走出去建立境外生产基地、营销网络、研发中心和能源资源供给体系。

（二）大力推进金融创新，提升全球资本引流力

积极对标亚太顶级金融中心，稳步提升全球金融中心建设水平。推动国际知名智库和专业金融研究机构落户广州，增进国际研究机构对广州城市发展的深入了解，争取获得其研究报告中文版发布权或英文版联合发布权，提升广州国际知名度和国际影响力。加快推进金融创新的发展，完善金融机构主体体系，建设现代金融服务体系，重点建设广州国际金融城和南沙现代金融服务区，强化全球资本集聚能力。实施"金融+"战略，提高金融机构体系的综合实力，增强金融市场的集聚和辐射能力，营造良好的金融发展环境。把握中国放宽金融业市场准入的机遇，推动金融资本与高端产业资本深度融合，通过高端产业的发展趋向引领金融资本的流向，为实体经济发展注入强大动力。通过持续完善金融产业在整体城市发展中的功能布局，加大力度吸引国际金融机构落户和设立分支机构，为广州金融中心建设集聚全球高端资源。

（三）聚焦科技创新，创新驱动增强城市发展动力

持续推进以科技创新为核心的全面创新，在做强做优做大科技创新企业的同时，在孵化育成载体优化、高精尖领域科技创新、科技成果转化等方面发力，高水平建设国家创新中心城

市和国际科技创新枢纽，打造广州创新增长极。进一步以开放的态度主动融入全球创新网络，以全球视野主动引资、引智、引技、引才。积极提供有利于科技和互联网企业发展的融资环境，深化中新知识城、中欧政策合作示范区、中以生物产业投资基金等平台合作，推动国（境）外先进技术转移转化，实现与海外高端智力资源的有效对接。营造国际创新创业生态环境，完善政产学研合作机制，支持行业龙头企业联合组建产业研究院，组织实施一批重大科技示范应用项目，加大对本地企业自主创新支持力度。成立广州国际科技交流合作促进中心，加强与欧美发达国家、独联体国家和港澳地区科研院所等海外主要科技团体和机构的科技合作联系。

（四）聚集高端服务资源，大力发展会展经济

广州应继续扎实推进国家服务贸易创新发展试点建设，加快推进机制体制创新，完善各项支持政策。随着经济结构持续转型升级，服务业正在成为经济增长的新引擎，尽管广州服务贸易额占对外贸易额的比重不断提升，但仍有较大提升空间。广州要进一步优化服务贸易空间布局，加快培育服务贸易市场主体，促进服务贸易重点领域集聚发展，提升服务贸易规模和质量。从产业发展来看，应牢牢把握创新、智能、整合、融合趋势，继续拓展国际市场，深化与"一带一路"沿线国家合作，持续在整合全球产业链、价值链、供应链中发挥重要作用。利用广州在会展行业的传统优势基础，促进会展业转型升级，加快生产要素聚集，提升产业集群水平，以大型会展活动为平台，促进本地产业走向国际市场。

二 提升全球辐射的配置能力

广州应坚持构建开放型经济新体制，积极参与国家"一带一路"与粤港澳大湾区建设,打造南沙高水平对外开放门户枢纽,提升在全球重要资源配置方面的影响。结合自身的外贸结构特点和对外交往网络,以加快对外贸易转型升级、提升全球资源配置能力、营造国际化法制化营商环境为重点突破口,循序渐进地推动各方面的共同发展,打造辐射全球的经济资源配置中心。

(一)大力发展总部经济,提升全球经济控制力

积极把握当前全球跨国公司总部转移的有利机遇,发挥广州在跨国公司选址时重点考虑的交通条件、环境质量、商务设施、政府服务、区域开放程度等方面的优势,采取有效措施吸引跨国公司,尤其是世界500强企业在广州设立总部、营运中心、研发中心或核心产品制造中心,推动广州产业结构升级和城市功能转型。除了吸引境外500强企业以外,广州也应当大力培育本土跨国企业,积极吸引优秀的国内企业在广州设立总部或职能总部,推动广州成为亚太地区最具有活力的总部之都。

(二)聚焦自贸区制度创新,建成全球高端合作重要平台

最大限度运用好南沙自贸区获得国家实施"一带一路"倡议、自由贸易试验区战略、珠三角建设国家自主创新示范区等多重政策先行先试优势,加快推进自贸试验区制度创新,把制度优势转化为自贸区开发建设现实生产力,全面深化改革,着重提升区域功能、促进产业集聚,形成高端装备制造和创新驱动链式互补效应,建设全球高端高质高新现代产业合作平台,引领全球产业发展风向。继续推进粤港产业深度合作园建设,推动一批重点项目落地,吸引一流的现代服务业企业在南沙聚集。对标国际高标准贸易规则,推进贸易便利化,建设自由贸易港,打造围绕投融资、国际贸易、法律服务等为一体的投资贸易综合服务平台。加强与港澳在资讯科技、专业服务、航运物流服务、研发科技成果转化等产业领域的合作,促进人员、

资本、信息等要素自由流动，打造全球资源配置中心的大格局。

（三）大力发展互联网枢纽型平台，提升"一带一路"资源配置力

利用互联网技术，搭建虚实结合的枢纽型平台，重点推动要素市场交易平台、供应链服务平台、电子商务平台、社会资讯服务平台、分享经济平台等实体平台和虚拟平台的发展，高效链接全球资源创造者和使用者两端。吸引培育强整合性的枢纽型组织，鼓励其深度参与全球人力、物力和公共资源的整合分配，尤其是参与"一带一路"相关的基础设施、产业项目、重大平台、民生实事、规则标准建设等资源配置，推动本土优质项目纳入国家项目库，大幅提升广州国际事务交流协商平台的功能，在"一带一路"中发挥重要枢纽城市的作用，提升国际话语权。

（四）大力创新区域合作机制，增强粤港澳大湾区区域凝聚力

建设粤港澳大湾区核心枢纽城市，联手港澳、带动珠三角，以建设命运共同体为目标，打造世界级大湾区，成为国家高水平参与国际经济合作的新平台。通过南沙自贸区积极与港澳开展全方位合作，着力吸引港澳及国际高端产业资源、创新资源集聚，打造高水平对外开放门户枢纽，形成穗港澳联手合力打造全球资源配置资源中心的整体格局。重视与珠三角其他城市的互动协同发展，实现珠三角城市群内的设施互通、要素互通、人才互通、服务互通，共同实现科技创新和城市转型。

充分利用南沙在粤港澳大湾区建设中所处的核心战略位置，建设南沙粤港澳全面合作示范区，明确各区在未来粤港澳大湾区发展中的功能划分，从金融合作、融合发展、科技创新合作、助港澳企业开拓国内市场、数据服务、国际教育和医疗合作、

国际航运合作等方面以全新的战略性高度打造粤港澳世界级大湾区，进一步推动广州城市国际化发展。在充分理解湾区未来的国际航运、贸易、物流、金融等一系列综合需求的前提下，建设区域性交通枢纽、国际航运中心、物流中心、贸易中心、现代金融服务体系和创新产业体系，更好地服务于区域发展需求，将广州打造为湾区经济增长极。

（五）大力优化国际化法制化营商环境，提升全球企业吸引力

进一步推进制度创新，完善体制机制建设，提高管理运行效率，降低制度交易成本、生产成本、城市运营管理成本，把广州打造成为全球企业投资首选地和最佳发展地。加大制度创新探索力度，发挥自贸区在制度创新上的引领作用，重点完善与市场准入负面清单制度相适应的审批、监管机制。加强营商环境标准化建设，深化与国际行业标准制定组织的合作，引进国际权威标准评估机构落户，支持本土企业、高校、科研机构参与制定国际标准。

在"事权下放、分层管理"的思路下，加快政府职能转变，提高行政审批效率，提升城市精细化管理水平。未来应进一步突破影响营商环境提升的机制体制障碍，推动营商环境不断改革和完善，为广州对标国际商事规则、建设自由贸易港做好铺垫。从贸易投资环境、产业发展环境、人才发展环境、政务环境、绿色发展环境和法治环境等几大方面研究拟定改善营商环境的相关促进政策，颁布提升营商环境的实施工作方案，制订提升营商环境的三年行动计划。着力在服务效率、管理规范、市场活力、综合成本方面，率先营造国际一流营商环境。

三　构筑全球畅达的枢纽网络

随着全球化、信息化持续深入推进，城市交通网络的重要性逐步提高，城市的枢纽带动力和网络联通性直接决定城市的国际影响力和竞争力。广州要实施"枢纽+"战略，重点推进海港、空港、铁路等交通枢纽设施和信息基础设施的互联互通建设，构筑全球畅达的枢纽网络，提升引领型全球城市的总体支撑能力。

（一）建设国际航空枢纽，加强国际人流辐射力

着眼建设现代临空产业体系，延伸拓展航空产业链，建设航空产业价值创新园区，吸引规模较大和高端空港经济项目落户。增强机场资源、空域资源配置，探索空港型自由贸易发展方式。适当超前建设一批先进的基础设施，推进白云机场第四、第五跑道及第三航站楼等工程建设，规划建设第二机场，完善机场综合交通网络。积极争取更多空域资源，大力拓展国际航线，扩大航线网络覆盖面，不断强化国际航空枢纽功能，打造国内、东南亚"4小时航空圈"，全球重要城市"12小时航空圈"。

进一步完善机场立体化交通综合体系，深化机场及周边环境综合整治，推进机场三期扩建。促进航空枢纽的安全水平、服务质量和运营效率都逐步与国际接轨，提升旅客满意度，以吸引更多高端国际人流通行。在完善入境旅游政策方面，广州应充分运用72小时过境免签政策，扩大过境免签政策使用范围，提高过境免签政策的实施效果，丰富中转免签旅游产品。积极利用广东省政府设立的"21世纪海上丝绸之路建设基金""广州航空产业基金"和"广州空港经济区基础设施建设基金"等，构建多层次、多渠道投融资模式，支持航空枢纽设施建设和航空产业发展。

（二）建设国际航运枢纽，加强国际物流辐射力

重点建设智慧型国际航运物流枢纽和"互联网+航运+金

融"新业态，全面发展现代航运服务业，实现国际航运中心、物流中心、贸易中心以及现代金融服务体系相互融合的大发展格局。打造布局合理、高端产业集聚、辐射能力强的航运要素功能集聚区。依托南沙自由贸易试验区、自由贸易港，建设粤港澳大湾区航运服务示范区，吸引国际航运公司、现代物流、跨境电商等企业，打造一流的国际航运中心功能区。吸引国内外大型物流企业、各类航运企业机构总部、地区总部或营运中心，打造政府航运服务和总部经济集聚区。鼓励设立航运金融租赁公司、融资租赁公司、航运保险公司等专业性机构，大力引进航运专业银行。探索在南沙自由贸易试验区建设离岸航运金融服务平台。支持建立航运供应链金融产业联盟，打造航运供应链金融服务一站式平台。

加快广州港深水航道拓宽工程、国际邮轮母港、南沙疏港铁路和南沙四期等项目建设。有针对性地大力拓展集装箱班轮航线和国际航运线路，增加国际班轮航线的班次密度，主动融入国际化货运物流体系。进一步建立健全信息共享机制，打造符合国际规则和通行标准、更加开放兼容的国际贸易单一窗口。通过发展港口多式联运集疏运体系，辐射泛珠三角地区，加速高端航运要素集聚，加快大通关体系建设。落实交通部国际船舶登记船籍港政策，发展国际中转、船舶登记、航运交易、航运金融等现代航运服务业。

（三）建设国际综合交通枢纽，加强国际资源承接力

加强区内国铁、城际轨道、地铁和高铁快速路项目建设，实现全市海港、空港、铁路港、公路港、信息港"五港联动"，推动广州与周边区域陆路交通高效衔接，完善大交通综合网络体系，形成以空港为中心，覆盖珠三角地区的 1 小时服务范围。推进空铁联运、海铁联运、公铁联运和地铁线网规划建设，强化辐射全球的交通枢纽功能，以建设管理创新、建设模式创新

和行业科技创新为重点,将广州建设成为辐射带动能力强的世界级综合交通枢纽和综合承载力高的珠三角世界级城市群核心城市。编制面向2035年的交通发展战略规划,加快铁路枢纽、高快速路网和城市轨道交通建设,发展空铁联运、铁水联运、公水联运等多式联运,推动广州国际货运班列多线双向运行。

(四)建设国家新型智慧城市先行区,增强国际信息交换水平

加快信息基础设施建设,实施"互联网+"行动和大数据战略,建设国家新型智慧城市先行区。广州应该继续大力提升高精尖领域科技创新能力,积极推动自主创新和原始创新,培育一批具有原创性和国际影响力的创新型企业。成立广州国际科技交流合作促进中心,发挥驻美国硅谷、波士顿,以色列特拉维夫等科技创新合作办事处作用,与科技创新强国和地区建立双向交流合作机制,实现与全球创新资源的高效对接。在供水、供电、道路、通信等各种网络系统建设方面,在生产、储存、物流、销售、商业服务等方面,在金融、保险、科技咨询等现代服务方面全面进行信息化建设,建设数字城市与信息社会。形成产业布局与功能分区合理、基础设施配套的现代化城市。

四 优化全球共赢的交往格局

广州建设引领型全球城市应怀有为全球城市发展贡献力量的使命担当,全方位优化对外交往格局,讲好广州故事,提出广州方案,展现广州担当,把广州打造成为重要的国际交往中心,增强全球影响力。

(一)建设城市公共外交之都,引领全球城市治理

建立健全城市公共外交机制,提升国际事务参与能力。作

为世界城市和地方政府组织联合主席城市、世界大都市协会联合主席城市，广州应该着重加强自身在城市间国际组织中的领导能力，利用"广州奖"等平台发挥更加积极的作用，创新世界大都市协会亚太区办公室的运作模式，带动国际组织会员城市全方位交流合作，提升自身在国际组织中的话语权。加强与倡导国际地区可持续发展理事会、城市气候领导联盟等重点领域国际组织的合作，积极参与举办国际交流活动。设立城市治理创新研究院，让全球智慧汇聚广州，在全球城市治理领域发出"广州声音"，以"众城之城"为目标建设城市公共外交之都。

　　深化城市对外交往，创新友好合作模式。实施国际友城"百城计划"，以欧美发达国家和"一带一路"沿线城市为重点，优化友城布局和结构，推动友城合作平台化、项目化、机制化、常态化发展，推进友城间经贸、科技、教育、旅游、环保、人文及城市管理服务等多层次、宽领域交流合作。建设国际友城数据库，促进友城资源共享。实现与新兴国家和地区的优势互补、合作共赢，促进一批实质性项目落地。邀请更多国家元首、政府首脑、国际组织要员、国际名人来穗考察访问，增设驻穗领事机构，引进或创办有重要影响力的国际性组织常设机构，优化驻外机构网络布局，强化提高广州在全球城市交往中的显示度。充分利用国际高端平台，积极参加达沃斯世界经济论坛、博鳌亚洲论坛等高端国际会议，深化与《财富》全球论坛等高端平台合作，发出广州声音，扩大广州高端朋友圈。

（二）建设国际会议之都，促进全球智慧汇聚集结

　　打造广州会议品牌，建设高端国际会议目的地。广州应该利用好近几年承办各种国际会议的经验优势，办好2018年世界航线大会、2019年世界港口大会、2020年世界大都市协会世界大会、全球市长论坛等重大国际会议，进一步提高国际会议举

办水平。持续提升广州国际城市创新奖系列活动国际影响力，打造《财富》国际科技论坛、国际金融论坛、广州国际投资年会等一批广州会议品牌。着力引进一批有世界影响力的国际会议和高端论坛项目，吸引国际组织、行业协会学会、跨国公司来穗举办论坛、年会、峰会和其他大型会议活动，构建多层次国际会议体系。建设高端学术交流平台，支持高校、科研机构、企业开展国际性学术交流活动，打造国际学术会议之都。

提高展会举办水平，建设具有全球影响力的会展之都。在数十年广交会积累的品牌优势与展会平台的基础上，广州需要以更高标准规划建设国际会议中心及相关配套设施，优化全市展馆功能和布局，提高广州国际会展综合承载能力。巩固提升"广交会"品牌的龙头地位，培育广博会、金交会、创交会、海交会等一批具备国际竞争力的专业品牌展会，提升广州会展之都的国际知名度。建立国际会展活动引进和申办联动机制，加强与国家级行业协会、国际展览业组织、会展跨国公司的合作，吸引国际知名展会落户广州。支持品牌展会以展促会，在大型专业展览同期召开行业高端论坛、会议，促进会议展览融合发展。

（三）建设国际文化交流中心，营造国际化的文化氛围

盘活岭南优秀传统文化，打造独具特色的国际文化品牌。作为岭南文化的一大重镇与中心城市，广州在对外交往以及本地融合的过程中形成了丰富的系列文化产品。广州应该利用好自身的文化产品，结合当下的时代特色，整合提升中国（广州）国际演艺交易会、广州艺术节（戏剧节）、羊城国际粤剧节、中国（广州）国际纪录片节、中国国际儿童电影节、广州大学生电影节、中国音乐金钟奖及广州国际艺术博览会等重大文化节展活动，做大做强"广州文交会"国际品牌。办好广州迎春花市、广州民俗文化节暨黄埔波罗诞千年庙会、广府庙会等特色

文化品牌活动，提升海内外关注度和参与度。加强体育和文化的融合，推广足球运动，办好广州马拉松赛、广州国际龙舟邀请赛、世界羽联世界羽毛球巡回赛总决赛、国际攀联中国攀岩公开赛、广州南沙国际帆船节等国际体育赛事，积极申办重大国际体育赛事，打造世界级赛事聚集地。

增强城市文化软实力，积极推进中华文化走出去。作为岭南文化的重要集源地，广州应利用好自身的文化优势，扩大文化影响力，制定出台相关工作方案，充分借助"我的中国、我的年""欢乐春节""广州过年　花城看花"等文化对外交流品牌活动，展示粤剧、岭南书画、岭南音乐、民间工艺等岭南特色文化，利用现代时尚文化形式，生动诠释岭南文化蕴含的中国精神、中国价值、中国力量，展示"美丽宜居花城，活力全球城市"的魅力。培育国际一流、德艺双馨的文化名家大师，打造一批弘扬中华优秀传统的重要文化项目。提升"广州文化周""我们，广州""丝路花语——广州海上丝绸之路文化之旅"等城市文化交流重点项目影响力，推动参加世界城市文化论坛，促进文明互鉴和民心相通。加快建设数字图书馆、数字博物馆、数字文化馆等文化信息资源共享平台，推进优秀岭南文化产品的数字化、网络化生产和传播，打造具有地域特色的网络文化品牌，建设网络文化发展先进城市。加快国家版权贸易基地建设，培育一批具有国际竞争力的外向型文化企业、中介机构和著名品牌。

（四）建设世界知名旅游目的地，开拓国际旅游交往新阵地

塑造提升城市旅游名片，建设粤港澳大湾区世界级旅游目的地。旅游开放是对外开放的重要组成部分，有利于城市间增进了解、文明传播、文化交流、增进友谊及扩大经贸合作。长期以来，广州具有深厚的旅游文化资源积淀，因此应该在此基础上巩固提升"世界花城""海上丝路""食在广州""珠江夜游"等城市旅游名片，丰富国际旅游产品类型，努力建设国家邮轮旅游发展实验区，积极推进穗港澳游艇自由行，为国际游客提供高品质、个性化的旅游产品服务。不断地推动旅游资源跨境整合，联合珠三角城市开发不同类型的"一程多站"旅游产品，打造粤港澳大湾区世界级旅游区。

加强国际联系合作，拓展城市旅游海外宣传推介网络。充分利用世界旅游组织、亚太城市旅游振兴机构、广州国际旅游展览会等平台，密切与世界重要旅游城市的合作，重点加强与"一带一路"沿线重要城市、国际友城等的旅游合作。积极引进国际旅游企业总部、国际性旅游组织和商业机构等，吸引海内外投资者在广州开发旅游项目或设立分支机构、地区总部，提升旅游服务国际化水平。加大传统休闲旅游产品与国际会议、会展、品牌节事、主题公园的整合力度，开发会展旅游、邮轮旅游等特色旅游产品，构建国际化旅游目的地服务体系。

（五）建设枢纽型侨都，构筑海外华侨华人交往资源新网络

巩固侨务活动品牌，培育民间友好交往新力量。广州拥有数量庞大的华侨华人资源，在推进国际民间公共外交方面具有得天独厚的资源优势，可秉承"以侨为桥""以侨为媒"的总体思路，利用红棉国际交流合作基金会等平台，整合社会资源，搭建民间对外交流合作新载体。继续协办好世界广府人恳亲大会，组织重点侨领、新华侨华人广州行等品牌活动，密织海外华侨华人联系网络。办好中外友人运动会、"国际友城市长面对面"、"友城之旅"、"相约广州"等品牌项目，引导城市特色公共外交开展。

完善华侨华人联系纽带，打造枢纽型侨都。实施海外华侨华人人脉涵养计划，创新工作方式吸纳新华侨华人、华裔新生代领袖，扩大和优化广州侨务资源储备。加强与海外广州籍侨社团的联系，拓展侨务公共外交新资源。用好海外侨务资源，以侨胞作为交往纽带，加强与世界其他国家和城市的联系，深化文化、教育、卫生、体育等领域的国际交流与合作。打造广州侨情信息互联互通平台，利用互联网技术加强与海外华侨华人及归侨侨眷的线上互动，精准把握新形势下新侨情，为丰富国际交往工作内容提供数据支撑。

五 营造全球对标的宜居环境

广州应在建设引领型全球城市的目标指引下，进一步提升城市国际化服务水平，营造更加友好、便捷、优美、宜居的城市环境，打造文明包容的魅力城市，全方位提升城市魅力和吸引力。

（一）加强城市全球化观念普及，营造国际友好的城市氛围

加强市民全球化观念教育，增进民众对广州城市发展战略的理解与支持，以更包容友善的心态、更娴熟的交流技能，迎接世界各地宾朋。开展基础教育的国际理解教育，增进广州青少年与世界各地文化背景、种族、宗教信仰的人们之间相互了解和相互宽容推进跨文化交流，培养青少年的国际视野和开放性思维。加大民间跨国文化交流力度，鼓励支持更多友好城市市民互访、跨国中小学交换交流等民间友好交流活动开展。创造更多跨文化交际机会，利用在穗举办国际活动契机开展各种形式的市民教育，提供市民耳濡目染增强全球化意识的机会，鼓励民众主动关注和了解国际信息，打开国际视野。加强国际教育交流合作，尤其是鼓励全球人才来穗留学和进行学术研讨，促进民心相通和文明互鉴。

（二）加强环境综合治理，改善城市生态环境

加强水环境、大气环境综合治理，提高城市垃圾无害化处

理与利用水平，建成资源节约型、环境友好型社会。对标世界名城，推进城市更新重点工程，构建景观优美、利民惠民、生态功能强的公园体系和道路绿化体系，在条件成熟的区域重点打造绿化景观带，加强立体绿化，拓展绿化空间，开展桥梁绿化、阳台绿化和屋顶绿化，构建布局合理，功能强大的城市生态绿化网络体系，打造凸显岭南园林特色生态城市。加强花城品牌城市特色景观布局，建设比肩国际著名花园的"广州花园"，打造一批标识性花城门户景观、现代都市精致品位花景、开放式园林规模花景，聚焦重要地段、特色道路、公园节点、城市出入口、绿道等地带增加开花植物，建设主题花漾街区，让优美宜居环境成为广州的最大竞争力和软实力。

（三）加强国际化人居环境建设，形成和谐包容的生活体验

综合统筹优化国际化服务平台与资源，加快完善政府管理体制改革，更新《优化涉外服务环境提高国际化程度工作方案》，强化政府公信力，提高政府管理水平、服务社会水平和信用水平，确保城市运行达到国际先进水平。开展城市外语资讯体系建设，提升多语种服务能力，包括完善公共服务机构多语种互联网资讯和服务功能。促进公共场所（公共交通系统、政府各级办事机构、医院、公共自助服务设施等）外语标识的规范化，建立行之有效的城市外语咨询与公共服务体系。提高涉外公共服务信息化水平，在《外国人在穗指南》(*Guide for Foreigners in Guangzhou*) 基础上缩减篇幅，针对不同人群拆分与细化信息，汇编简易手册。增加和完善广州各大交通门户的便利性指引与服务。推广移动办事，开发如签证相关事项、入户证件办理、社会保险办理、就业入学等一站式管理APP，提高城市涉外服务效率，增强在穗外国人生活便利性。加大公共服务投入，优化学校、医院、养老服务机构等资源供给，促进基本公共服务均等化，惠及为广州发展做出贡献的国际人士。

六　实施全球覆盖的传播策略

广州要主动对标国际一流水平，不断完善对外传播网络，扩大全球覆盖范围，积极构建符合国家整体战略、城市形象鲜明统一、全社会共同参与的城市形象国际传播体系，整体提升广州在国际社会的知名度、显示度和美誉度，为建设引领型全球城市营造有利条件。

（一）树立城市特色国际形象，提高广州形象在国际舆论中的清晰度

建立城市品牌形象价值模型，形成体系化的城市品牌名片。以"梦想全球城市"为城市品牌形象核心价值，以"筑梦广州、逐梦广州、圆梦广州"为主轴构建的城市形象价值模型，突出传播城市发展环境为人们提供的归属感，聚拢人心，提高城市凝聚力。以"花城"为主线编织国际旅游品牌，整合广州具有国际性优势的城市资源，开发具有普世价值的城市品牌产品。以"活力"为关键提升国际贸易投资主打品牌，广泛宣传广州推动经济高质量发展的体制机制和全面开放新格局建设成就。以"创新"为核心塑造城市国际交往品牌，大力传播广州共建共治共享社会治理格局的创新工作案例，全方位打造全球城市发展的广州范例。

制订并实施面向全球的城市形象宣传计划。聘请国际专业机构，对城市形象推广做出高水平、具有较强可操作性的整体策划。加强国际城市品牌产品的开发，努力构建符合各种文明的共同价值，充分利用重要载体、重大事件和名人效应来推广城市形象，利用世界级企业品牌进行城市营销，突出广州城市

特质。加强同国际传媒的联系与合作，利用国际主流媒体的影响力，提升广州国际知名度。

（二）创新城市传播产品，丰富城市形象国际传播的内容供给

高质量的传播内容是全球传播策略的核心竞争力。一是围绕城市重大主题、重点工程以及系列文化活动，加强对全市各领域深度采访报道，如借助国家领导人峰会、重大国际财经会议以及在穗举办重要国际会展活动，开展综合性路演推介，借助达沃斯论坛等高端平台举办"广州之夜"等活动，向国际社会展示广州城市魅力。二是围绕城市品牌打造，开发各种层次的外宣产品。例如，结合广州高雅文化元素，策划艺术品式的城市外宣丛书、歌曲。结合岭南文化元素，拓展美食、粤剧（私伙局）、非遗（广彩、广绣）等颇具民族特色的外宣品。开辟"名人说花城"专栏、专刊，组织境内外名家撰写城市文章。组织拍摄系列影视作品，把城市深厚的历史人文精神、道德情感给予充分展现，为世界提供丰富多彩的中华文化公共产品供给。三是创新传播产品的表现形式。例如运用互联网技术等新兴科技，开发H5、VR、小程序等时尚性、趣味性更强的资讯产品，增强传播视听体验。又如增进传播活动体验式、浸入式创新。邀请有一定国际影响力的网红、博主等境外嘉宾，在穗工作学习的优秀人才体验广式生活及文化，提升外国人群体对中华文化的理解与认知。

（三）吸纳社会传播力量，构建全球推介和国际传播队伍

讲好广州故事，需要充分发挥国内外多元主体作用，借助不同声音更加立体、真实地讲述。组建城市形象推广大使队伍。从社会各领域精心挑选一批有重大影响力的形象大使，如著名文艺工作者、优秀企业家、社会工作者、热心广州城市建设的网红民众等，通过推广大使的社会资源，设立多种城市形象推广的栏目、节目，广泛传播广州的城市形象，塑造城市品牌，提升城市的辐射力。

重点建设城市形象智库体系。利用广州市社科理论资源优势打造城市外宣智库，加强与国际知名智库团队——由全球政界、商界、传播界、社科界等组成的政治可靠、对广州友好、有国际视野、善于讲述广州故事的中外专家智库团队合作。组织城市新闻发言人队伍境内外培训，培养一支国际化高素质城市新闻发言人队伍。

强化文化"他者"叙述。充分发挥广州华人华侨及归侨侨眷数量庞大、分布广泛的资源优势，挖掘侨团侨社侨领、海外华文学校、侨刊乡讯、侨商侨企等主体的文化传播潜力，培育中华文化国际传播多元力量。发挥来穗外国人流量大、在穗外国人数量多的优势，加强与外国驻穗机构及外资企业员工、外籍教师、留学人员、游客以及其他常住外国人的联系，积极组织广州中外友人运动会和社区交流等文化活动，提升外国人群体对中华文化的理解与认知，引导其成为中华文化的积极参与者与主动传播者，强化人际传播溢出效应。

（四）构建全球化立体式的媒体传播网络，扩展传播辐射范围

综合考虑传播素材在国际社会中的普适性和共通性，实行世界各文化区域一区一策甚至重点国家一国一策的传播策略，找准广州城市形象与当地的利益交汇点、话语共同点、情感共鸣点，引发不同文化背景下受众的共情，构建有国际表达的传播网络。加强公共媒体国际传播渠道建设力度，强化网络宣传，加快形成独具广州特色、能与国际对话交流的传播体系，提升广州在国际交往中的话语地位。综合运用传统媒体和网络新媒体、新技术，深化与国内媒体合作，拓展与国际重要媒体合作

交流联系，加强与重点地区重点领域的权威媒体细分合作，探索与国内外热门自媒体的传播合作，多渠道全方位强化城市形象全球推介和国际营销。

结　语

　　随着城市化、全球化发展的不断深入，城市成为人类生活的主要聚集地。人们进入城市不仅是为了更多的工作和生存机会，还是为了追求更好的生活，城市承载起人类发展越来越重要的使命。作为城市发展的高端阶段和国际化高端形态，全球城市日益成为全球经济、科技、文化等各领域发展的制高点和引领者。全球城市发展程度和国际影响的量级不一，形成全球城市体系，在不同的发展层次上反哺着全球化进程，为实现全人类的共同发展形成合力。因此，全球城市评价研究对于判别城市在全球城市体系中的定位、功能和作用，指导城市更好地发挥优势、联系全球、服务人类发展，具有重要的意义。本书深入解剖了七大世界权威的全球城市评价指标体系，较为完整地呈现出国际智库对全球城市发展特征和趋势的研判，借鉴全球城市的前沿理论和发展经验，为中国城市联通世界、引领全球，为人类命运共同体的构建提供了客观全面的参照系。在全面深化改革开放的大局下，越来越多的中国城市以建设全球城市为目标，更加积极地加入国际竞合当中。本书仅以广州为例，分析中国城市迈向全球城市的优势和短板，提出建设引领型全球城市的对策建设，以期以广州实践抛砖引玉，为中国城市国际化的升级发展思路提供有益的启迪。

参考文献

柏兰芝、陈诗宁：《从跨国广告业看全球化和全球城市——以中国广告业为例》，《地理研究》2004年第5期。

蔡拓：《全球性：一个划时代的研究议题》，《天津社会科学》2013年第6期。

陈杰：《充分利用全球城市的规模效益和集聚效应》，《中国社会科学报》2014年9月17日第A06版。

陈秋玲等：《服务城市：现代城市功能的回归》，格致出版社、上海人民出版社2010年版。

陈维民、李光全：《世界城市发展趋势和我国建设世界城市的意义》，《青岛科技大学学报》（社会科学版）2015年第3期。

段霞、文魁：《基于全景观察的世界城市指标体系研究》，《中国人民大学学报》2011年第2期。

高维和、史钰琳：《全球城市文化资源配置力评价指标体系研究及五大城市实证评析》，《上海经济研究》2015年第5期。

顾朝林：《经济全球化与中国城市发展（跨世纪中国城市发展战略研究）》，商务印书馆1999年版。

顾乃华、陈丰哲：《文化创意产业与城市服务业竞争力：基于全球城市数据的实证研究》，《宁夏社会科学》2011年第1期。

胡笑寒、何田、彭宇聪：《基于社会网络的全球城市航空网络研究》，《未来与发展》2016年第9期。

黄苏萍、朱咏：《全球城市2030产业规划导向、发展举措及对上海的战略启示》,《城市规划学刊》2011年第5期。

乐嘉昂:《全球城市创新能力提升的研究——以纽约为案例》,《上海管理科学》2016年第38期。

李峰清:《新时期我国主要中心城市走向"全球城市"的路径研究——基于"中心度—联系度"的辨析和讨论》,《国际城市规划》2016年第31期。

李宁、龚恺、颜鹰:《智慧城市评价指标体系探讨分类》,《标准科学》2014年第10期。

李志清:《广州智慧城市评价指标体系研究》,《市情研究·探求》2014年第6期。

陆伟芳:《从世界城市、全球城市到世界名城——一种理论的视角》,《城市观察》2014年第1期。

吕大乐:《对全球城市社会文化发展的一些看法》,《科学发展》2015年第6期。

吕康娟:《上海全球城市网络节点枢纽功能、主要战略通道和平台经济体系建设》,《科学发展》2016年第4期。

罗思东、陈惠云:《全球城市及其在全球治理中的主体功能》,《上海行政学院学报》2013年第3期。

罗震东、张京祥:《全球城市区域视角下的长江三角洲演化特征与趋势》,《城市发展研究》2009年第16期。

马亮:《城市排行榜:流行、问题与展望》,《甘肃行政学院学报》2013年第3期。

马小宁:《全球性城市理论及其对我国城市发展的启示》,《河南社会科学》2008年第1期。

米凯、彭羽:《国外生态城市指标体系及其应用现状分析》,《中国人口·资源与环境》2014年第11期。

倪鹏飞:《全球城市竞争力的比较分析》,《综合竞争力》2009年第1期。

齐心、张佰瑞、赵继敏:《北京世界城市指标体系的构建与测评》，《城市发展研究》2011年第18期。

秦伟伟、王卓琳、任文隆：《生态城市评价指标体系设计》，《工业技术经济》2007年第26卷第5期。

芮明杰等：《上海未来综合性全球城市产业体系战略构想》，《科学发展》2015年第8期。

邵晖：《从大城市到全球城市——区域——中国大城市空间重构的动力研究》，《发展研究》2012年第7期。

石光宇：《东京全球城市的形成及其功能考察》，《日本研究》2014年第3期。

石光宇：《简析全球城市的成因》，《都市文化研究》2014年第1期。

石光宇、孙群郎：《美国全球城市形成初探》，《杭州师范大学学报》（社会科学版）2011年第33期。

石崧、沈璐：《基于国际排名比较的上海城市总规目标绩效评估研究》，《中国城市规划学会·城市时代，协同规划——2013年中国城市规划年会论文集（06规划实施）》，2013年。

苏宁、王旭，《金融危机后世界城市网络的变化与新趋势》，《南京社会科学》2011年第8期。

苏宁：《未来30年世界城市体系及全球城市发展趋势与上海的地位作用》，《科学发展》2015年第12期。

苏雪串：《全球城市体系形成的经济机理分析》，《山东经济》2010年第6期。

汤伟：《全球城市网络、新政治空间与多层外交的兴起》，《城市管理与科技》2012年第4期。

仇德等：《打造全球城市—区域的国际经验与借鉴》，《国际城市规划》2014年第29期。

屠启宇、李健：《基于国际评价的上海城市功能综合报告》，载《国际城市蓝皮书（2015）》，社会科学文献出版社2015年版。

屠启宇：《全球城市发展新趋势与中国新型城镇化》，《时代建筑》2013 年第 6 期。

屠启宇：《世界城市指标体系研究的路径取向与方法拓展》，《上海经济研究》2009 年第 6 期。

屠启宇、汤伟：《基于国际评价的北京城市功能综合报告》，载《国际城市发展报告（2015）》，社会科学文献出版社 2015 年版。

王乘鹏：《纽约市生产服务业的发展与其全球城市地位：二十世纪九十年代以来》，硕士学位论文，东北师范大学，2010 年。

王兰：《纽约的全球城市发展战略与规划》，《国际城市规划》2015 年第 4 期。

王仁祥、邓平：《创新型城市评价指标体系的构建》，《工业技术经济》2008 年第 1 期。

王思学、郑磊：《国内外智慧城市评价指标体系比较》，《电子政务》2013 年第 1 期。

王信、孟海星、马慧：《城市：世界城市体系与卓越上海的发展》，载《全球思想版图 2016》，上海人民出版社 2017 年版。

文雯：《后金融危机时代世界城市指标评价体系的设计与评估——以上海为例》，《上海经济研究》2015 年第 8 期。

吴灿然：《全球化与跨国网络中心：理解全球城市》，《国际论坛》2011 年第 3 期。

肖林：《迈向首位全球城市：2050 年上海发展愿景目标》，《科学发展》2015 年第 75 期。

肖林：《上海建设全球城市对全球城市理论的发展与贡献》，《科学发展》2016 年第 2 期。

肖林：《未来 30 年上海迈向全球城市的社会文化软实力及其发展战略》，《科学发展》2015 年第 6 期。

肖扬：《全球城市视角下〈香港 2030〉城市发展战略解析》，《国际城市规划》2015 年第 4 期。

谢守红：《西方世界城市理论的发展与启示》，《开发研究》

2008年第1期。

熊世伟:《国际化城市的界定及上海的定位》,《现代城市研究》2001年第4期。

徐振强:《全球城市理论溯源与创建全球城市的战略规划方法学初探》,《住宅产业》2015年第4期。

杨辰:《巴黎全球城市战略中的文化维度》,《国际城市规划》2015年第4期。

杨辰等:《巴黎全球城市战略中的文化维度》,《国际城市规划》2015年第30期。

姚宜:《21世纪海上丝绸之路与广州国际化大都市建设》,中山大学出版社2016年版。

张明华:《试论国际大都市圈的乘数效应》,浙江大学出版社2006年版。

周振华:《全球城市区域:全球城市发展的地域空间基础》,《天津社会科学》2007年第1期。

周振华:《全球化、全球城市网络与全球城市的逻辑关系》,《社会科学》2006年第10期。

周振华:《全球化、全球城市网络与全球城市的逻辑关系》,《社会科学》2006年第10期。

周振华:《我国全球城市崛起之发展模式选择》,《上海市经济学会学术年刊》,2007年。

[澳]米凯利·阿库托:《全球城市:我们还能视而不见吗?》,《城市观察》2011年第3期。

[美]彼得·卡尔·科拉索:《全球城市竞争力最佳案例》,《中国名城》2008年第1期。

[美]劳伦斯·A.赫佐格:《在全球城市时代的国际化城市结构:美国—墨西哥边境大都市》,《国外城市规划》1992年第4期。

[美]乔尔·科特金:《全球城市史》,社会科学文献出版社

2010年版。

［英］迈克·海恩斯：《21世纪的全球城市和全球工人》，《国外理论动态》2012年第6期。

2thinknow：Innovation Cities Index 2010.

2thinknow：Innovation Cities Index 2011.

2thinknow：Innovation Cities Index 2012 – 2013.

2thinknow：Innovation Cities Index 2014.

2thinknow：Innovation Cities Index 2015.

2thinknow：Innovation Cities Index 2016 – 2017.

A. T. Kearney, Foreign Policy Magazine, and The Chicago Council on Global Affairs：The 2008 Global Cities Index.

A. T. Kearney, The Chicago Council on Global Affairs, and Foreign Policy Magazine：The A. T. Kearney Global Cities Index 2010-The Urban Elite.

A. T. Kearney：2012 Global Cities Index and Emerging Cities Outlook.

A. T. Kearney：Global Cities, Present and Future, 2014.

A. T. Kearney：Global Cities 2015：The Race Accelerates.

A. T. Kearney：Global Cities 2016.

A. T. Kearney：Global Cities 2017：Leaders in a World of Disruptive Innovation.

A. T. Kearney：2018 Global Cities Report：Learning from the East-Insights from China's Urban Success.

B. Derudder and X. Liu, "Analyzing Urban Networkds Through the Lens of Corporate Networkds：A Critical Review", *Cities*, Vol. 31, 2013.

C. Parnreiter, "Global Cities and the Geographical Transfer of Value", *Urban Studies*, 2017, OnlineFirst.

Castells, Manuel；Ince, Martin, *Conversations with Manuel Castells*,

Oxford, Polity Press, 2003.

Hall P. & Pain K., *The Polycentric Metropolis*, London: Stylus Pub Lic, 2006.

Hall P., *The World Cities*, London: Weidenfeld and Nicolson, 1966.

IESE Business School: Cities in Motion Index 2014.

IESE Business School: Cities in Motion Index 2015, Pascual Berrone; Joan Enric Ricart.

IESE Business School: Cities in Motion Index 2016, Pascual Berrone; Joan Enric Ricart.

IESE Business School: Cities in Motion Index 2017, Pascual Berrone; Joan Enric Ricart.

IESE Business School: Cities in Motion Index 2018, Pascual Berrone; Joan Enric Ricart.

IESE Business School: Cities In Motion-Index 2014 Methodology and Modeling.

Institute for Urban Strategies, The Mori Memorial Foundation, CITY PERCEPTION SURVEY 2016.

Institute for Urban Strategies, The Mori Memorial Foundation, Global Power City Index 2008.

Institute for Urban Strategies, The Mori Memorial Foundation, Global Power City Index 2009.

Institute for Urban Strategies, The Mori Memorial Foundation, Global Power City Index 2010.

Institute for Urban Strategies, The Mori Memorial Foundation, Global Power City Index 2011.

Institute for Urban Strategies, The Mori Memorial Foundation, Global Power City Index 2012.

Institute for Urban Strategies, The Mori Memorial Foundation, Global Power City Index 2013.

Institute for Urban Strategies, The Mori Memorial Foundation, Global Power City Index 2014.

Institute for Urban Strategies, The Mori Memorial Foundation, Global Power City Index 2015.

Institute for Urban Strategies, The Mori Memorial Foundation, Global Power City Index 2016.

Institute for Urban Strategies, The Mori Memorial Foundation, Global Power City Index YEARBOOK 2017, The Mori Memorial Foundation.

Institute for Urban Strategies, The Mori Memorial Foundation, Global Power Inner City Index 2015.

J. V. Beaverstock, R. G. Smith, P. J. Taylor, D. R. F. Walker and H. Lorimer, "Globilization and World Cities: Some Measurement Methodologies", *Applied Geography*, Vol. 20, No. 1, 2000.

Konx, P. L., "World Cities and the Organization of Global Spaee", in Johnston, R. J., Taylor, P. J. and Watts, M. J. (eds), *Geographies of Global Change*, 2nd edition Oxford: Blaekwell, 2002.

Kourtit Karima, Macharis Cathy and Nijkamp Peter, "A Multi-Actor Multi-Criteria Analysis of the Performance of Global Cities", *Tinbergen Institute Discussion Paper*, Vol. 108, No. 8, 2013.

Leff Scott and Petersen Brittany, Beyond the Scorecard: Understanding Global City Rankings, The Chicago Council.

Mitchelson R. L., Wheeler J. O., "The Flow of Information in a Global Economy: The Role of the American Urban System in 1990", *Annals Association of American Geographers*, Vol. 84, No. 1, 1994.

Moonen Tim and Clark Greg, The Business of Cities 2013, Jones LANG LASALLE.

P. J. Taylor, "Hierarchical Tendencies amongst World Cities: A Global Research Proposal", *Cities*, Vol. 14, No. 6, 1997.

P. J. Taylor, "New Political Geographies: Global Civil Society and Global Governance through World City Networks", *Political Geography*, No. 6, 2005.

P. J. Taylor, *Cities in Globalization: Practices, Policies and Theories*, London; New York: Routledge, 2007.

P. J. Taylor, "City Generics: Ancient-Mesopotamian and Modern-Global City Networks Compared", *GaWC Research Bulletin 464*, 2018.2.3 发表在 https://www.lboro.ac.uk/gawc/rb/rb464.html.

Pinon M. & Pinon-Charlot M., *Sociologie de Paris*. 3e édition, Paris: La Découverte, 2010.

PWC: Chinese Cities of Opportunity 2014.

PWC: Chinese Cities of Opportunity 2015.

PWC: Chinese Cities of Opportunity 2016.

PWC: Chinese Cities of Opportunity 2017.

PWC: Cities of Opportunity 2 – 2007.

PWC: Cities of Opportunity 3 – 2009.

PWC: Cities of Opportunity 4 – 2011.

PWC: Cities of Opportunity 5 – 2012.

PWC: Cities of Opportunity 6 – 2014.

PWC: Cities of Opportunity 7 – 2016.

R. G. Smith, "Beyond the Global City Concept and the Myth of 'Command and Control'", *International Journal of Urban and Regional Research*, Vol. 38, No. 1, 2014.

Sassen S., *The Global City: New York, London, Tokyo*, Princeton: Princeton University Press, 2001.

Sassen S., *Expulsions: Brutality and Complexity in the Global Economy*, Harvard University Press, 2014.